本书系武汉大学欧洲研究中心
"中国—欧盟：欧洲研究中心项目（ESCP）"
研究成果之一

This Book is One of the Research Results Under
"EU-China:European Study Center Programme(ESCP)"
European Study Center, Wuhan University

EU-CHINA
European Studies Centre Programme

欧·盟·研·究·丛·书

EUROPEAN
UNION

欧洲一体化进程中的政治建设
——国家关系的新构建

罗志刚 严双伍 主编

人民出版社

责任编辑:陈　登

图书在版编目(CIP)数据

欧洲一体化进程中的政治建设——国家关系的新构建/罗志刚　严双伍主编.
-北京:人民出版社,2009.6
　(欧盟研究丛书)
ISBN 978 - 7 - 01 - 007911 - 0

Ⅰ.欧…　Ⅱ.①罗…②严…　Ⅲ.①欧洲一体化-研究②欧洲
　联盟-政治制度-研究　Ⅳ.D850.2　D814.1

中国版本图书馆 CIP 数据核字(2009)第 065707 号

欧洲一体化进程中的政治建设——国家关系的新构建
OUZHOU YITIHUA JINCHENG ZHONG DE ZHENGZHI JIANSHE
——GUOJIA GUANXI DE XIN GOUJIAN

罗志刚　严双伍　主编

人民出版社 出版发行
(100706　北京朝阳门内大街 166 号)

北京龙之冉印务有限公司印刷　新华书店经销

2009 年 6 月第 1 版　2009 年 6 月北京第 1 次印刷
开本:710 毫米×1000 毫米 1/16　印张:16
字数:270 千字

ISBN 978 - 7 - 01 - 007911 - 0　定价:32.00 元

邮购地址 100706　北京朝阳门内大街 166 号
人民东方图书销售中心　电话 (010)65250042　65289539

目　录

绪　论 …………………………………………………………………… 1

一、欧洲政治一体化研究的重要性 …………………………………… 1

二、欧洲政治一体化的曲折道路 ……………………………………… 3

三、欧洲政治一体化的基本原则 ……………………………………… 7

第一章　欧洲政治联合思想的演进 …………………………………… 12

一、欧洲政治联合思想的起源 ………………………………………… 12

二、16—18 世纪的欧洲政治联合思想 ……………………………… 15

三、19 世纪初至第一次世界大战前的欧洲政治联合思想 ………… 22

四、两次世界大战期间的欧洲政治联合思想 ……………………… 29

五、战后初期与冷战时期的欧洲政治联合思想 …………………… 38

六、冷战结束以来的欧洲政治联合思想 …………………………… 45

第二章　欧洲一体化的启动与早期政治一体化的尝试 …………… 55

一、欧洲一体化启动的背景 ………………………………………… 55

二、欧洲一体化的初启 ……………………………………………… 66

三、欧洲一体化启动的完成与意义 ………………………………… 77

四、早期政治一体化的尝试 ………………………………………… 86

第三章　欧洲政治合作 ……………………………………………… 96

一、欧洲政治合作的创立 …………………………………………… 97

二、欧洲政治合作的发展 …………………………………………… 104

三、欧洲政治合作新阶段 …………………………………………… 108

四、欧洲政治合作的发展特点 ……………………………………… 115

五、欧美国家与欧洲政治合作 ……………………………………… 123

六、欧洲政治合作的评价 …………………………………………… 131

第四章　欧盟共同外交与安全政策 …………………………………… 138

一、欧盟的诞生和共同外交与安全政策的确立 ………………… 138

二、欧盟共同外交与安全政策的发展 …………………………… 145

三、欧盟共同外交与安全政策机制分析 ………………………… 157

四、欧盟共同外交与安全政策的实践与作用 …………………… 171

第五章　欧盟司法与内务合作 ………………………………………… 183

一、欧盟司法与内务合作的发展进程 …………………………… 183

二、欧盟司法与内务合作的动因 ………………………………… 198

三、欧盟司法与内务合作的领域 ………………………………… 205

四、欧盟司法与内务合作的组织基础与决策机制 ……………… 214

五、欧盟司法与内务合作的成就、制约因素及发展趋势 ……… 221

第六章　欧洲政治一体化的国际意义 ………………………………… 230

一、实现欧洲统一的"中心杠杆" ……………………………… 230

二、深入推进经济一体化的强大保证 …………………………… 233

三、提升欧盟国际地位的必由之路 ……………………………… 237

四、地区及国际安全的稳定器 …………………………………… 242

主要参考书目 …………………………………………………………… 247

绪　　论

第二次世界大战结束后，国际关系体系的重大变化之一就是，西欧国家独树一帜，率先走上了地区一体化的道路。时至今日，欧洲一体化已取得了令世人称羡的巨大成就，并产生了广泛的国际影响，而欧盟本身也因此成为世界上的一个重要角色。欧盟的成就和地位，乃至未来的发展前景，既取决于欧洲经济一体化进程，又取决于政治一体化进程。因此，欧洲一体化进程中的政治建设问题受到许多关注欧洲发展的人们的高度重视。同时，欧洲政治一体化的发展事实表明，作为欧洲一体化进程的一个重要组成部分的政治一体化，固然有其自身发展特性，但和经济一体化一样地遵循着一定的共同原则和发展规律。

一、欧洲政治一体化研究的重要性

欧洲一体化，首先是西欧国家的一体化，即这些国家为全面扩展经济、政治和安全利益而紧密联合起来掌握自己命运的过程，它包括经济一体化和政治一体化两大进程。就欧洲政治一体化而言，实质上，它如同欧洲经济一体化一样，是在使欧洲国家关系实现前所未有的根本改造，而且也显然成为现代国际关系体系的主要特色之一。

1951 年《欧洲煤钢共同体条约》的签署，标志着欧洲一体化的真正开始。的确，从欧洲一体化实践来看，在半个世纪之久的时间里，西欧一体化首先是基于经济因素之上的，但人们不能因此认为西欧一体化进程的政治方面是无足轻重的。[1] 这首先是因为，在欧洲经济一体化取得举世瞩目的成就的过程中，

---

① Альбрехт Харизиус., *Вильгельм Эрзиль . Западная Европа*：*политическая и военная интеграция*，Москва，《Юридическая литература》，1984，с. 24.

欧洲政治一体化亦有可观的进展，并对经济一体化产生了一定的影响。尤其是作为欧盟第二支柱的"共同外交与安全政策"，大大超出了一般政治合作的程度，日益促进着欧盟成员国在整个国际关系领域实现一体化，尽管现在离这一目标的真正实现还有一段很长的路程。完全可以肯定，在今天经济全球化和区域一体化的浪潮中，欧洲政治一体化是一枝独秀，其特征和水平尤为突出，而其他区域一体化都还处在经济一体化的初始阶段。

在国家关系的发展中，政治关系常常起着主导作用。在其实质为实现欧洲国家关系根本改造的一体化过程中，政治因素也有着同样的作用。从实际情形来看，欧洲一体化的始因就是政治性的，即为了欧洲的安全和联合自强。二战后初期，欧洲普遍存在的首要问题就是安全。① 这一点决定了当时西欧国家面临的军事政治压力甚于经济压力，军事政治一体化显得比经济一体化更为重要。同时，西欧国家也懂得，欧洲一体化进程实际上只能从经济领域开始。结果，欧洲政治一体化进程的发生明显迟于经济一体化进程。这使得有的学者有理由认为，尽管欧洲联合大厦的早期设计师们怀有建立欧洲联邦的宏大抱负，但实际上欧洲一体化进程主要是由经济目标所决定的。② 然而，一个无法掩盖的事实是：对于欧共体早期成员国而言，政治一体化的确是一个比经济一体化更高的战略目标。正是确保欧洲安全的需要以及为未来政治一体化创造条件的深谋远虑，对于欧洲经济一体化的启动具有不容置疑的决定性意义。

欧洲政治一体化在整个欧洲一体化进程中占有重要的地位，并和经济一体化进程紧密地联系在一起，两者相互影响，相互作用，共同决定着欧洲一体化的整体水平和发展前景。如果说欧洲一体化是当代欧洲文明的最高表现形式之一，那么，欧洲政治一体化和经济一体化显然都是这种文明的一个极其重要的组成部分。

上述表明，欧洲政治一体化理应得到高度重视，缺少对欧洲政治一体化研究的欧洲一体化，肯定是不完全的、有缺陷的。具体来说，欧洲政治一体化研究的重要性之一就在于，唯此才能加深对欧洲经济一体化的认识，即人们要真正理解欧洲经济一体化的根源和进程，就必须增强对欧洲政治一体化的了解。

---

① ［美］卡·多伊奇：《国际关系分析》，周启朋等译，世界知识出版社 1992 年版，第 310 页。

② Liesbet Hooghe and Gary Marks, *Multi-level Governance and European Integration*, Lanham: Rowman & Littlefield. Inc, 2001, p. 51.

从国际政治角度而言,研究欧洲一体化,更应关注欧洲政治合作和一体化问题,这理所当然地是它的一个基本任务。其重要性最明显地体现在,通过对欧洲国家政治关系变化的了解,能够更深刻、更科学地认识战后以来欧洲形势根本变化的原因,以及国际体系发展的新特点。有国外学者指出:"虽然欧洲统一还是一项进展中的工作,但是,它已经开始使国际体系发生变化。"①

欧洲经济一体化和政治一体化的明显失衡,导致国内外学术界长期最为关注的是欧洲经济一体化进程及其成就。20世纪60—70年代,人们一度关注政治一体化研究,但后来这一研究陷入冷落。直到《马斯特里赫特条约》即《欧洲联盟条约》问世后,才有越来越多的人真正认识到,在研究欧洲一体化问题时,不应将经济一体化进程和政治一体化进程割裂开来。近年来,国内外已涌现出很大一批有关欧洲政治一体化的研究成果。总的来说,目前这一领域的研究水平相对经济一体化的研究水平较低,研究难度也较大。但鉴于欧洲政治一体化问题的重要性,这方面的研究肯定会日渐加强。同时也应看到,这一领域的研究空间又是相当广阔的。

二、欧洲政治一体化的曲折道路

在国际关系中,"政治一体化"和其他许多概念一样,还是一个缺乏统一定义的概念。据笔者的理解,它是指经济、政治独立的各国自愿加强联合,其政治运行机制在功能上和规则制度上趋于统一,其政治关系达到相当高度融合的过程。从政治一体化的内涵来看,主要包括两个重要的、相互联系的方面:

第一,对外方面,共同体成员国在包括军事战略问题在内的国际关系领域的政策及其全部手段是统一的。

第二,社会政治方面,确保共同体成员国内部社会稳定,以及相应的包括经济政治方面政策在内的全部措施的统一。作为国家间合作的一种最高形式,政治一体化是要在两个以上的政治单位联盟的基础上建立统一的政治共同体。

---

① [美]查尔斯·库普乾:《美国时代的终结——美国外交政策与21世纪的地缘政治》,潘忠歧译,上海人民出版社2004年版,第150页。

政治一体化进程的实质和主要倾向就在于，超出简单协调外交政策的范畴，把主权逐步地转交给新的共同体机构。① 同时，政治一体化如同经济一体化一样，具有明显的地缘政治特征，即其参与者——政治单位在地理上通常是相邻的。因此，在目前的条件下，能够出现并实际存在的只能是欧洲政治一体化这样的地区性政治一体化。

由欧洲经济一体化发展而来的欧洲政治一体化，是一个发展呈不均衡性、跳跃性的渐趋成熟的曲折过程。第二次世界大战结束不久，西欧国家实际上就已开始考虑地区政治一体化的问题。20 世纪 70 年代初欧洲政治合作机制的建立，标志着欧洲政治一体化进程真正启动。自那以来，欧洲政治一体化建设不断取得新的成就，《马斯特里赫特条约》问世后，这种成就更为突出。欧洲在国际关系体系中能开"政治一体化"之先河，首先是因为它有深厚的思想理论基础。恩格斯指出："历史从哪里开始，思想进程也应当从哪里开始，而思想进程的进一步发展不过是历史过程在抽象的、理论上前后一贯的形式上的反映；这种反映是经过修正的，然而是按照现实的历史过程本身的规律修正的，这时，每一个要素可以在它完全成熟而具有典型性的发展点上加以考察。"② 近 10 个世纪以来，欧洲的历史变迁主要是朝着分裂，即朝着语言、宗教、文化、政治与经济机构的日益多样化方向发展的。但也要看到，在不断的竞争和争夺中，一些大国逐渐形成和壮大。从那以来，把由不同国家构成的欧洲和平地组织起来的思想就曾多次出现，并不断得到发展，这使欧洲也成为近代国际合作思想的诞生地。早在中世纪时，欧洲就开始孕育和形成欧洲各民族联合的理念。到 18 世纪初，一些热心欧洲和平的人士提出了设立欧洲联盟、联邦等思想。18 世纪末至 19 世纪初，在欧洲还出现了通过拿破仑战争实现欧洲联合、建立一个由法国主宰的欧洲的企图。19 世纪末，又有了以所谓泛日耳曼主义形式出现的旨在建立德国霸权的欧洲一体化思想。20 世纪初，伴随着争取"欧洲联合"的运动活跃开展，又出现了欧洲联邦思想。第二次世界大战前后，欧洲联邦思想成为指导欧洲联合的理论。20 世纪 50 年代欧洲一体化进程启动后，关于欧洲一体化的理论纷纷问世，在政治一体化理论方面，则有

---

① Цыганков П. А., *Теория международных отношений*, Москва, 《Гардарики》, 2004, c. 458–459.
② 《马克思恩格斯选集》第 2 卷，人民出版社 1995 年版，第 43 页。

"功能主义"、"新功能主义"、"联邦主义"、"政府间主义"等重要理论。上述欧洲联合思想和理论对战后欧洲政治一体化进程产生了重要的影响。同时，这也说明，在世界范围内，欧洲的"区域性"倾向即欧洲联为一体的倾向是最早萌芽的，"洲际"概念和相关的思想理论主张至少有了数百年的历史。

少数欧洲政治精英对欧洲政治一体化的贡献很大，但政治一体化实质上绝不是他们主观意志的产物。实质上，欧洲政治一体化主要是欧洲国家受战后欧洲和世界形势变化的影响，为谋求其经济、政治和安全利益而深思熟虑地作出的战略选择。有的西方学者明确指出："欧洲一体化的结构和进程是东西方冲突的一种反映。"①

欧洲政治一体化的道路是曲折艰难的。在欧共体主要成员国尤其是法国的推动下，政治一体化的实践尝试早在第二次世界大战结束后不久就已开始。20世纪50年代初的《欧洲防务共同体条约》的签订，可视为欧洲政治一体化的最早实践尝试。在当时的国际环境中，欧共体成员国面对欧洲已失去昔日在世界中心地位的现实，除了希望实现经济一体化外，也希望利用各种条件共同推进政治一体化，以实现欧洲统一的夙愿和全面提升本身的利益。不过，由于主客观条件不够成熟，这种尝试不久便遭到失败，尤其是建立防务同盟的"普勒文计划"在提出不久后便告夭折。

从20世纪70年代初起，在国际形势的影响下，更出于国家利益的驱动，欧共体成员国终于开始走上政治合作的道路，并取得明显的成就。确切地说，政治一体化在这一时期已成为欧共体深思熟虑的决定性战略选择。作为一种战略工具，它是为欧共体全体成员的经济、政治和安全等利益服务的，只不过其最终目标到底是联邦，还是邦联，抑或国家集团，至今成员国们都难以达成一致，以致它们都情愿以"政治联盟"这种含糊的名称来表示国家联合体的政治性质。

20世纪80—90年代之交，欧洲政治一体化进入一个重要的发展阶段。新的世界大战威胁的极大减弱和两极国际关系体系的崩溃，降低了美国"核保护伞"的现实性，也降低了在东西方对抗条件下形成的美国和北约对欧洲政治一体化的制约性，从而使得一体化的欧洲决心在国际事务中发挥更加独立

---

① 〔德〕贝亚特·科勒－科赫、托马斯·康策尔曼、米歇勒·克诺特：《欧洲一体化与欧盟治理》，顾俊礼等译，中国社会科学出版社2004年版，第25页。

的、更有分量的作用。为扩大在世界上的影响,西欧国家感到有必要利用自身力量来解决转型中的世界秩序之安全问题,以应对国际安全所面临的新挑战。而政治一体化一开始便被欧洲预定为获得未来世界秩序中更重要地位的手段。结果,欧洲共同体/欧盟的政治一体化进程得到高度重视并积极发展起来。成员国政府经过艰苦谈判,达成了一系列的协议和条约。尤其是 1992 年的《马斯特里赫特条约》、1997 年的《阿姆斯特丹条约》和 2000 年的《尼斯条约》,从根本上改变了欧洲的地缘形势,奠定了欧盟新面貌的重要基础,致使欧洲政治一体化取得重大进展。最明显的是,"共同外交与安全合作政策"和"司法与内务合作"被确立为欧盟的第二、第三支柱,其实这也意味着确立了欧洲政治一体化的两大支柱。

诚然,由于欧盟内外部种种因素,尤其是国家利益和主权因素的影响,政治一体化的道路上仍存在很多困难。多年来,成员国围绕政治一体化进程的具体形式、速度和最终方向一直在展开辩论。但迄今为止,没有一个成员国真正否定政治一体化的必要性,或根本反对建立和发展欧盟的政治机制即超国家机制。他们懂得,只有通过政治一体化和经济一体化,才能真正解决所面临的各种问题,才能最大限度地符合自己的利益。因此,持不同政治一体化主张的成员国彼此之间往往体现出很强的协调性,欧洲政治一体化进程一直没有中断。在可预见的时期里,政治一体化即便很难达到经济一体化的水平。但从总的趋势看,政治一体化的必要性——对欧洲国家切身利益的重大深远意义和日益突出的广泛作用,决定了欧盟成员国要依靠政治联盟的推进,来保证它们的全面发展,[①] 即决定了业已启动并取得明显成就的政治一体化进程不会终止。

西方现实主义认为,不同的国家实力决定了国家在国际关系体系中的不同地位和作用。在欧洲政治一体化进程中,国家实力相对高于其他欧盟成员国的法、德、英等国发挥了重要的作用。由此以来,在欧洲一体化进程中,存在着一个由若干规模和实力大约一样的国家构成的政治核心结构,这是欧洲经济一体化、政治一体化的特点之一,也是其独有的优势之一。[②] 但也要看到,属于

[①] Борко Ю. А. ,Буториная О. В. ,*Европейский Союз на пороге XXI века:выбор стратегии развития* , Москва,《Эдиториал УРСС》,2001,с. 168.

[②] Борко Ю. А. ,*От европейской идеи к единой Европе* , Москва,《Деловая литература》,2003,с. 173.

政治核心结构的国家的作用也并非完全一样。同法德两国的"发动机"作用相比较，英国所起的作用也许是不够的，它所选择的主要是一条不受太多束缚而有所保留的政治一体化道路。对于今后的欧洲政治一体化进程而言，作为"发动机"的法德合作仍然是不可或缺的，而且这种合作的重要性将可能一如从前，即仍在英国的作用之上。

欧洲政治一体化进程不仅取决于欧盟内部因素的作用，还受到外部因素的影响，例如，美国和跨大西洋联盟关系就是其中最具影响的因素之一。从欧洲政治一体化的早期尝试直到冷战后发展时期，美国直接或间接的干预，对欧洲政治一体化的监督，以及北约的存在，始终有力地制约着欧洲政治一体化的发展。不过，如前所述，这种制约性在冷战结束后有所降低。

上述情形表明，欧洲政治一体化是一个极其复杂的过程和现象，要对它进行深刻了解，形成真知灼见，就必须多视角、多层次地进行观察和探讨。

三、欧洲政治一体化的基本原则

欧洲政治一体化的构想和实践建立在一系列原则的基础之上，它正是遵循着这些原则才创建了本身的特色，并在近 40 年中不断取得成就。比较起来，最为重要的是如下基本原则。

（一）利益原则

国家利益在任何时候都是国家行为的出发点和根本动力。从这个意义上看，现实国际关系实质上是各国国家利益相互影响的具体体现，是国家之间的一种利害关系。这一点也决定了欧洲政治一体化事业必须根据利益原则来进行建设。

欧盟成员国坚持参与政治一体化进程，无不出于对本身利益的判断和追求。因此，欧洲政治一体化的每步进展，哪怕是很小的进展，客观上都必须符合它们的实际利益。如果不是这样，它们就不会加入政治一体化进程，也不会付出一些代价来推进这一进程，即欧洲政治一体化是不可想象的。事实上，政治一体化尽管不能代替各成员国实现国家利益的其他一切手段，其作用不能被任意夸大，但其对各成员国的经济、政治和安全利益的促进作用是不可否定的。这一点更体现出政治一体化作为欧盟成员国实现国家利益的一种战略手段的"利益工具"之性质。

利益原则不仅意味着欧洲政治一体化以成员国的国家利益为其动力和目标，还表现为要寻求成员国利益之间的共同点，形成欧盟的"整体利益"或"欧洲利益"。实质上，欧洲政治一体化同时也是以这种"整体利益"为其动力和目标的。有作者就此指出："在欧盟中，成功地制定一项政策的关键就是要兼顾成员国的共同利益，特别是大国的利益。只有这样，政策才会被接受和得到推动。"① 不过，由于成员国的具体"国家利益"与欧盟的"整体利益"既有一致性，又有非一致性，且不易协调，欧洲政治一体化的水平难免受到很大的制约。实际情形是，成员国在处理政治一体化问题时，常常是将"国家利益"置于欧盟"整体利益"之上。正如约瑟夫·奈所说的那样："欧洲在联合的程度上面临巨大的限制。尽管一体化已进行了 50 年，国家的特点仍然比共同的欧洲的特点突出；同过去相比，国家利益受到了抑制，但仍处处表现出来。"② 不难看出，必须兼顾成员国"国家利益"与欧盟"整体利益"的一体化的利益原则本身含有内在的矛盾性，这不能不在很大程度上影响到欧洲政治一体化的进程和水平。因此，要有效地提高欧洲政治一体化的水平，成员国就必须尽力实现"国家利益"与欧盟"整体利益"最大限度地融合，使"国家利益"弱化且能服从于"整体利益"。不管在实践中这么做是如何困难，这毕竟是欧洲政治一体化也是欧洲经济一体化发展的关键。

（二）民主原则

这是欧洲政治一体化建设极其重要的原则之一。扩大一点来说，整个欧洲一体化进程都离不开这一原则，它对建立成员国之间的和谐关系、保证一体化的持续正常推进具有关键的意义。该原则具体表现为：首先，迄今为止，欧洲政治一体化是在成员国自愿参与的情形下发展的，不存在任何外力即国家或国

---

① John Pinder, Yuri Shishkov, *The EU & Russia*, *The Promise of Partnership*, London：The Federal Trust, 2002, p. 112.

② ［美］约瑟夫·奈：《美国霸权的困惑：为什么美国不能独断专行》，郑志国等译，世界知识出版社 2002 年版，第 33 页。

际组织强迫任何欧洲国家参加欧洲政治一体化的状况。其次，欧盟只是在内部意见一致的基础上，来选择新成员国和决定它们的入盟时间。这些情况表明，欧洲一体化的发展实际上是一体化组织和成员国"自愿"结合的产物。再次，所有欧盟成员国不分大小、地理位置、入盟时间先后，一律在一体化组织中处于平等地位，即实现责任和权力平等。例如在一切政治领域中，它们平等协商一切事务，平等享受决策权和让渡主权等，即欧盟的一切内外政策都是在多边基础上形成的。从欧盟与外部的关系上看，民主原则还体现在，欧洲政治一体化进程，包括其法令、条约和制度的制定和执行，总体上符合国际法和联合国宪章的规定与精神，而不与之发生抵触。

（三）渐进性原则

纵观迄今为止的欧洲政治一体化的整个进程，它经历了"尝试"（20世纪50—60年代）、"启动"（20世纪70—80年代）和"发展"（20世纪90年代以来）三大阶段。从20世纪70年代初建立欧洲政治合作机制以来的整个实质性的政治一体化过程，都是一步一步地走过来的。欧盟现有的一整套政治一体化相关组织和机构也是逐步确立起来的。并且，欧洲政治一体化的一切重大成就无不是通过逐步努力取得的。正如德国前总理施密特在2002年4月的一个名为"欧洲的未来演变"的报告中所指出的："欧洲的建设是一个循序渐进的过程。"他所指的"建设"，自然包括欧洲政治一体化建设。欧洲政治一体化之所以遵循渐进性原则，首先是因为政治一体化是一个高度涉及国家主权的问题，其本身难度就很大。况且，在推进政治一体化的具体措施上，各成员国由于自身条件和面临的困难不一样，加上该措施对成员国国家利益的影响程度也可能不完全一样，往往很难迅速形成一致意见。的确，欧盟的任何成员国对每项政治改革举措都是很谨慎的，都不愿承担太大的风险，即使最后能够理解和接受，也有一个各成员国政府和国内舆论的心理适应过程。这种情况必然使得欧盟的每项决策都来之不易。

因此，欧盟成员国都懂得："欲速则不达"，要想取得政治一体化的真正成功，就只能遵循渐进性原则。甚至可以认为，这种原则实际上已导致欧盟坚定不移地采取了循序渐进的发展战略。其实，欧洲一体化的设计师和推动者罗伯特·舒曼早在1950年就强调："欧洲不会毕其功于一役，或按照单一计划行事。

它将通过具体成就的取得，首先是实现事实上的团结一致来进行建设。"① 进一步而论，渐进性原则不仅适合于国情不一的欧洲，更适合于国情千差万别的世界其他地区，应被视为地区一体化进程的一个普遍性原则。

（四）机制原则

欧共体/欧盟在政治一体化过程中，通过努力寻求成员国的共同利益，逐渐形成了一定的机制安排，其中有欧盟委员会、欧洲理事会、欧洲议会、欧洲法院和"一致同意"原则、"特定多数同意"原则、"辅助性"原则，等等。这些机制及程序尽管存在着某些不足，也有待完善，但其重要性不容置疑，而且其有效性也不应被忽视。事实上，目前的一整套机制使欧盟能够比较有效地行使职能，实现自己的主要目标。

按照政治一体化建设要求，机制原则本质上应是超国家性的。就这一点来说，欧洲一体化一开始就走得很远，早就有了超国家机制，而且这种机制在后来逐渐得到发展。而现实的特点是，超国家机制原则实质上并未真正扩展到欧盟"共同外交与安全政策"和"司法与内务合作"这两个领域中，它们仍然是政府间合作的天地。在欧盟内部，实际上是国家机制和超国家机制的结合与并存。这在欧洲现有的条件下，是有利于维持成员国之间的利益平衡和欧盟整体利益的，② 也表明一体化机制必须与一体化发展阶段相适应。

不过，仍然应该看到，机制原则带来了成员国外交政策和对内政策的重大变化，使它们部分地成为政治一体化进程的有机部分，从而对实现国家主权和国家利益的形式产生了极大的影响。正如人们所看到的，随着主客观条件的变化，欧盟成员国之间的政治合作范围越来越广，合作的程度越来越高。与此相适应，欧洲政治一体化的机制也在不断发展。显然，如果没有超国家机制的发展，就没有成员国在政治一体化上的更大积极性，就会使政治一体化进程陷入停滞。这也说明，作为"利益工具"的政治一体化本应是一个动态的过程。

从欧洲一体化的实践来看，以上原则是欧洲政治一体化和经济一体化共同

---

① Brent F. Nelsen and Alexander Stubb（ed.），*The European Union：Readings on the Theory and Practice of European Integration*，Colorado：Lynne Rienner Publisher，Inc，2003，p. 12.

② Российская академия наук，Институт Европы，*Европа：вчера，сегодня，завтра*，Москва，《Экономика》，2002，с. 322.

遵循的基本原则，也是欧洲一体化不断取得重大成就的根本保证，并决定着一体化的未来发展前景。

今后，欧洲政治一体化的发展道路仍然不会一帆风顺。2004 年 5 月 1 日中东欧 10 国加入欧盟，此后，罗马尼亚和保加利亚于 2007 年 1 月 1 日也加入欧盟，相继成为其正式成员。欧盟东扩的意义远远超出了经济范畴，或许将使欧洲政治一体化进程变得更加困难。但是，从冷战结束后欧盟成员国的有关表现来看，欧洲政治一体化还有很大潜力，其进程将不仅不会中断，还很有可能不断取得新的成就。问题只是在于，它将会以何种方式和速度向前发展，最终会达到何种目标。而这也正是国内外学术界长期以来并在今后仍将密切关注的主要问题。

第一章　欧洲政治联合思想的演进

自中世纪末以来，为了实现欧洲的和平与稳定，促进欧洲社会的和谐与发展，不同时期的思想家、学者、政治家和一些社会活动家基于各自时代的发展要求，围绕是否建立一个超越各民族的欧洲政治共同体和如何建立这个政治共同体两大主题，提出了各式各样的欧洲联合计划和方案，其中关于欧洲政治联合的基本理论观点构成了欧洲政治联合思想。在长达5个多世纪的时期内，欧洲政治联合思想不断演变，并成为欧洲一体化运动发生、发展的强大思想动力。它在推动欧洲各民族国家迈向整体欧洲的同时，也使自身获得新的生命力。

一、欧洲政治联合思想的起源

欧洲政治联合思想起源于中世纪末期，即欧洲人面对欧洲社会内部的激烈冲突与动荡，试图以共同文化为基础，开始构建欧洲联合计划和方案。

这一时期的欧洲社会冲突与动荡表现为两方面：在内部，宗教分裂、宗教与君主国的斗争、君主国之间的纠葛等，引发了不同民族之间的战争，带来了欧洲频繁的内乱。在外部，除了以奥斯曼土耳其为首的伊斯兰世界威胁着基督教统辖的西部欧洲以外，东部欧洲还面对着蒙古游牧民族的向西扩张。伊斯兰世界和游牧民族咄咄逼人的攻势，使欧洲在守势中陷入了"被迫自我封闭"[①]的局面。为消除内外冲突、实现欧洲的和平与稳定，欧洲的一些思想家和政治家开始把"欧洲政治联合"，即建立一个新的超越各民族的政治共同体，视为

---

① ［法］埃德加·莫兰：《反思欧洲》，康征、齐小曼译，三联书店2005年版，第5页。

医治欧洲社会的良药，并设计了各种各样的欧洲联合计划和方案，从而开始提出了欧洲政治联合思想。

准确地说，从 13 世纪末 14 世纪初开始，欧洲的思想家和政治家们开始著书立说，从不同的视角构想欧洲大陆的统一。当时欧洲的政治分裂主要表现为罗马教皇权威的削弱，而在思想家们看来，引起罗马教皇权威削弱的政治原因是基督教内部分裂和君主国权力的加强，这促使他们从"教皇"和"君主"两方面来认识欧洲的政治联合问题。总体看来，这些思想家的基本主张是：罗马教皇应是欧洲政治共同体的最高权威。结果，"基督教统一欧洲"的联合思想由此产生，成为欧洲政治联合思想发展演变的开端。

欧洲为什么应统一于基督教？一些思想家进行了解释：一方面，欧洲君主国的崛起及其对基督教权威的挑战，外部伊斯兰世界的压力，使基督教面临着威胁；另一方面，从基督教在欧洲的兴起至 13 世纪，在基督教所能到达的欧洲地理范围内，欧洲实现了宗教而非政治上的统一。因此，建立一个对欧洲拥有广泛权威的基督教界，既可以消除外来威胁，又可以实现欧洲内部的统一。

基督教统一欧洲的主要内容是恢复教皇权威。英国传教士圣卜尼法斯和罗马传教士格利士是其代表。他们主张教皇拥有绝对的权力，欧洲应统一于基督教之下。格利士指出，教皇拥有对整个世界的主权，包括对所有世俗统治者的政治权威，即国王应服从于教皇，世俗国王的权力只有根植于教会的权威才是正当的；目前欧洲应该做的是必须挽救所有的生灵使之服从于罗马教皇。

要挽救所有的生灵使之服从于罗马教皇，只有采取"神圣罗马帝国"模式，这也是基督教统一欧洲的模式。当然，"神圣罗马帝国"模式源自于思想家们重振昔日罗马帝国的梦想，他们把古罗马帝国视为对抗外敌和恢复欧洲社会秩序的最佳政治形式。英格里伯特（Admont Englebert）、亚历山大（Roes Alexander）和但丁等人均持此主张。早在 1280 年左右，英格里伯特明确地提出欧洲统一的基础在于共同的价值观。他说，欧洲大陆虽有种族、语言和文化的差异性，但欧洲也拥有一致性，因为所有的人都生活在自然法和罗马法之下。因此应该重新认识罗马帝国，"尽管帝国并非是完美的，但有了它，欧洲就可能实现安宁与和平，罗马帝国应该被重新认识，实现在共同的基督教和法律原则指导下的金字塔的社会和政治结构中的统治。"① 亚历山大则构思了一个实现欧洲社会稳定的三头政治结构，他们是德国国王为政治领袖、罗马教皇为精神领袖、法国国王为智力领袖，这三头政治结构是神圣罗马帝国的再现。但丁主张恢复罗马帝国的权威，但较之英格里伯格和亚历山大，更突出了君主的权力。他认为，罗马帝国的权威应建立在"普遍性的君主作为和平和正义的保持者"的基础之上，只有这样，才能避免争吵、国家的相互残杀。但丁基于君主的"神圣罗马帝国"设想实际反映了一种新的政治理念，即权力由宗教的教皇向世俗的君主过渡。这一新的政治理念"将欧洲的政治思想世俗化，并提出一个高高在上的、作为和平保证者的国家结构。"② 自但丁开始，一些思想家着手从正在崛起的君主国的权力来认识欧洲联合问题，于是，"欧洲统一于君主，但保留教皇最高权威"的欧洲政治联合思想遂发展起来。

中世纪末，随着君主国力量的增强，君主们总是对宗教统一欧洲的企图进行抵制，一些思想家开始基于君主国的权力来构想欧洲联合计划和方案。而法国杜布瓦的欧洲政治联合思想最具代表性。

1300 年，杜布瓦出版了《缩短战争道路的条约》一书。在书中，杜布瓦不仅表达了他反宗教的立场，而且表明了他的"法国中心"思想。他说，"整个世界服从于法国是有益的，因为法国人比其他任何人民都能更好地运用理性判断的权力。"③ 随后，他完成了《收复失地》一书。正是在这本书里，杜布瓦系统地阐述了他的欧洲联盟计划，该计划的核心是建立一个"法国治下的欧洲"，但强调要使"罗马教皇作为最后仲裁者"而存在。杜布瓦的欧洲联合思想是当时欧洲政治生活现实的反映。为此，有人称赞道："杜布瓦可以说是用现代思维来思考欧洲统一的真正开端"④。但他将法国置于欧洲联合的领导地位的思想又使后人认为，其提出的欧洲联合计划实则是实现法国霸权的计划。

15 世纪上半叶，有一些政治理论家和外交家，如乔治·波德布瑞德

---

① Derek Heater, *The Idea of European Unity*, London：Leicester University Press, 1992, p. 7.
② Derek Heater, *The Idea of European Unity*, London：Leicester University Press, 1992, p. 9.
③ Derek Heater, *The Idea of European Unity*, London：Leicester University Press, 1992, p. 12.
④ Derek Heater, *The Idea of European Unity*, London：Leicester University Press, 1992, p. 12.

（George Podebrad）、安东尼·马瑞尼（Antoine Marini）以及尼古拉斯等，虽立足于君主国家权力来思考欧洲联合问题，但有别于杜布瓦主张的是，提出建立不存在任何霸权国、保证欧洲各君主国平等联合的欧洲政治共同体。乔治·波德布瑞德和安东尼·马瑞尼在其欧洲联合计划中，还提出了建立一个反对土耳其的邦联式的欧洲结构"邦联欧洲"。"邦联欧洲"由一个大会、一个法院和一个国际仲裁机构组成，并拥有联合的军队及邦联预算权，其职能是保证欧洲的和平。

16 世纪马基雅弗利的政治主张承接了杜布瓦的欧洲政治联合思想。在《君主论》一书中，马基雅弗利虽然主要讨论的是意大利统一问题，但也明确提出了欧洲应统一于一个强大的君主之下的政治主张。

总之，从 13 世纪至中世纪结束，这是欧洲人自觉追求欧洲统一的欧洲政治联合思想的起源时期。尽管这一时期的欧洲政治联合思想是零碎而不系统的，但作为对当时社会政治现实直接反映的政治联合计划，已具有了实实在在的内容，并以"基督教统一欧洲、但重视君主国作用"的形式表现出来。同时，欧洲思想家对欧洲政治联合的目标和属性等问题的见解，成为欧洲政治联合思想的重要内容，对政治联合思想的发展提供了许多启示和理论依据。特别是，中世纪后期的欧洲政治联合思想在"17 世纪再度复兴，并成为欧洲主义宣传、呼吁和计划联合的永久的特征"①。在其后新的社会发展时期，它又以新的欧洲联合计划形式表现出来。

二、16—18 世纪的欧洲政治联合思想

16—18 世纪的近代欧洲是变革发展的欧洲，是从亚欧大陆的西部走向世界，并成为世界主导的欧洲。欧洲的飞速发展来自于欧洲社会内部的激烈变革，即由封建专制制度走向了自由民主制度。欧洲社会内部的激烈变革引发了欧洲国家间的矛盾与冲突。面对这种现实，欧洲思想家们对"人们应生活在一个什么样的政治共同体中才更安全"这一问题产生了新的认识，从中孕育了丰富的欧洲政治联合思想。

---

① Derek Heater, *The Idea of European Unity*, London: Leicester University Press, 1992, p. 14.

（一）欧洲统一于基督教的联合思想

16—18 世纪的欧洲战乱不断，欧洲的战乱主要表现为因宗教分裂引发了不同宗教信仰的民族之间的冲突。这些冲突使这一时期的思想家们希望建立一个既维护新兴君主国家权力，又保证基督教权威的欧洲政治共同体，以实现欧洲的和平与稳定。这是一种基于基督教和平主义理念的欧洲政治联合思想，即"基督教统一欧洲"的联合思想。

欧洲思想家们首先认为，"欧洲统一于基督教"有助于消除欧洲面临的内部冲突和外部威胁。他们普遍认为，欧洲冲突的内在根源是宗教分歧，即统一基督教的分裂。法王亨利四世的重臣苏利（Sully）指出，在欧洲，基督教分裂为罗马的天主教、加尔文教和新教，"这三种宗教都已在欧洲建立，其中任何一个都不可能被毁灭。而且足够的事例表明这样做是徒劳无益而且是危险的。最好的方法是保存，甚至加强他们的存在。"[1] 因此，三个教派的和平共处是欧洲和平的先决条件。此外，这一时期的思想家们还指出，欧洲的政治联合是消除外部奥斯曼土耳其威胁的重要举措。伊拉斯默斯认为，面对伊斯兰世界的威胁，欧洲作为基督教世界的同义词，必须统一起来。威廉姆·彭认为，一旦欧洲实现了政治联合，欧洲将不再因分裂而脆弱，这将打消土耳其等外来力量对欧洲的觊觎之心。

欧洲如何统一于基督教？最为详尽地探讨"欧洲统一于基督教"的途径和方式的是苏利。他在《大计划》一书中指出，欧洲应划分为 15 个力量大致均等的君主国，按照古希腊的城邦国家建立一个安菲托里克联盟（Amphyctionic Union）来实现欧洲国家间的军事、政治和经济合作。在这一联盟中，欧洲各君主国首先组建一个由所有的基督教欧洲国家代表组成的参议院。参议院的职责是讨论不同的利益分歧，解决各种争端，处理和决定欧洲所有涉及公民的、政治的和宗教的事务。尽管参议院的决议要与地方议会相配合，但参议院具有"最终决定权"。

威廉姆·彭提议建立一个议会式的欧洲来实现欧洲的政治联合。在他的欧洲联合计划中，欧洲议会由各国代表组成，代表名额按各国的国民生产总值分

---

① Derek Heater, *The Idea of European Unity*, London：Leicester University Press, 1992, p. 40.

配。欧洲议会的宗旨是为各君主国建立公正原则，并相互监督实施。为保证欧洲议会议程的公正性，欧洲议会的决议必须经过 3/4 的多数代表同意。同时，为保证欧洲联合方案的可行性，需要在实行欧洲大规模的联合之前，先进行小规模的试验。

约翰·贝勒斯则提出，欧洲各君主国应建立一个类似"荷兰联省"和"瑞士"式的欧洲联合结构，以便所有的欧洲国家能像一个国家一样行动。具体而言，首先是把欧洲分成 100 个相等的行政区和省，每一个主权国最多派遣一名代表，建立欧洲议会。欧洲议会的功能是保证欧洲和平，凡是违背议会决议的国家将面临联合力量的压力。为维持欧洲议会的权威，所有国家都被要求只保留适量的军队。同时，制定常备的、为欧洲各国遵守的欧洲法律。

尽管这一时期的思想家主张欧洲统一于基督教，但并不完全赞同中世纪末的"基督教统一欧洲"的联合思想。他们一致认为，实践基督教信念，促使欧洲统一的不应再是罗马教皇，而应是各国君主，各国君主才是推动欧洲政治联合的主导力量。胡安·路易斯·德·比维斯指出，"欧洲各君主应该在保护基督教、捍卫西方文明价值和保障各国人民和平方面发挥作用"[①]。而且，不能有一个拥有霸权的欧洲君主，要在欧洲国家之间保持权力均势。只有如此，欧洲的和平才有保证。此外，欧洲议会与各国君主之间的权力关系，也开始成为思想家们探讨的话题。威廉姆·彭在欧洲政治联合思想史上第一次提出欧洲议会必须解决"主权君主是否在欧洲联合中失去主权"的问题。他认为，解决这一问题的关键应该是区分主权的内外属性，君主对内主权是不可分割的，但对外主权，即在欧洲议会中，各君主的对外主权发生变化。不过，这种变化"既不是他们统治人民的权力削弱，也不是人民交税的权力削弱，而是他们将失去对另一主权国家实行主权的自由。"[②] 威廉姆·彭对主权内外属性的划分，不仅成为欧洲国际关系的重要内容，也是今天欧洲政治一体化争论的主要问题。与威廉姆·彭一样，约翰·贝勒斯也试图解决"保存内部主权和不断增长的欧洲政治体系一致性"之间的平衡问题，他主张"欧洲是由许多独立政

---

① ［意］萨尔沃·马斯泰罗内：《欧洲政治思想史——从十五世纪到二十世纪》，黄华光译，社会科学文献出版社 1998 年版，第 34 页。

② Derek Heater, *The Idea of European Unity*, London：Leicester University Press, 1992, p. 56.

府组成的，欧洲联合必须使每个国家都能尊重他们自己的政府，这样的欧洲联合形式才能是最好的。"①

总之，"欧洲统一于基督教"的联合思想是对16—17世纪引起欧洲各民族冲突的宗教因素进行反思的理论结果，它强调基于基督教的欧洲政治联合将会带来欧洲的和平与稳定，提出了欧洲联合的初步方案。这些方案确定了欧洲政治联合的一些基本理念，对后来的欧洲联合思想家们产生了深远的影响。这一时期的思想家虽都是从基督教出发来探讨欧洲政治联合问题，但基于君主国家权力增长的政治现实，他们更关注权力在欧洲政治联合机构与各君主国之间的分割这一问题。这说明欧洲政治联合思想开始由"欧洲统一于基督教"转向"欧洲统一于君主"。

（二）"欧洲统一于君主"的联合思想

17世纪下半叶，随着"三十年宗教战争"的结束，引起欧洲分裂、冲突的宗教因素逐渐让位于一个新的因素——民族国家。民族国家的出现，使欧洲政治发生了不少重大变化：国家安全和经济扩张成为各国对外行动的动力；各国力图通过结盟建立欧洲均势，以维护自身安全；君主在国家的对外行动中起着决定性作用。这些变化促使民族国家成为这一时期思想家们思考欧洲政治联合问题的出发点。他们运用专制君主理论，提出了建立"欧洲霸权国"或"欧洲均势"来实现欧洲和平的政治联合思想。其中，最系统地阐述"欧洲统一于君主"的联合思想的是圣皮埃尔。

以专制君主论为理论基础，圣皮埃尔首先提出在欧洲社会建立类似于霍布斯"利维坦"式的专制君主国的欧洲联合计划。他认为，欧洲的统治者迟早会认识到，他们的利益能够通过和平与秩序的方式，而不是通过战争的方式，得到更好的维护。这样的认识将驱使欧洲统治者们更加密切地合作，最终加入到一个"邦联政府"中，形成一个能够代表全体成员国的君主理事会，并组建欧洲联盟。

在《永久和平计划》一书中，圣皮埃尔详尽地阐述了他的欧洲政治联合方案。他提出了五条建议：1. 起草一个建立欧洲联盟的和平条约。2. 确定欧

---

① Derek Heater, *The Idea of European Unity*, London：Leicester University Press, 1992, p. 56.

洲联盟的主要职责是调停、仲裁、和平解决争端。3. 组建欧洲联盟军队，以弥补上议院裁决力量的权威性不足。4. 针对不同问题建立君主国多数表决机制和 3/4 多数的表决机制；只有一致同意才能改变欧洲联盟的基本条约。5. 欧洲联盟应保证每个国家能够按照该国的政治体制治理自己的国家。

以上五条建议也被称为"五条通则"①。圣皮埃尔认为，如果欧洲主权国君主不接受组建欧洲联盟的五条建议，那么任何试图避免战争的设想都是不明智的。也就是说，在圣皮埃尔看来，这五条建议是绝对能保证欧洲和平永久性的建议。他还提出，欧洲联盟将为欧洲各国带来巨大的经济收益。

圣皮埃尔的《永久和平计划》是近代欧洲第一个比较完整的欧洲联合计划。他所提出的"组建上议院、多数表决机制、上议院的仲裁权力"等主张，产生了深远的影响。不仅 19 世纪以来的欧洲联合计划都可以找到圣皮埃尔和平计划的影子，而且，自圣皮埃尔提出"欧洲邦联"以来，"欧洲统一"便成为欧洲政治学中的一个重要课题②。但是，为适应当时欧洲处于君主专制国家时期的现实，圣皮埃尔的欧洲政治联合思想以强调欧洲统治者的责任为重心，即将欧洲永久和平寄希望于国王的联盟。对于这一点，卢梭批评圣皮埃尔的欧洲联盟计划是"无异于寄希望于狼来保护羊"③。这种批评曾引起 18 世纪一些思想家的共鸣。

（三）"欧洲统一于人民"的联合思想

1789 年法国大革命后，"君主在国家政策中的决定性作用"发生了变化。历史学家认为，法国大革命后的第二次和第三次瓜分波兰的行动是"那些害怕被杀头的君主们最后一次精彩的表演"，从此以后，"不论是国内的或国外的政策，再也不能够像以前专制主义时代由君主们或女王单独地、随心所欲地决定了。波兰消失了，欧洲也陷入支离破碎之中。以前习惯性的做法，已让位于新的、迫切的现实需要。"④ 这种变化连同 1792—1815 年法国与反法同盟的

---

① ［法］皮埃尔·热尔贝：《欧洲统一的历史与现实》，丁一凡等译，中国社会科学出版社 1989 年版，第 3 页。

② 陈乐民：《"欧洲观念"的历史哲学》，东方出版社 1988 年版，第 56 页。

③ Derek Heater, *The Idea of European Unity*, London：Leicester University Press, 1992, p. 88.

④ ［美］罗伯特·E·勒纳等：《西方文明史》，王觉非等译，中国青年出版社 2004 年版，第 608 页。

战争，使欧洲社会进入一个新的历史时期。欧洲统一于人民的联合思想正是适应新时期欧洲社会需求的思想产物。

这一时期的欧洲联合思想是以"人民主权"论为理论基础来探讨欧洲联合问题的。从人民主权观出发，卢梭、康德等人认为，欧洲各国内部的制度变革，即民主共和制度在欧洲各国的建立是欧洲政治联合的前提。卢梭在评析圣皮埃尔的《永久和平计划》时，首先阐述了他与圣皮埃尔的根本不同在于他对君主制的否定。卢梭还驳斥了圣皮埃尔建立"君主邦联"的思想，认为单靠君主是不可能实现欧洲和平的，因为"君主的最终目的决不是社会的公共福利。……他只专心自己的特殊利益，总想使自己成为专制者。"① 再加上君主制政府的变化无常使其政策缺乏稳定性，君主制是不可信的。面对君主制的弊端，卢梭得出如下结论："在人民主权和公意得不到体现的情况下，圣皮埃尔的方案是根本行不通的。"②

卢梭承认欧洲均势给欧洲国家带来一定程度的秩序，它消除了任何国家单独称霸欧洲的可能性，但不能带来欧洲的真正和平。他相信，欧洲的永久和平只能在暴力作为人的本性被减弱时才能实现，但减弱人的暴力本性的前提是欧洲社会的革命性变革，"除非革命，没有一个邦联式的联盟在欧洲能真正建立起来。"③ 欧洲社会的革命性变革即为君主专制国家走向民主共和国家，这是欧洲国家建立政治联盟的先决条件。

康德在《永恒和平论———一个哲学方案》一书中，从理性政治法则出发，提出了共和体制是欧洲政治联合的前提的主张。他认为，在共和制下，国家权力属于社会所有公民，公民拥有决定战争与和平的权力。而在行使战争与和平的决定权时，个人在理性的作用下，会对战争作出理智的反应。因为每个人通过事实都可以发现，承担战争重负之牺牲的将是他自己。康德认为，正是人民的理性认识，使人民会尽可能地避免战争而选择和平。

在卢梭、康德等人看来，欧洲政治联合的目标是建立欧洲联邦共和国，这是他们运用社会契约论进行理论论证的结果。卢梭认为，就像个人通过缔结契约联合成国家一样，欧洲国家也可以放弃自己的主权，通过订立一个社会契

---

① ［法］让·雅克·卢梭：《社会契约论》，何兆武译，商务印书馆1980年版，第94页。
② 郭华榕、徐天新：《欧洲的分与合》，京华出版社1999年版，第169页。
③ Derek Heater, *The Idea of European Unity*, London：Leicester University Press, 1992, p. 84.

约，加入一个更高的联邦体中，即"建立某种形式的政府，把国家联合起来就像个人已经联合成一个国内共同体一样，在法律的权威面前保证所有成员国都享有平等的权利和义务"①。欧洲国家的联邦意味着个人的安全和真正的自由可以而且只有通过参加一个更大的整体才能被尽情享有，也意味着欧洲的和平可以得到保证。同时，卢梭也强调联邦的强制性，不允许任何一个成员国随意退出联邦。此外，卢梭再三强调，欧洲联邦将不会削弱各国主权，因为欧洲联邦只是欧洲各国组成的一个巨大的利益共同体，各国是这个共同体中不可分割的一部分。康德坚信欧洲联合产生于社会契约的观念，认为这是人在理性作用下的必然选择。康德也认为，欧洲各国组成的联邦并不等于国家之间的合并，因为"国家是一个人类的社会，除了它自己本身而外，没有任何别人可以对它发号施令或加以处置。它本身像是树干一样有它自己的根茎。然而要想像接枝那样把它合并于另一个国家，那就是取消它作为一个道德人的存在并把道德人弄成了一件物品，所以就和原始契约的观念相矛盾了。"②

此外，在主张"欧洲统一于人民"的欧洲联合思想者那里，欧洲共享的文化价值观被视为欧洲联合的内在力量、欧洲联合的可行性之所在。卢梭尤其强调这一点。他认为，由历史、地理、文化、王朝和商业利益造就的"欧洲是一个真正的共同体，拥有一个宗教和一个道德规范，有自己的风俗和法律，其中没有一个民族能断绝与这个整体之间的关系。"③ 其中，卢梭特别指出，正是欧洲人共享的"自由观念"，使欧洲历史上企图通过建立一个单一的强国和几个国家之间的联盟途径来实现欧洲联合，或者企图以武力的方式建立统一欧洲，都是不可行的。在"自由观念"的作用下，欧洲只能通过国家间的联盟，即和平的方式实现欧洲的和平与稳定。

总之，卢梭、康德等人认为，只有将国家建立在人民主权的基石之上，然后再在此基础上建立欧洲联邦，才能实现欧洲和平。相比以前的欧洲联合计划和方案，卢梭和康德不仅对欧洲政治联合方案进行了深入的理论论证，而且提出了欧洲联合的"人民主权"原则，这是欧洲政治联合思想发展道路上的一

---

① ［意］萨尔沃·马斯泰罗内：《欧洲政治思想史——从十五世纪到二十世纪》，黄华光译，社会科学文献出版社1998年版，第140页。

② ［德］伊曼努尔·康德：《历史理性批判》，商务印书馆1991年版，第99页。

③ Derek Heater, *The Idea of European Unity*, London：Leicester University Press, 1992, p. 82.

个重要转折点。自此，"人民"、"共和"、"联邦"成为欧洲政治联合思想发展演变的主题。

综上所述，16—18世纪的欧洲是由宗教的欧洲转变为君主的欧洲，继而发展为人民的欧洲，直至现代民族国家在欧洲确立了其政治地位。基于欧洲政治发展的现实，欧洲政治联合思想的主题也几经演变，由"欧洲统一于宗教"，发展为"欧洲统一于君主"，最后形成了"欧洲统一于人民"的思想，即欧洲的政治联合必须建立在人民主权原则的基础之上。

三、19世纪初至第一次世界大战前的
欧洲政治联合思想

在拿破仑战争至第一次世界大战爆发前的百年间，与欧洲各国社会内部的激烈变革相比，欧洲国际关系处于相对和平时期。面对存在着可能引发欧洲社会冲突的各种不稳定因素，欧洲思想家们仍努力探寻欧洲的政治联合之路。与前几个世纪的欧洲政治联合思想不同的是，欧洲各国国内社会的变革及对它的认识，成为19世纪初至第一次世界大战前欧洲思想家们探讨欧洲政治联合的新的理论起点。

（一）拿破仑武力统一欧洲的思想

虽然拿破仑没有系统地阐述过他的欧洲统一思想，但1814年战败后，拿破仑断断续续地谈到，他曾想建立一个"联合的欧洲"，这个联合的欧洲将给欧洲大陆带来幸福和繁荣。联合的欧洲意味着欧洲将建立统一的体制，包括统一的欧洲法典，以使欧洲所有的法庭裁判原则统一；统一的货币；统一的度量衡体系；建立统一的欧洲研究院和欧洲科研奖励制度来推动科学研究。更重要的是，拿破仑认为欧洲统一必须建立在霸权君主国领导之下。他说，"如果欧洲不是在一个皇帝、一个摄政王的领导下，并有足够的能力把王国土地分配给他的君臣，天下就不会有安宁。"[1] 与一般思想家不同的是，作为一位强国的

---

[1] Kevin Wilson and Jan van der Dussen（ed.），*The History of the Idea of Europe*，London：Routledge，1993，p. 67.

统治者，拿破仑事实上还进行了统一欧洲的尝试，只不过是以武力统一的冒险方式进行的。法国与反法联盟进行长达十多年的战争，本身就是拿破仑试图建立法国霸权、武力统一欧洲的尝试，即法国在欧洲大陆的政治扩张始终伴随着拿破仑统一欧洲的梦想。拿破仑运用武力试图把欧洲统一于法国霸权之下的行径，激起欧洲其他国家的共同反对。拿破仑武力统一欧洲的最终失败对 19 世纪欧洲政治联合思想的发展产生了两方面的重大影响：一方面，欧洲思想家进一步认识到，和平之路是欧洲政治联合的唯一选择，欧洲只能通过非武力的和平方式实现政治统一；另一方面，保守主义思想家从否定法国霸权出发，提出了建立欧洲均势以防止霸权国的政治主张。

（二）"以均势求和平"的保守主义联合思想

1814 年，战胜拿破仑法国的反法联盟成员国在维也纳举行会议，会议草拟了一份和平协定，并由欧洲各大国签署，希望这份和平协定能够保障欧洲国际安全。和平协定包括两方面的内容：一是对于革命前在欧洲进行统治的王朝，应该恢复他们的王位；二是每个国家应该基本恢复它在 1789 年时的疆界。由此一来，保持欧洲大国之间的力量均衡，避免一个霸权国在欧洲出现的欧洲均势得以形成。而以均势求和平，维护旧有的君主专制统治，意味着代表保守主义意愿的欧洲政治联合思想产生了实际的效果。

保守主义者均认为欧洲均势是欧洲和平与稳定的保证。柏克指出，欧洲均势的谨慎运用将保证欧洲秩序的稳定和国际和平，因为"根植于欧洲社会的共同价值观、规则和法律所规范的均势体系将带来欧洲的相对稳定秩序和较多的财富，欧洲由此而将彰显于世。"[①] 梅特涅也指出，建立欧洲均势的重要性在于，它是欧洲和平与稳定的保证。而且，保守主义者还探讨了建立欧洲均势的途径。如柏克认为，为了建立欧洲均势，欧洲国家必须作两方面的努力：一是制定国际法，由国际法确定各国必须奠定的统一规则；二是深化欧洲国家共享的共同体价值观，这种共同体价值观主要来自于基督教、政府的君主制原则以及共同的罗马法传统等，它已在欧洲国家中培育了一种内在的团结意识和维

---

① ［挪威］托布约尔·克努成：《国际关系理论史导论》，余万里、何宗强译，天津人民出版社 2004 年版，第 163 页。

持秩序的集体责任。梅特涅认为，欧洲国家的相互依赖性造就了建立欧洲均势的可行性条件，并提出建立欧洲大国间的定期会议机制，用以协调彼此间的利益分歧。这一做法后来被称为"欧洲协调"（Concert of Europe）。

总之，在保守主义者看来，欧洲国家间的政治联合主要体现在大国之间的合作，大国合作的形式是各种各样的会议制度。欧洲大国的合作不是为了建立一个超国家的政治机构，而是为了建立权力均势，以便抑制任何一个试图破坏权力平衡的挑战者，通过反对霸权国来维护欧洲社会秩序的稳定。换言之，保守主义强调通过以均势形式出现的欧洲大国间的政治合作来实现如下目标："所有现有国家在共同平衡的基础上，建立一致的、齐心协力的社会"①。

（三）"政治合作与经济发展相统一"的自由主义联合思想

始于 18 世纪末的欧洲工业革命引发了工业化国家之间激烈的经济竞争，欧洲国家间关系逐渐由传统的权力争夺发展为"为经济利益展开的政治争夺"，这是欧洲国际社会冲突的新根源。同时，在工业革命的作用下，资本主义经济体系得以产生，欧洲国家间的经济关系表现出既相互依赖又相互冲突的矛盾性。如何解决这一矛盾？自由主义思想家从其基本理论出发，主张"政治合作与经济发展相统一"，这是他们基于新的国际现实对欧洲政治联合的新认识。

自由主义思想家是从自由主义的基本政治主张中来认识欧洲政治联合问题的。自由主义的基本主张是平等、理性、自由权利、财产权利、政府在经济上应采取放任主义。19 世纪工业革命带来自由主义的新发展，它呼吁政府由"守夜人"转向对经济生活的积极干预，以消除社会因贫富差距过大引发的动荡，同时增强国家在世界贸易市场上的竞争力。

国家应该干预经济生活的自由主义思想会同人权、民主的政治理念，推动自由主义思想家重新认识欧洲国家间关系。他们主张人类在理性作用下，运用政府干预经济的力量，通过以下两种方式克服欧洲国家间的经济竞争和政治冲突，最终实现欧洲的政治联合：一种方式是欧洲政治联合必须建立在"人民

---

① ［意］玛丽娅·格拉齐娅·梅吉奥妮：《欧洲统一贤哲之梦——欧洲统一思想史》，陈宝顺、沈亦缘译，世界知识出版社 2004 年版，第 32 页。

主权"原则而不是"国王协议"的基础之上，因为"没有人民同意，单纯将国王的观点强加于建立一个政府的联邦体系，在欧洲已变得不合时宜了。"①另一方式是组建欧洲国家的自由贸易体系，实现欧洲的经济联合，这是生产力跨越国界发展的必然要求。以上两种方式表明，自由主义思想家将欧洲的政治联合与经济发展紧密地联系在一起，他们的欧洲联合计划反映了政治联合与经济发展之间相统一的关系。

如何将政治合作与经济发展有效地统一起来？边沁提出，必须发挥公共舆论的力量。他认为，如果世界公民能够自由而经常地得到关于国家间冲突的信息，他们就能够对国家间冲突作出公正而理性的判断，欧洲的政治联合就有了社会基础。不过，公共舆论发挥作用的前提是人的自由权利能够得到保证，这不仅要求各国国会、政府全面报告所有冲突事件，而且必须保证所有国家实现自由。

总之，19 世纪的自由主义思想家，基于工业革命带来的欧洲社会内部变革，提出了以经济上的自由贸易推进政治上的和平的思想。自此，将"政治合作"与"经济合作"结合在一起思考欧洲联合问题，成为自由主义联合思想的核心内容，并对 20 世纪 50 年代的欧洲一体化运动产生直接影响。

（四）"变革欧洲社会"的社会主义联合思想

工业革命在使工商业阶级的政治地位在欧洲各国得到巩固的同时，也使工人阶级发展起来。为了改变自己被压迫、被剥削的命运，工人阶级对有产者进行了政治反抗，从而推动了社会主义思想在欧洲的发展，导致一些社会主义者从"变革欧洲社会"的视角思考欧洲的政治联合问题。

"变革欧洲社会"主张主要来自于 19 世纪的社会主义理论。社会主义理论产生于对工人阶级苦难的认识，提出进行变资本主义私有制为公有制的社会革命，改造旧社会，建立和谐的新社会，从而消除工人阶级的苦难。其中，圣西门、傅立叶、欧文作为社会主义的早期代表，希望通过社会变革，能够使人类在工业化发展的同时变得更加人道。以马克思、恩格斯为代表的共产主义者，号召全世界无产阶级联合起来，通过武装斗争变资本主义制度为社会主义

---

① Derek Heater, *The Idea of European Unity*, London: Leicester University Press, 1992, p. 82.

制度，建立共产主义社会，最终彻底解放自己。以蒲鲁东为代表的社会民主主义者则认为，通过议会选举的和平方式，工人阶级可以掌握国家政权，继而实现变革社会的目标。总之，社会主义思想家从变革不合理的、不公平的资本主义制度本身出发，围绕社会中下层民众争取政治权利的斗争，探讨了欧洲国家间的政治联合问题。

社会主义欧洲联合思想的提出基于思想家们对欧洲国家间冲突原因的看法。马克思认为，资本主义的本性必然导致欧洲国家间的冲突。工业发展带来的国内经济危机及其在国际领域的延伸，是欧洲大国之间发生冲突的根本原因。而维护旧的封建贵族和新兴资产阶级利益的专制统治政府，是欧洲大国之间冲突不断的直接原因，因为欧洲各国统治的根本外交目的是"为了延长专制政权的寿命，唆使各民族互相残杀，利用一个民族压迫另一个民族"。在相互争斗的过程中，欧洲各强国之间形成的特殊的利益分配方式和国家间关系结构，构成了欧洲国家间冲突不断的客观环境。马克思、恩格斯对欧洲国际冲突原因的独特分析，形成了马克思主义独有的欧洲政治联合观。

社会主义者分析了欧洲联合的目标和属性，正是在这个问题上，马克思主义者与非马克思主义者有着不同的认识。非马克思主义的欧洲社会主义者不再视欧洲为一个权力均势体系，而是视欧洲为一个民族国家的联邦，这个民族国家的联邦将消除单个民族国家之间的仇恨，实现最终的友善。圣西门主张通过建立一个欧洲共同机构重组欧洲社会，欧洲各国的议会应由一个统一的机构来领导，这个统一机构就是全欧议会。欧洲所有的国家政府都要承认全欧议会的超国家、超政府的权力。欧洲议会还具有仲裁欧洲国家之间分歧的权力和组织、领导欧洲公共教育事业的权力。全欧议会将产生一个对其负责的欧洲政府进行日常事务的管理。在圣西门看来，唯有建立这样一个欧洲议会，欧洲才会被管理得井然有序。

蒲鲁东是第一个从联邦的角度详细阐述欧洲政治联合的思想家。在他看来，现存制度是一种表面上的民主制度，实际上是"贵族制度"，是一种中央集权制度。他提出，代替现存制度的是联邦制。联邦制是一种能够为公正、秩序和自由创造条件的制度，它产生于社会契约思想，是与中央集权制相对的，而且在所有的民族都是可行的。不管是存在差异的国家之间，还是存在差异的社会团体之间，都可以保持联邦形式的统一。

马克思主义者则认为，建立在资本主义基础上的欧洲共和国前景是不切合实际的。19 世纪末 20 世纪初，面对帝国主义的激烈争斗，列宁阐述了他对建立"欧洲共和国联邦"的认识。他首先肯定了"欧洲共和国联邦"口号在广泛吸引小资产阶级和半无产阶级群众的新阶层来参加社会主义斗争方面所起的政治作用。但列宁同时指出，在资本主义社会发展的现有阶段，欧洲联合是不可行的。无论是从经济内容还是从意义上讲，"欧洲联邦在资本主义制度下不是无法实现的，便是反动的"①。

马克思主义者否定了在资本主义基础上建立欧洲联邦共和国的主张，提出只有欧洲工人阶级联合起来，变革资本主义的社会结构，才能彻底消除欧洲国家间的利益冲突，实行欧洲的和平与国家间的真正合作。而且，在马克思主义者看来，除了工人阶级的联合之外，欧洲民族的真正独立也是欧洲政治合作的重要前提。

总之，马克思主义者是从经济基础与上层建筑的辩证关系出发来分析欧洲国家间关系的，并得出如下结论：生产力不以人的意志为转移的发展将跨越国家疆界，这为欧洲政治联合创造了客观物质条件。但是，欧洲政治联合的真正实现取决于欧洲国家国内政治结构的变革。工人阶级作为整体登上政治舞台，变资本主义制度为社会主义制度，这是欧洲政治联合实现的主观条件。可见，不仅在欧洲联合的目标问题上，而且在欧洲政治联合的途径和方式问题上，马克思、恩格斯、列宁与圣西门、蒲鲁东等人的看法都有着根本的不同。

（五）"建立独立民族国家联合体"的民族主义联合思想

19 世纪 60—70 年代，随着波兰起义被俄国人镇压，以及塞尔维亚人起来反对土耳其统治，民族主义联合思想在欧洲发展起来。这是一种以各民族的真正独立为目标，提出建立欧洲合众国的联合思想。

这种欧洲政治联合思想来源于欧洲的民族主义思想。法国大革命之后，接踵而来的是拿破仑在欧洲的政治扩张。拿破仑的政治扩张激起欧洲民族主义思想的发展。对于民族主义者来讲，民族独立是一切欧洲问题的核心。民

---

① 《列宁选集》第 2 卷，人民出版社 1995 年版，第 552 页。

族主义思想的发展推动一些思想家从民族独立的视角来认识欧洲的政治联合问题，他们提出了将民族独立与欧洲联合统一起来，建立欧洲合众国的政治主张。

在民族主义者看来，欧洲联合的目标是建立美国式的欧洲合众国。维克托·雨果指出，欧洲需要一个民族共同体，需要一个联合的政府，进行更友好的裁决。相对于雨果所说的"欧洲合众国"目标，其他民族主义思想家提出了欧洲联邦目标。菲利浦·布歇首次提出应将民族平等与自由同欧洲联邦结合在一起来思考。他认为，民族团结是法国革命者的第一使命，欧洲联邦则是长期和艰巨斗争的远景目标。只有在基督教法则所宣布的平等和自由作为社会的基础得以建立之日，欧洲联邦才可能问世。意大利政治家马志尼是系统地从民族主义视角思考欧洲政治联合问题的著名代表。他认为，在全欧洲大陆范围内，唯一可能适用的统一形式是联邦模式，即联邦共和国将实现欧洲的统一，结束欧洲的战争。在这个欧洲联邦共和国内，要包括由于历史结构长期形成的所有欧洲人民。弗里德里希·李斯特也阐述了民族主义的联邦思想。他认为，可以想象到的最高政治形式是包括全人类在内的政治形式。在遥远的将来，全人类一定会在政治上联合起来，这个政治联合形式就是联邦。

如何建立欧洲联邦共和国？民族主义联合思想家一致认为，各民族的真正独立是欧洲联合的前提。马志尼是最系统地阐述这一观点的代表。他在讨论意大利统一问题时，提出了"欧洲联合应建立在民族国家独立基础之上"的政治联合思想。首先，马志尼主张意大利在获得民族独立后，应建立一个人民民主性质的共和政体，即民族民主共和制。接着，他提出，意大利人民的民族运动应该同其他民族的运动结合在一起，建立欧洲新制度。欧洲新制度就是通过各民族之间的合作而结成的政治联盟，是人民"在共同的行动和共同的思想信仰基础上，实现欧洲统一"①。意大利的罗马尼奥西在《宪法科学》一书中继承和发展了马志尼关于欧洲联合于民族国家独立基础之上的思想。他认为，意大利民族同欧洲的思想观念不存在矛盾；欧洲是一个多民族组成的大家庭，每个民族享有所拥有的自主权，在政治平等的基础上相互竞争；在欧洲，从前

---

① ［意］玛丽娅·格拉齐娅·梅吉奥妮：《欧洲统一贤哲之梦——欧洲统一思想史》，陈宝顺、沈亦缘译，世界知识出版社2004年版，第42页。

征服者需要联合各种力量才能做到的事情，今天在自然竞争中维护自己利益的民族，可以在联邦中去完成。

不仅如此，民族主义思想家在提出欧洲联合计划和方案的同时，还努力使之付诸行动。例如，马志尼为实现他的政治主张，于1834年创立欧洲青年党，这是一个跨国家的人民解放运动组织，旨在推动人们争取自由和民族独立，重新实现欧洲联合。欧洲青年党的影响扩大到整个欧洲，为建立一个包含所有欧洲人民的联邦共和国提供了一定的社会基础。李斯特为实现其欧洲联合思想，于1819年提议组建德国关税同盟。随后，他致力于建立"扩大德国的关税地区"，不仅力求德国关税区的内部完善，还试图将它扩大到德国境外地区，让那些真正想加入的国家和地区加入进来。他的最后目标是创建一个大陆体系，这个体系"将保证工业的发展、殖民地竞争的改善，使和平时期的经济取得辉煌成就"[1]。

总之，民族主义将"民族的独立原则与民族的联邦原则结合在一起"来探讨欧洲政治联合问题，这是欧洲弱小民族对维护本民族利益要求的直接反映。另一方面，这也说明民族国家作为人类的一种政治组织形式，在当时的欧洲有着强大的吸引力。因此，在民族主义联合思想家们看来，欧洲联合的第一步是欧洲各民族的真正独立，而不是欧洲联邦。

综上所述，在19世纪初至第一次世界大战爆发的百年时间内，欧洲思想家们基于欧洲社会内部变革，提出了对现有欧洲社会秩序或维护、或改良、或改造、或革命的政治主张，这些主张是欧洲政治联合思想的重要组成部分，并成为第一次世界大战后欧洲政治联合思想发展的新起点。

四、两次世界大战期间的欧洲政治联合思想

在1914年至1945年的短短30年里，欧洲大陆经历了两次旷古未有的世界性战争。战争带来的巨大灾难促使人们思考：欧洲应建立什么样的国家间关系结构来保证欧洲的和平与稳定？最后，思想家们不约而同地视欧洲的政治联

---

① ［意］玛丽娅·格拉齐娅·梅吉奥妮：《欧洲统一贤哲之梦——欧洲统一思想史》，陈宝顺、沈亦缘译，世界知识出版社2004年版，第41页。

合为和平的最佳选择。由此一来，欧洲政治联合思想再度蓬勃兴起，到第二次世界大战结束之时，它已广泛深入民心，成为欧洲人民的共识和迫切需求。

（一）"中欧联合"的欧洲政治联合思想

由于科学技术发展带来的战争武器的变革，第一次世界大战从一开始就展现出其超出以往战争的巨大杀伤力。面对大战带来的巨大灾难，一些有识之士开始思索和讨论这样一个问题："在战争的欧洲环境内是否还存在着'真正'的欧洲"？[①] 这样，大战期间就产生了"联合求和平"的欧洲政治联合思想，其代表是"中欧联合"的思想。

为什么要推动中欧国家的政治联合？弗里德里西·诺曼和马萨里克认为这是工业化发展的必然结果。为了阐明这一观点，诺曼在《中欧》一书中说明，正是第一次世界大战给各国带来经济困境促使他思考"中欧联合"。中欧的经济困境表明，中欧国家的国内资源是紧密地联结在一起的。中欧国家要走出经济困境，必须走中欧联合之路。此外，诺曼还敏锐地观察到国家工业化发展带来经济的两大变化：一是政府干预经济的必要性；另一是大规模经济合作的必要性。这两大变化推动着中欧国家可在政府主导下谋求合作。托马斯·加里盖·马萨里克在《新欧洲》一书中也认为，欧洲的工业化带来的欧洲政治和文化的巨大变革是"新欧洲"建立的根本动力，"工业化基本是在道德和政治上迈向个人和民族自我实现的进程。"[②]

诺曼还详细阐述了中欧联合的目标和性质。他提出，中欧联合的目标是通过建立一个超国家共同体来实现从北到南的中欧经济和防务的合作。在这个超国家的中欧国家中，中欧人将既忠于他们各自的国家，又忠于中欧国家。但是，这个超国家共同体只能是松散的邦联性质，是用来处理中欧的经济合作和共同防务事务。在马萨里克眼里，"新欧洲"的范围仅限于居住于德国和俄国之间狭长地带的众多弱小中欧国家。

如何建立超国家的中欧政治共同体？诺曼和马萨里克有不同的看法。诺

---

① Kevin Wilson and Jan van der Dussen (ed.), *The History of the Idea of Europe*, London：Routledge, 1993，p. 89.

② Kevin Wilson and Jan van der Dussen (ed.), *The History of the Idea of Europe*, London：Routledge, 1993，p. 95.

曼主张，要想在中欧建立一个超国家的政治共同体，首先必须在中欧的东西两边各保留两个"中国式的长城"，西边是与法国，东边是与俄国，然后在中欧创造一个"巨大的中欧共同体市场"，最终创造一个超国家的中欧国家。马萨里克则认为，"民族自决权"是中欧政治联合的起点，被压迫民族有权以"自由"为旗帜获得独立的权力，然后在各民族国家独立的基础之上建立一个"新欧洲"①。因此，中欧联合必须保证自由且独立的民族国家间的平等地位。

德国是中欧最强大的国家，如何界定它在中欧联合中的地位与作用？这是主张"中欧联合"思想家们探讨的一个重要问题。对于诺曼而言，作为一名德国人，他自然视德国为中欧联合的主导。尽管他没有清楚地说明他所设计的中欧联合目标是服务于德国的利益，但仍以隐含的方式强调，"中欧将以德国为核心，将自愿地使用德国语言，德语不仅在全世界闻名，而且将成为中欧的交流语言"②，这无疑是肯定了德国在中欧的霸权地位。对于捷克人马萨里克来讲，立足于民族独立的"新欧洲"是不包括德国的，尤其反对中欧经济合作中的德国霸权。

总之，以诺曼和马萨里克为代表的中欧联合思想强调的是以中欧国家为中心的欧洲政治合作，并都是从工业化给欧洲带来巨大变化的角度出发来认识欧洲的政治合作问题的。只不过较之诺曼对中欧国家经济相互依赖性的关注，马萨里克更强调中欧合作中各民族国家的独立性。不管怎样，他们的"中欧联合"思想，由于包含希望化解民族国家的利益之争，实现国家和谐共处的理想主义因素，成为两次世界大战期间欧洲政治联合思想的重要内容。

（二）"在经济合作基础上建立欧洲联邦"的自由主义联合思想

由于第一次世界大战是自由主义国家之间的武装冲突，而且战后西方国家普遍处于经济萧条之中，欧洲的自由主义面临危机。鉴于此，欧洲思想家和政

---

① Kevin Wilson and Jan van der Dussen（ed.），*The History of the Idea of Europe*，London：Routledge，1993，p. 94.

② Kevin Wilson and Jan van der Dussen（ed.），*The History of the Idea of Europe*，London：Routledge，1993，p. 90.

治家认为，由于传统的自由主义所带来的"民族主义几乎在一场自杀性的战争中毁灭了欧洲"，"必须寻找民族主权概念的替代物"①。由于认为传统的旨在保证民族国家主权的自由主义理念已不能有效地解决欧洲问题，自由主义思想家们又寄希望于欧洲国家间的政治联合，以共享经济资源，建立一个全新的国家间关系结构，从而消除因民族主义带来的欧洲国家间自杀性的冲突。这样，在战后恢复的岁月中，一系列联合欧洲的计划被提出来。而其中最具代表性的是库坦霍夫·卡纳吉的"泛欧运动"计划和阿里斯蒂德·白里安的联合欧洲计划。

在《泛欧》一书中，库坦霍夫·卡纳吉倡议创建一个欧洲联邦作为欧洲和平与繁荣的保证。他分析道，欧洲之所以要走政治联合之路，是因为随着第一次世界大战的结束，欧洲已结束了它在世界的霸权历史，并日益走向了衰弱，而欧洲衰弱的根本原因则在于欧洲政治体制的"老化"。"只要政治体制得到根本改变，患病的欧洲大陆的完全恢复不仅是可能的，而且是可行的"②。所以，卡纳吉认为，以主权为核心的民族国家是导致欧洲冲突乃至其衰弱的根本原因，而超越民族国家的欧洲政治联合是欧洲复兴的希望所在。白里安也认为，推动欧洲的政治联合是必要的，其主要原因在于：（1）必须寻求欧洲和平以避免类似第一次世界大战的大屠杀再次发生；（2）必须消除德国的威胁，保证法国在内的欧洲国家的安全；（3）必须免除对外部美苏两大力量的担心，用他的话来说，"我们被两大可怕的力量包围着，建立欧洲联盟是绝对必要的。"③ 比利时政治家斯巴克则指出，欧洲国家在安全和经济上的相互依赖是欧洲走向联合的根本动力，并决定了战后西欧重建的重心是联合或组建成一个联邦。而且"无论是一些国际性的组织，还是地区性的组织，抑或欧洲的联合组织，如果它们不能使一个共同机构置于各成员国之上，注定会遭到失败。"④ 总之，在卡纳吉、白里安等人眼里，超越民族国家体制的欧洲政治联合将带来欧洲的永久和平。

---

① David De Giustino（ed.），*A Reader in European Integration*，New York：Addison Wesley Longman Limited，1996，p. 2.

② Kevin Wilson and Jan van der Dussen（ed.），*The History of the Idea of Europe*，London：Routledge，1993，p. 96.

③ Derek Heater，*The Idea of European Unity*，London：Leicester University Press，1992，p. 103.

④ David De Giustino（ed.），*A Reader in European Integration*，New York：Addison Wesley Longman Limited，1996，p. 41.

　　尽管自由主义思想家们普遍认为欧洲政治联合的目标是建立"欧洲联邦"，但他们对于欧洲联邦的属性有不同的看法。卡纳吉认为欧洲应在美国、苏俄和英联邦的示范下建立联邦，"除非欧洲人民将他们的民族国家塑造为一个紧密的联邦，否则欧洲就不会有和平、繁荣和种族和谐。"①白里安则强调，欧洲联邦应建立在联盟而非统一的基础之上，欧洲联邦的建立将不影响到属于这个联合之中的任何国家的主权。实质上，白里安主张，欧洲联邦应是一种不损害民族国家主权的松散联邦。

　　在如何实现欧洲联邦问题上，卡纳吉在其泛欧计划中提出，欧洲联邦建立必须经历四个阶段：第一个阶段，27个欧洲国家组建一个泛欧协商会议；第二个阶段，建立仲裁机构，通过仲裁处理欧洲国家间的争端；第三个阶段，建立一个关税同盟；第四个阶段，起草一个联邦政治体制的方案。以上四个阶段体现出"泛欧"的如下功能：（1）确保和平，这是主要功能；（2）促进欧洲经济的发展；（3）通过政治联合保护弱小民族国家的权利；（4）推动世界大同的实现。由此可知，卡纳吉的泛欧思想是一种通过经济合作推动欧洲联邦建立的欧洲政治联合思想。

　　与卡纳吉相比，匈牙利经济学家艾里蒙·哈罗托斯明确地提出了通过经济合作走向政治合作的主张。在题为"建立欧洲关税同盟"的演讲中，他首先阐述了建立"欧洲关税同盟"的必要性，这就是欧洲各国间的关税障碍已严重地阻碍了经济力量的自由流通。而关税同盟可以通过降低物价来提高购买力，促进市场的扩大，从而提高产品的产量，使国家走向繁荣和富裕。其次，他强调，欧洲关税同盟与一个新的欧洲政治结构的建立是紧密联系在一起的，"没有有效的经济联盟的安排，任何欧洲联邦计划都难以成功"②。哈罗托斯还断言，尽管一个欧洲关税同盟的实现可能需要很长的时间，但是，"这种通过经济合作走向政治合作的观念必须成为所有政治和经济政策的基础"③。斯巴克更为明确地提出了"在经济合作的基础上推动政治合作"的设想，提议建立三国经济联

---

① Carl H. Pegg, *Evolution of the European Idea*, 1914－1932, Chapel Hill: University of North Carolina Press, 1983, p. 28.

② David De Giustino, *A Reader in European Integration*, New York: Addison Wesley Longman Limited, 1996, p. 10.

③ David De Giustino, *A Reader in European Integration*, New York: Addison Wesley Longman Limited, 1996, p. 10.

盟。他强调，"没有经济问题的解决，就不可能有政治问题的解决。"①

总之，在欧洲联合的途径问题上，这一时期自由主义的思想家和政治家都主张"经济先于政治"的欧洲联合之路，只是白里安的主张后来发生了变化，由"经济先行"转向了"政治先行"。不过，总体而言，"在经济合作基础上建立欧洲联邦"的思想属于主流。

与前一时期自由主义欧洲政治联合思想家不同的是，这一时期的思想家们并未停留于理论构想，而是通过一系列的活动，将理论付诸实践。例如，卡纳吉积极推动泛欧运动。白里安则作为一名政治家，不断通过自身的政治影响推动欧洲联合的实践。他1929年在国际联盟发表了以欧洲政治联合为主题的演讲，1930年又正式提出了关于欧洲政治联合的《备忘录》。白里安在备忘录中详细解释了欧洲政治联合的原因、目标和途径等问题。这是第一个由政府决策者设计的，同时又被几个欧洲国家政府正式考虑的欧洲政治联合计划，从而使欧洲联合思想朝着实践方向迈出一大步。白里安还于1930年积极筹建欧洲联盟研究委员会，并召开了四次会议。白里安努力将欧洲政治联合思想付诸实践的一系列政治活动在当时产生了巨大影响。除卡纳吉、白里安的欧洲联合实践活动以外，1941年开始筹划的比利时、荷兰、卢森堡三国经济联盟（Benelux Economic Union）是欧洲政治联合思想付诸实践的最早成果，这是第二次世界大战结束之前的第一个欧洲一体化计划，是"欧洲联合的第一步"②。

总之，两次大战期间，自由主义思想家和政治家围绕"经济上建立关税同盟、政治上建立欧洲联邦"两大主题，试图建立"以经济合作为基础的欧洲政治合作机制"模式，不仅对此进行了详尽的理论论证，而且努力将欧洲政治联合计划付诸实践，从而赢得了民众的理解和支持。自由主义思想家和政治家在实践中积累的欧洲联合经验，为战后欧洲联合的正式启动奠定了坚实的基础。

（三）"欧洲统一于德国"的法西斯主义联合思想

第二次世界大战爆发前后，希特勒在不同的场合表达了他"统一欧洲于

---

① David De Giustino, *A Reader in European Integration*, New York: Addison Wesley Longman Limited, 1996, p. 41.

② David De Giustino, *A Reader in European Integration*, New York: Addison Wesley Longman Limited, 1996, p. 42.

德国"的企图。1936 年，希特勒在一次演讲中说："欧洲是一座房子，德国是这座房子秩序的维护者"。1941 年，他再次谈到："欧洲与亚洲的真正疆界，是将德国人从斯拉夫人的世界里分离出来"，在这个分离的世界里，"我们的责任是使那些我们想要的地方变成我们想要的样子。"① 1943 年，他又宣布："在欧洲尚存的那些小国的混乱秩序必须立即得以清除。我们斗争的目的应该是建立一个统一的欧洲，只有德国人才能真正指导欧洲组织起来。"② 希特勒在不同场合的讲话表达了这样一个思想：欧洲应该统一，但这只能是在德国人的领导下才能实现，统一的欧洲是德国人的欧洲。

对于法西斯主义者来讲，欧洲统一的目标是建立一个"欧洲新秩序"。从表面来看，这个"欧洲新秩序"的目标是满足各国渴望和平、公正处理民族争端和谋取社会福利的要求，但是，其真实目标并不在于此。法西斯主义者声称，组建"欧洲新秩序"的指导思想是德国纳粹党的新看法，而德国纳粹党的新看法包括如下原则：一是建立在相互忠诚观念上的领导原则；二是通过德国的国家建设成就和目前德国在战争中所取得的成就表现出来的效率原则；三是强调所有国家平等性的组织秩序原则；四是由对犹太人问题的处理来决定欧洲的种族原则。"欧洲新秩序"必须体现以上四个原则，这表明，法西斯主义的"欧洲新秩序"不仅是德国的欧洲，而且是法西斯德国的欧洲，欧洲必须遵循法西斯的领导，这是法西斯德国建立的"欧洲新秩序"的本质所在。

如何建立欧洲新秩序？在德国外交部于 1943 年 6 月发表的《备忘录》中，纳粹理论家提出首先签订一个欧洲和平条约。这一条约将确立处理争端的原则和机制，以维护欧洲和平。具体内容包括：（1）所有欧洲国家都有选择在一个更紧密的共同体中联合起来的自由和独立的权利。（2）只要尊重对欧洲共同体的义务，所有欧洲国家有权组织它们自己认为合适的生活。（3）欧洲国家在欧洲团结和欧洲义务的框架内，可以自由地处理它们所希望发生的双边关系。（4）欧洲在遵守欧洲团结和欧洲义务的框架内，自由地处理与非欧洲国家的关系。（5）欧洲国家不干涉非欧洲国家的事务，相应地，也不允许非欧

---

① Kevin Wilson and Jan van der Dussen（ed.），*The History of the Idea of Europe*，London：Routledge，1993，p. 107.

② ［法］皮埃尔·热尔贝：《欧洲统一的历史与现实》，丁一凡等译，中国社会科学出版社 1989 年版，第 41 页。

洲国家干涉欧洲国家事务。（6）欧洲国家的任何争端都应和平解决，任何被视为对现有和谐关系的威胁，都将通过和平手段来调整。（7）一旦对特定地区人民的安置不能与政治边界相一致，以致造成对友好关系的威胁，并有必要进行重新安置的话，要尽可能地运用协议进行调整。（8）每个国家有责任保证其行动与欧洲团结和欧洲义务相一致。

《备忘录》还提出，在签订欧洲和平条约的同时，要创建欧洲经济合作组织，该组织由各国代表组成，具有永久性的欧洲经济大会。欧洲国家还要进行欧洲交通、通讯、文化、教育、新闻等合作，并建立相应合作机构管理此类事务。而且，法西斯德国口口声声说要以和平的和约方式实现欧洲的统一，并且欧洲各国将根据自己的意愿选择是否加入这个政治共同体中。但实际上，这完全是欺骗欧洲人民之幌子。在希特勒和他的法西斯党徒那里，欧洲统一于德国只有一条路可走，那就是武力。

总之，二战期间，德国法西斯主义提出了比较完整的欧洲联合思想和计划，涉及政治、经济、军事、社会文化等各个领域。但由于其目的是满足希特勒在欧洲领土扩张的需求，它实质上不过是希特勒企图运用武力建立德国在欧洲霸权，即建立一个"大德意志帝国"的总规划。正因为如此，法西斯主义的欧洲联合思想和计划，如同法西斯主义的种族灭绝政策一样，必然遭到欧洲各民族的坚决反对和抵制而最终陷入破产。

（四）"建立欧洲联邦共和国"的抵抗运动组织的联合思想

面对希特勒谋求武力统一欧洲的霸权企图，欧洲抵抗运动组织在抵抗希特勒的武装斗争中，呼吁欧洲工人阶级和广大劳动人民团结起来，建立一个消除欧洲极权主义、保证欧洲和平的欧洲联邦共和国。

1941 年，主要由意大利抵抗运动者阿尔蒂罗·斯皮内利和恩列斯特·罗西起草的《文托泰内（Ventotene）宣言》，作为欧洲抵抗运动组织的政治纲领，明确提出欧洲抵抗运动的目标在于建立欧洲联邦共和国。该《宣言》首先说明，为防止民族国家间的冲突，欧洲需要建立一个联邦。《宣言》还认为，欧洲在二战中的共同命运已造就建立欧洲联邦的政治基础。一个欧洲联邦将有助于解决欧洲的众多问题，即欧洲所有问题只有在一个欧洲联邦中才能得到有效的解决。

1944 年，抵抗运动组织发表《战时宣言》，进一步阐述了建立欧洲联邦共和国的必要性。该宣言提出，战后欧洲应使各国人民生活在尊重个人尊严、安全以及对整个欧洲大陆经济资源的计划开发和实现民族自治的社会环境之中。但是，除非各国放弃绝对主权原则，并团结在一个单一的联邦组织之中，否则，这个目标是无法实现的。

在欧洲抵抗运动组织看来，欧洲的各种问题都来自于民族国家因素，只有消除民族国家因素，同时将欧洲各民族国家聚集在一个更大的政治共同体——欧洲联邦之中，欧洲的和平与发展就指日可待。

《文托泰内宣言》勾画了欧洲联邦共和国的基本框架，包括：（1）建立一个欧洲军队，取代民族国家军队。（2）摧毁经济独裁和极权体制的支柱，建立欧洲民主政体。（3）欧洲联邦共和国必须是一个单一的联邦国家，它既维持欧洲共同社会秩序的稳定，同时又保证各成员国有足够的自治权力去根据本民族的特性管理本民族人民的政治生活。（4）欧洲联邦共和国必须强大到能够避免来自外部的威胁和内部的挑战，并对所有的欧洲国家开放。（5）欧洲联邦共和国必须建立在能保证民主制度和人类尊严自由发展的公民的、经济的、政治的权利宣言，以及能保证少数民族拥有加入民族国家一体化中的自治权力的宣言的基础之上。（6）欧洲联邦共和国不得干涉其成员国内部事务，但鉴于国际联盟的教训，联邦共和国必须拥有共同的外交和防务，以及在国际交换和交流方面的权威。

总之，欧洲抵抗运动组织的政治联合思想是建立在"对民族国家"深刻反思的基础之上的。如他们所说，纳粹占领欧洲导致建立在民族国家均势体系上的欧洲旧秩序的崩溃事实，证明"民族自豪和虚无主义是真正的祸害"①。在他们看来，民族国家在所有方面都是不可信的：道德上，是民族沙文主义；经济上，无力避免经济危机和确保合作；军事上，正如已被战争证明的，它无力保证其公民的安全。因此，解决欧洲的出路在于建立欧洲联邦共和国。而且，正是由于欧洲抵抗运动组织的不懈努力，欧洲联邦共和国思想几乎影响到所有被德国法西斯占领的国家，不仅成为二战后欧洲联邦主义的理论基础，而

---

① Kevin Wilson and Jan van der Dussen（ed.），*The History of the Idea of Europe*，London：Routledge，1993，p. 111.

且"把过去长期在知识分子为主体的小圈子里流传的欧洲联合思想,传播到社会的最低层和最广泛的社会群体,并成为他们的自觉要求"①。尽管战后的欧洲"不可能一下子就直接从战争的恐怖中跳到联邦的天堂中"②,但在战后的欧洲一体化实践中,欧洲抵抗运动组织的"联邦共和国"目标以渐进的方式得以部分实现。

综上所述,在不到30年的时间里发生的两次世界大战,推动着欧洲思想家对战争根源进行了深入思考。他们普遍认为,伴随工业化发展而来的经济萧条是导致欧洲各国诉诸军事冲突的直接原因,但隐藏在经济萧条背后的最根本原因在于自民族国家崛起以来的欧洲国家的政治分裂。针对经济竞争和民族分裂,欧洲思想家和政治家围绕民族国家的属性探讨了欧洲政治联合的问题,并得出如下结论:建立一个超越单个民族国家的更大的欧洲民族国家即欧洲联邦,是解决欧洲一切问题的根本之所在。欧洲思想家、政治家乃至民众对欧洲联邦的共识,意味着欧洲政治联合的思想基础已经奠定,因而离其实现之日也不再遥远。

五、战后初期与冷战时期的欧洲政治联合思想

经过第二次世界大战的洗礼,通过联合实现欧洲复兴的思想已深入人心,这推动着酝酿5个世纪的欧洲政治联合思想由理论进入实践,使欧洲一体化终于拉开序幕。在欧洲一体化实践中,思想家和政治家针对欧洲联合道路上的种种具体问题,在理论上也进行了深入的探讨,涉及欧洲联合的目标、属性、途径和方法,以及阻碍欧洲联合进一步发展的各种因素。这些理论探讨大大丰富和深化了欧洲政治联合思想的内容,为欧洲一体化的进一步发展提供了思想动力。

(一)"建立欧洲联邦"的联邦主义联合思想

联邦主义者普遍认为,欧洲联合的未来在于建立一个新的、代表整体欧洲的政治共同体,它必须建立在各民族主权国家的契约基础之上,应被称为欧洲

---

① 严双伍:"法国抵抗运动关于二战后欧洲联合的构想",载《法国研究》2003年第2期,第110页。

② Kevin Wilson and Jan van der Dussen (ed.), *The History of the Idea of Europe*, London: Routledge, 1993, p. 113.

联邦共和国。但在如何建立欧洲联邦共和国的问题上，联邦主义者有着不同的认识。根据对"欧洲联邦共和国"建立途径的不同认识，联邦主义联合思想可以分为激进联邦主义和温和联邦主义①，前者主张通过由欧洲各国政府代表组成的制宪会议制定一部宪法，自上而下地实现欧洲的政治联合；后者鉴于制宪会议难以实现，主张各国从利益共同点出发，在利益共同体点最多的领域寻求合作，然后一步一步地朝欧洲联邦方向迈进。

激进的联邦主义者主张通过"宪政"方式一劳永逸地建立起欧洲联邦共和国。这种主张起源于卢梭、康德等人，他们从社会契约论的角度对欧洲政治联合的理论论证，带来了后世思想家和政治家对"宪政"方式的向往。二战结束后，从战后初期斯皮内利的联合思想到今天德国人的主张，无不是这种思想的体现。"激进"联邦主义的主要观点如下：在谈到为什么要以宪政的方法推动欧洲政治联合时，这些思想家和政治家们一致认为，这是消除极端民族主义的影响，继续推进欧洲政治一体化的最佳选择。首先，他们认为，两次世界大战都是民族主义惹的祸。因此，将欧洲从民族主义中拯救出来的途径是创建一个欧洲合众国。另外，在几十年的欧洲一体化进程中，面对民族国家坚决维护本国利益，甚至不惜以欧洲一体化后退为代价的行动，激进联邦主义者更加坚定地主张：推进欧洲一体化的最好方式是对欧洲联合机构进行联邦性质的制度革新。如前欧共体执委会主席德洛尔在"欧共体抓住历史机遇，迅速向联邦主义跃进"一文中，提出通过扩大共同体机构的权力推进欧洲一体化进程，并认为这是欧洲所处时代为它提供的必然选择。他指出："随着欧共体的发展和我们政府强调人民欧洲的必要性，我们希望所有的欧洲人能够感到他们属于第二故乡的欧共体。……如果这一观点不为人所接受，欧共体将会停滞不前，民族主义的幽灵将会再次来困扰我们。"②

在"激进"联邦主义者看来，建立欧洲联邦的最佳途径是自上而下的"宪政"方式。斯皮内利尤其强调，建立新欧洲的途径是"泛欧运动基础上的欧洲制宪会议"，即依靠一个独立的欧洲联邦主义运动（泛欧运动），运用民众舆论的力量说服政府和政党去支持欧洲统一的行动，最终形成一个类似于美

---

① Michelle Cini（ed.），*European Union Politics*，New York：Oxford University Press，2003，p. 75.

② 李巍、王学玉编：《欧洲一体化理论与历史文献选读》，山东人民出版社1999年版，第68页。

国费城模式的、由代表民意的人组成的制宪会议，制定欧洲宪法草案，然后将欧洲宪法草案直接提交成员国的宪法机构批准。宪法草案一旦获得多数国家的宪法机构批准，便立即生效。这是一条美国式的宪政之路。由于斯皮内利对美国式宪政道路的推崇，他的联邦主义联合思想被称为纯粹的"联邦主义思想"①。总之，在激进的联邦主义者看来，通过"宪政"的方式，变革民族国家权力，建立欧洲联邦，是消除民族国家的消极作用，继续推进欧洲一体化发展的最佳方式。而且，他们坚信，欧洲只有在政治联合道路上取得实质性的进展，才能获得全面、持久发展的动力。

与激进的联邦主义者相反，温和的联邦主义者主张通过"渐进"的方式推动欧洲联邦的建立。让·莫内作为其主要代表人物之一，主张寻求联合者的利益共同点，先进行部门领域的合作，然后在看得见的部门领域合作成果的影响下，一步一步地扩大合作范围，最后带来体制性的变革。在让·莫内等人看来，这种"渐进"变革方式有助于消除"激烈的宪政"方式所带来的社会动荡，更容易获得人们的认同。

功能主义是"温和"联邦主义的理论基础。最早完整地提出"功能主义"理论的是大卫·米特兰尼。他在《一个有效的和平体系》一书中提出，由于"宪政"方式已不适应于从民族国家到民族国家联邦的发展，建立世界联邦这个政治有机体的途径只能是采取"让共同体在行动和实践中从一个部门向另一个部门的自然发展"的渐进方式。通过"功能主义渐进方式"建立的世界联邦可以彻底地消除国际冲突。虽然米特兰尼的功能主义的方案是针对世界联合而不是欧洲联合提出来的，但由于绕开了各国敏感的"政治主权"问题，主张从不涉及政治主权的职能部门的合作出发来推动国家间的合作，事实上已形成一种独特的欧洲政治联合思想，对让·莫内及其后的欧洲一体化的思想和实践产生了重要的影响。

在欧洲一体化实践中，哈斯和林德伯格等人在分析欧洲一体化中，进一步发展了功能主义思想。首先，他们对什么是"政治一体化"进行了界定。哈斯认为，政治一体化"是一个进程，是几个具有明确民族背景的政治行为体被劝说将他们的忠诚、期望和政治活动转向一个新的政治中心的进程，这个新

---

① Michelle Cini（ed.），*European Union Politics*，New York：Oxford University Press，2003，p. 82.

的政治中心拥有对前民族国家的决策权，政治一体化进程的结果是一个新的政治共同体"①。林德伯格则认为，政治一体化仅是指依靠各国政府自主行为以外的手段，来形成集体决策的过程，即政治一体化是一种过程。相对于哈斯将政治一体化定义为"政治忠诚中心的转移过程"，林德伯格认为政治一体化是一个"超国家的和集体决策的形成过程"②，这是对欧洲 20 世纪 60 年代一体化实践更为现实的认识。

哈斯和林德伯格还一致认为，推动欧洲一体化的力量主体是一些从一体化中获利的利益集团。正是由于这些利益集团看到联合管理特殊领域的实际利益，转而通过跨国界的联合行动施压于政府，直接产生了国家间的联合实践；当他们在其他领域也认识到自己利益时，一体化的合作就会发生"外溢"，从一个领域的合作扩展到另一个领域的合作，最后会出现这种现象："一个经济部门的一体化，将不可避免地导致其他经济和政治行动的一体化"③。鉴于利益集团在欧洲经济一体化发生、发展上的作用，哈斯得出如下结论："共同体的形成过程是由具有特殊利益和目标的利益集团所掌握的"④。当然，在他们看来，这个利益集团的范围很广泛，有精英集团、工业家集团、专家和技术集团，以及政府领导人等。哈斯和林德伯格的功能主义思想系统地解释了欧洲一体化的模式及其成因，这是对欧洲经济联合实践的理论化和系统化，是欧洲政治联合思想的重要内容。

以经济合作的渐进方式推动欧洲联邦的建立，也是温和联邦主义者的一种基本主张。阿登纳在战后明确提出了通过欧洲国家的经济合作推动欧洲联合的建议。他认为，从长远利益来看，消除邻国对德国担忧的唯一解决方案是欧洲的合作，而合作之路在于经济。"对于人民之间更好的政治关系而言，经济利益的联合是而且永远是最健康、最持久的基础。"⑤ 并且，包括德国在内的欧

---

① Brent F. Nelsen and Alexander Stubb（ed.），*The European Union：Readings on the Theory and Practice of European Integration*，Colorado：Lynne Rienner Publisher，Inc，2003，p. 145.

② Brent F. Nelsen and Alexander Stubb（ed.），*The European Union：Readings on the Theory and Practice of European Integration*，Colorado：Lynne Rienner Publisher，Inc，2003，p. 154.

③ Brent F. Nelsen and Alexander Stubb（ed.），*The European Union：Readings on the Theory and Practice of European Integration*，Colorado：Lynne Rienner Publisher，Inc，2003，p. 147.

④ Brent F. Nelsen and Alexander Stubb（ed），*The European Union：Readings on the Theory and Practice of European Integration*，Colorado：Lynne Rienner Publisher，Inc，2003，p. 147.

⑤ David DE Giustino（ed.），*A reader in European Integration*，New York：Addision Wesley Longman Limited，1996，p. 55.

洲经济一体化，是欧洲安全的最可靠保证。

二战结束后，为了从根本上消除欧洲国家之间的冲突，让·莫内极力主张在欧洲各民族国家共同利益的基础上，通过建立一种新型的国家间关系，以改变欧洲政治和经济结构的传统力量，进行实实在在的联合并赋予其制度形式，即主张建立欧洲联邦。在思考如何建立欧洲联邦时，受功能主义思想的影响，让·莫内设想了一条"非常规"的道路①，即从经济合作着手。这思想首先反映在旨在建立欧洲煤钢共同体的"舒曼计划"之中。欧洲国家实际合作的前提是消除法德之间的敌对状态。为此，法国政府建议将法、德的煤钢生产置于一个共同机构的管理之下。在让·莫内等人看来，法德煤钢共同体将获得以下几方面的收益：（1）通过改变那些长期从事战争武器制造的地区的命运消除战争策源地。（2）通过建立强大的生产组织统一欧洲的经济。（3）通过共同的经济制度所依赖的利益之间的融合推动欧洲统一，即欧洲联邦的建立。因此，欧洲煤钢共同体的建立将为欧洲联邦的实现奠定第一个坚实的基础。

随着欧洲经济合作的发展，莫内进一步发展了他的温和联邦主义思想。在"激发变化的催化剂"一文中，莫内认为欧洲的联合是从小的集体行动激发的"连锁反应，是一个变化引起另一个变化的催化剂，最终欧洲会走向政治的一体"②。总之，让·莫内希望借助于一系列"经济合作步骤"去最终建立一个"联邦的欧洲"，认为具有特殊功能的、不涉及国家核心主权的部门联合，将最终形成挑战民族国家权威的力量，"联邦的大门将由此而打开"③。

在温和联邦主义思想的直接推动下，1952年欧洲煤钢共同体正式建立，这是迈向欧洲联邦的第一个决定性的步骤。1957年，欧洲六国签署了《罗马条约》。该条约尽管没有像《巴黎条约》那样明确提出"建立联邦"的目标，只是提出经济合作的政治目的是"为欧洲人民间更紧密的联盟奠定基础"，但它仍包含着丰富的联邦思想。从《罗马条约》的签署至20世纪60年代早期，欧洲一体化获得了令人满意的发展。到1961年，欧洲煤钢共同体成员国内部

---

① Michelle Cini（ed.），*European Union Politics*，New York：Oxford University Press，2003，p.73.

② 李巍、王学玉编：《欧洲一体化理论与历史文献选读》，山东人民出版社1999年版，第17页。

③ Michael Burgess，*Federalism and European Union：the Building of Europe*，1950 - 2000，London：Routledge，2000，p.179.

取消了关税，对产品的配额限制也大大减少，共同体内部贸易迅速发展，各国经济呈现喜人的增长趋势。这一切极大地鼓舞了那些热衷于建立一个政治联盟的政治家的信心。面对欧洲一体化的成就，曾担任欧洲经济共同体委员会主席的沃尔特·哈尔斯坦（Walter Hallstein）乐观地说，他应该被称为某种西欧总理①。随后，欧洲关税同盟也于1968年建立，而1986年《单一欧洲法令》的通过，是欧共体领导人下决心埋葬"戴高乐遗产"而"重新启动"欧洲的一个重要标志，因为其目标被明确定为推进欧洲一体化的进一步发展。

总之，在推动欧洲建立"欧洲联邦"的道路上，功能主义者不相信公众会起来要求一个欧洲宪法，而相信代表人民特殊利益的团体将认识到一体化带来的明显利益并促使国家政府和欧共体机构加速一体化进程，并推动欧洲联邦的建立。功能主义作为一个"科学理论"，解释了20世纪50—60年代欧洲联合的"大图像"②，且会同斯皮内利的宪政主义，共同解释了欧洲联合中超国家机构和制度的发展及其作用。不过，无论是激进联邦主义的欧洲政治联合思想，还是温和联邦主义的欧洲政治联合思想，都被普遍认为只是"欧洲政治学发展的前奏"，因为欧洲一体化进程的主导是"政府间主义"③。

（二）"建立主权国家联盟"的政府间主义联合思想

从20世纪60年代中期开始，政府间主义，"不管何种形式，一直居于解释欧洲一体化理论的中心位置"④。政府间主义的基本特征是"民族国家中心主义"。它认为欧洲一体化是由民族国家的利益和行动所驱动的，并坚决反对欧洲联合朝"超国家"方向发展，将联合的欧洲定位于"主权国家间联合"的性质层面。

政府间主义者是从维护本国利益的角度来认识欧洲联合问题的。在他们那里，欧洲联合只是实现各国利益的一个重要途径。戴高乐认为，法国之所以推动欧洲联合运动，是为了恢复法国在欧洲的领导地位。在他看来，"在以一个新秩序取代冷战方面，如果有一个声音可以听信和一个政策可以奏效，它们就

---

① Michelle Cini（ed.），*European Union Politics*，New York：Oxford University Press，2003，p. 21.
② Michelle Cini（ed.），*European Union Politics*，New York：Oxford University Press，2003，p. 91.
③ Michelle Cini（ed.），*European Union Politics*，New York：Oxford University Press，2003，p. 91.
④ Michelle Cini（ed.），*European Union Politics*，New York：Oxford University Press，2003，p. 93.

是法国的声音和政策。当然，只有在它们确实是法国的声音和政策时，只有在法国伸出的友谊之手不受到任何束缚时，它们才能取得效果。"① 所以，法国应该成为欧洲联合的领导者。英国撒彻尔夫人明确主张欧洲联合应为所有成员国的利益服务，认为"联合欧洲的存在只是因为每个成员国从中得利"②。因为，欧洲共同体属于它的所有成员国，它必须反映它们的传统和志向。撒切尔夫人明确表示，"英国的命运和其他成员国一样，是系于欧洲大陆，但这并不意味着英国的未来仅仅取决于欧洲。"③

由于政府间主义者是从国家利益的视角认识欧洲联合问题，因此，他们必然得出"欧洲联合的目标只能是主权国家的联盟"的结论。如戴高乐主张欧洲国家广泛协调其有关政策，但不要把主权国家的权力交给欧洲的"超国家"。为此，他坚决反对欧洲联合朝"超国家"方向发展，认为欧洲联合目前的"超国家"发展充满危害，并与欧洲历史相违背。在欧共体性质问题上，撒切尔夫人表达了同样的看法。她强调，欧共体只是实现欧洲人民繁荣富强的手段。欧共体作为一个手段，必须维护各国的主权，"拥有独立主权的国家之间积极合作的意愿和行动，是成功建设欧共体的最佳选择。试图压制各民族和把权力集中在欧洲联合体的做法，将会严重损害和威胁我们为之而奋斗的目标。"④

从20世纪60年代开始，政府间主义在欧洲一体化实践中发挥着决定性作用。最著名的事件是戴高乐的"空椅子危机"，以及由此带来的"卢森堡妥协"。通过戴高乐的不妥协斗争，《罗马条约》中的"超国家"因素被削弱，各国拥有否决权的部长理事会成为欧共体最有权力的机构，这将欧洲合作牢牢地定位于国家政府间合作的性质。此后，欧洲一体化进程表现出民族国家强有力的主导作用特征。

总之，由于"建立主权国家联盟"的政府间主义联合思想反映了"民族国家作为最基本的国际行为体"在欧洲一体化进程中起着主要作用的政治现实，所以自20世纪60年代以来，政府间主义一直是欧洲一体化进程中占主导

---

① 李巍、王学玉编：《欧洲一体化理论与历史文献选读》，山东人民出版社1999年版，第29页。
② 李巍、王学玉编：《欧洲一体化理论与历史文献选读》，山东人民出版社1999年版，第49页。
③ 李巍、王学玉编：《欧洲一体化理论与历史文献选读》，山东人民出版社1999年版，第50页。
④ 李巍、王学玉编：《欧洲一体化理论与历史文献选读》，山东人民出版社1999年版，第51—52页。

地位的联合思想。

综上所述，由于战后欧洲一体化实践中出现的各种问题，欧洲政治联合思想关注的重心发生了变化，由注重欧洲"应该怎样"联合的探讨转向了注重欧洲"应是什么样"联合的探讨。正是在对欧洲联合"应是什么样"的探讨中，欧洲政治联合思想的两大代表即联邦主义与政府间主义相互竞争，相互作用，相互融合，而两种联合思想的实践成果就是欧洲联盟作为一个"国家联盟"的形成。因此，从 20 世纪 50 年代欧洲一体化开始至冷战结束，欧洲政治联合思想不仅在欧洲一体化实践中发挥着强有力的指导作用，其内容在实践中也得到进一步丰富。

六、冷战结束以来的欧洲政治联合思想

冷战结束后，已走过 40 多年的欧洲一体化进程进入一个新的发展时期。面对由欧洲一体化建设"深度扩展"和"广度扩展"所带来的诸多问题，欧洲政治家和思想家从不同的视角给予了不同的解答。

（一）欧洲政治家对欧洲联合的新认识

40 多年的欧洲一体化实践，已使欧洲各国的发展与欧洲一体化建设紧密地联系在一起。而且，对欧洲各国政治家来讲，欧洲联合不仅仅涉及本国的社会发展，也涉及他们的政治命运。因此，诸如欧洲为什么要进一步联合，欧洲联合将走向哪里以及如何进一步联合等，这一类欧洲政治联合思想史中的古老问题，仍是他们在新时期关心并必须回答的问题。根据欧洲政治家对这些问题的不同回答，他们的认识大致可以分为三类：一是坚持欧洲联合的联邦主义方向；二是坚持欧洲联合的政府间联盟的特性；三是坚持主权在联合的欧洲与民族国家之间共享的发展路径。

德国是欧洲联邦的坚定支持者。2000 年，德国外长菲舍尔发表了题为"从联盟走向联邦——关于欧洲一体化最终命运的思考"的演讲。在演讲中，他以个人身份提出如下观点：（1）经过 50 多年发展的欧洲联合的何去何从，是今天的欧洲面临的最大挑战。他主张必须继续推进欧洲一体化，因为"欧洲一体化的任何一点倒退，都将使我们付出致命的代价。"① （2）欧洲一体化的发展方向应是建立欧洲联邦。欧洲联邦的组织形式是包括一个执行立法职能的欧洲议会和一个执行行政职能的欧洲政府。（3）欧洲联邦必须以宪政的方式来建立。在这一点上，菲舍尔指出了莫内道路的局限性："过去，欧洲一体化是建立在莫内的道路基础之上的，这是一条由精英发动的、没有描绘出终极目标的渐进化道路，……欧洲发展的现实已证明这条道路对欧洲政治一体化和欧洲民主化作用的有限性。"② （4）少数国家可以组建一个先锋集团，在宪法基础上建立一个引力中心，尤其是法德之间的合作中心。菲舍尔相信："未来如果没有法德之间的紧密合作，没有一个欧洲计划会成功实现。"③ 2004 年，菲舍尔在与法国内政部长舍夫内芒的对话中，再次强调了他的欧洲联邦思想。他认为，在全球化的时代，要有一个强大的欧洲，只能走欧洲联邦之路。

英国领导人则坚持欧洲联合的未来只能是主权国家的联盟。冷战结束后，布莱尔作为工党领袖清晰地阐述了英国与联合欧洲的关系，并对欧洲一体化的未来作了展望。他认为，参与欧洲一体化的建设最符合英国的利益，并提出与其他国家一道共同领导欧洲，这个欧洲"将在自己选定的宪法形式中逐步成形——部分分享主权、部分政府间合作，永远以成员国的倾向和政策为基础，成员国的倾向和政府将永远是确定变革的速度和程度的决定性因素。"④ 2005年，布莱尔在题为"什么形式的欧洲"的演讲中进而提出，从欧洲一体化的建设成就来看，欧洲人通过聚集在一起确实更容易实现目标，但聚集在一起并不意味着超国家的欧洲联邦的出现，目前建立的欧洲是一个政府间和超国家间的结合，"这样的一个欧洲，在其经济和政治力量方面，将是超权力的，而不是超国家的。"⑤ 即目前欧盟的政治基础是民族国家，而且必须维护民族国家

---

① Brent F. Nelsen and Alexander Stubb （ed.）, *The European Union: Readings on the Theory and Practice of European Integration*, Colorado: Lynne Rienner Publisher, Inc., 2003, p. 71.

② Brent F. Nelsen and Alexander Stubb （ed.）, *The European Union: Readings on the Theory and Practice of European Integration*, Colorado: Lynne Rienner Publisher, Inc., 2003, p. 74.

③ Brent F. Nelsen and Alexander Stubb （ed.）, *The European Union: Readings on the Theory and Practice of European Integration*, Colorado: Lynne Rienner Publisher, Inc., 2003, p. 74.

④ ［英］托尼·布莱尔:《新英国——我对一个年轻国家的展望》, 世界知识出版社 1998 年版, 第 333 页。

⑤ Brent F. Nelsen and Alexander Stubb （ed.）, *The European Union: Readings on the Theory and Practice of European Integration*, Colorado: Lynne Rienner Publisher, Inc., 2003, p. 80.

在欧洲联合中的基础地位。

与德、英两国领导人不同，法国领导人提出欧洲的未来既不是传统的民族国家形式，也不是民族国家联邦在欧洲层面的再现，而是一个主权共享的欧洲。首先，法国领导人认为，面对20世纪90年代以来的诸多发展问题，欧洲只能走集体行动之路，希拉克就主张："欧洲联盟不能被减弱，更不能后退。"①如何推动欧洲联合向前发展？希拉克提出组建先锋集团。先锋集团建立在那些所有愿意加入一切领域合作的国家的意愿基础之上，目前参与这个先锋集团的成员将主要是欧元区的成员。其中，德法合作是先锋集团的核心。这样的先锋集团将向所有愿意加入其中的国家开放。但是，先锋集团的建立不是分裂欧洲，而是设想以一个灵活的合作机制来维持欧洲发展的能力，各成员国的民族性必须得到保证。对于法国的政治家来讲，在维护民族国家身份的基础上建立的欧洲一体化政治模式的未来形式在目前还无法确定。他们不愿意为一个欧洲联邦放弃国家主权，但主张必须发展欧洲联合，希望建立一个既维护民族国家地位，又能推动"超国家"力量发展的主权共享的新政治模式。

除了以上三个欧洲大国领导人的设想以外，中小成员国也发表了自己关于未来欧洲发展的观点。芬兰前总理利波林代表中小国家提出欧洲联合需要一个变化，变化的核心在于重视民众的作用，欧洲一体化应"由政府间的自上而下的道路转向一个自下而上的、由公民直接卷入的道路"②。同时，他对欧洲一体化发展的政府间性质持否定态度。

作为直接推动欧洲一体化发展的主体力量，欧洲联合机构领导人对欧洲联合未来的认识至关重要。德洛尔主张欧洲联合的未来在于联邦，但欧洲联邦并不等于废除民族国家，欧洲应在民族国家的基础上"创建一个民族国家的联邦"。③在如何建立欧洲联邦问题上，他主张"自下而上"道路与"自上而下"道路的有机统一。同时，德洛尔主张建立一个"开放的先锋团"，他认为通过先锋团，欧盟就能够扩大并且可以灵活地进行更多的规划。总之，在德洛

---

① Brent F. Nelsen and Alexander Stubb （ed.）, *The European Union: Readings on the Theory and Practice of European Integration*, Colorado: Lynne Rienner Publisher, Inc., 2003, p.75.

② Brent F. Nelsen and Alexander Stubb （ed.）, *The European Union: Readings on the Theory and Practice of European Integration*, Colorado: Lynne Rienner Publisher, Inc., 2003, p.83.

③ 曹卫东编：《欧洲为何需要一部宪法》，中国人民大学出版社2004年版，第39页。

尔看来，只有欧洲的进一步联合才能迎接未来的挑战。也正是在这种联合思想的指引下，在德洛尔担任欧共体执委会主席期间，欧洲联合迈出了重要的几步，这主要表现在单一市场的建立，《单一欧洲法令》和《马斯特里赫特条约》的缔约谈判与实施。

总之，冷战结束以后，尽管欧洲政治家们在欧洲一体化必须向前走这一点上存在共识，但在欧洲联合的走向和途径等问题上却存在着深刻的分歧，这对欧洲一体化进程，尤其是政治一体化进程影响甚大。

（二）联邦主义和政府间主义对欧洲联合的理论新解答

联邦主义和政府间主义作为二战结束以来解释欧洲一体化发展的"宏观理论"，也被称为古典一体化理论①。冷战结束后，这一理论学派通过对欧洲一体化新发展作出新解释，促进了自身的革新。总体而言，较之冷战结束以来的其他一体化理论，联邦主义和政府间主义仍偏重于对欧洲一体化进程的解释，包括对欧洲一体化为什么会发生，一体化进程如何进行的，以及取得了哪些成果等问题的回答。

冷战结束后，作为欧洲一体化最传统的理论，联邦主义有了明显的发展。这首先表现在它对欧洲一体化在 20 世纪 70 年代至 80 年代初的沉寂之后，为什么会突然向前发展，即"欧洲一体化的步伐在停滞了许多年后为什么又突然向前移动"② 这个问题的解答上。在解答中，联邦主义主张，欧洲一体化建设要走出困境，只有建立欧洲联邦。恰如斯皮内利所言："只有一个向联邦主义的实质性跳跃才能将欧洲统一起来；功能主义的渐进道路将不会创造一个强大的机构来解决欧洲存在的主要问题，而且也不能充分民主地回应人民"。③

联邦主义认为，欧洲联合的未来是欧洲联邦，乃是基于它对目前欧盟政治体性质的认识，即"欧盟是一个联邦的联盟"。④ 一方面，欧洲联盟中确实具

---

① Antje Wiener and Thomas Diez, *European Integration Theory*, New York：Oxford University Press, 2004, p. 98.

② 李巍、王学玉编：《欧洲一体化理论与历史文献选读》，山东人民出版社 1999 年版，第 130 页。

③ Brent F. Nelsen and Alexander Stubb （ed.）, *The European Union：Readings on the Theory and Practice of European Integration*, Colorado：Lynne Rienner Publisher, 2003, p. 92.

④ Antje Wiener and Thomas Diez, *European Integration Theory*, New York：Oxford University Press, 2004, p. 29.

有联邦主义因素，因为通过 50 多年的欧洲一体化运动，20 世纪 90 年代的《马斯特里赫特条约》、《阿姆斯特丹条约》、《尼斯条约》都包含有联邦的因素，2004 年的《欧洲宪法条约》更带来构建一个联邦欧洲的前景。另一方面，目前的欧盟还只是一个建立在政府间条约基础上的联盟，欧盟的目标是把"不同的集团联合在一起，但不是同化它们"。① 较之传统的联邦主义强调通过召集欧洲代表会议，设计一个建立欧洲合众国的宪法，建立欧洲联邦的激进方式，新联邦主义更关注于反对联邦的力量，主张通过渐进的积累方式，推动联合力量以合法的方式建立联邦机构。因此，在一些学者看来，新联邦主义是"新功能主义的渐进方式与联邦主义的宪政原则的结合"。②

新功能主义主张采取温和方式以渐进地推进欧洲联邦的建立，冷战结束后这一理论又是如何发展的呢？在推动欧洲建立"欧洲联邦"的道路上，新功能主义者不相信公众会起来要求一个欧洲宪法，但又认为，代表人民特殊利益的团体将认识到一体化带来的明显利益并促使国家政府和欧共体机构加速一体化进程，去推动欧洲联邦的建立。一些理论家也有同样的看法。他们认为冷战结束后的欧洲一体化实践证明："新功能主义的逻辑在发挥作用"，③ 其表现如下：（1）欧洲更加紧密的行动是精英们共同推动的结果，这些精英包括欧共体机构、工商业精英和成员国政府三个群体。（2）通过游说活动，利益集团在"冷漠的公众和天真的欧共体官僚之间架起了一座桥梁"，并推动了"新功能主义者所谓的'外溢'"④，这是利益集团在欧洲一体化中的作用及作用模式。（3）"外溢"果真发生，这就是经济领域中一体化市场和欧洲货币体系的建立；因经济领域向政治领域"外溢"，政治一体化进程业已加速；政治领域的"外溢"则主要表现为超国家机构权力的扩大。

关于目前欧洲联合的属性，新功能主义者认为多层治理是对欧盟最有权威的全面概括。在他们看来，多层治理被界定为通过多个行为体作出决策的制度

① Antje Wiener and Thomas Diez, *European Integration Theory*, New York：Oxford University Press, 2004, p. 29.

② Ben Rosamond, *Theories of European Integration*, Basingstoke, Hampshire：Macmillan Press Ltd, 2000, p. 103.

③ Ben Rosamond, *Theories of European Integration*, Basingstoke, Hampshire：Macmillan Press Ltd, 2000, p. 100.

④ 李巍、王学玉编：《欧洲一体化理论与历史文献选读》，山东人民出版社 1999 年版，第 157 页。

安排，它来自于行为体功能任务的转移所带来的权力转移。权力不是一下子交给一个单一的集体机构，而是以渐进的方式交给一系列分散的和相对自治的机构。因此，欧盟作为一个多层治理机构，是功能主义演进的结果。

不管怎样，根据20世纪90年代以来的欧洲一体化发展状况，欧洲一体化理论家认为，新功能主义没有过时，但也不能完全解释欧洲一体化现象①。

在联邦主义发展的同时，政府间主义者则从国家政府的中心作用角度对同一时期欧洲一体化的发展给予了不同的解释。首先，政府间主义者从国家需求出发来解释政府间联盟的形式，认为各国政府一旦认识到它们能共享共同利益，就会按照共建一个合作机构的原则进行谈判，以求通过合作机制维护自己的利益。这一原则包括三方面内容：（1）由国内偏好所确定的问题领域。（2）民族国家基于国内偏好所进行的讨价还价活动。（3）欧盟制度的设计与变革。由此看来，"一体化的主要源泉来自成员国自己的利益和它们在布鲁塞尔显示的力量。"②从欧洲一体化实践来看，欧洲一体化的制度变革主要是建立在几个大国最小共同利益点的谈判基础之上。总之，尽管欧洲一体化发展的标志是共同决策能力的增强，但事实上，由民族国家政府来设计的共同决策机制是用来保护每个民族国家的③。国家不是在无政府的国际环境中寻求自我利益，而是在一个制度化的社会环境中寻求自我利益。政府间主义者还认为，只要超国家机构不远离成员国的自我利益，他们所提出的政府间联盟作为欧洲政治体的模式就不会失去存在的合理性。

从国家中心主义出发，政府间联盟论者普遍认为，建立欧洲大市场的共同利益带来欧洲民族国家的自愿联合，其制度化的发展只不过是为了保证联合的稳定性和长期性。为保证民族国家联合的稳定性和长期性所建立的欧洲联盟，只不过是一个政府间联盟，它包含有明确的文化定位和政治组织的单位，这些单位在一个基于特殊目标的联盟的制度安排中自愿地联结在一起，但没有失去它们的民族身份，也没有把它们各自的主权交给一个更高的中心权威。

---

① Ben Rosamond, *Theories of European Integration*, Basingstoke, Hampshire：Macmillan Press Ltd, 2000, p. 101.

② 李巍、王学玉编：《欧洲一体化理论与历史文献选读》，山东人民出版社1999年版，第231页。

③ Ben Rosamond, *Theories of European Integration*, Basingstoke, Hampshire：Macmillan Press Ltd, 2000, p. 141.

尽管有学者从非国家行为体的合作对欧洲一体化的作用，以及超国家的欧洲机构地位相对民族国家的加强等方面对政府间主义提出批评，但鉴于冷战结束以来欧洲一体化的发展现状，政府间主义仍被认为是一个拥有众多追随者的理论，而且已赢得解释欧洲一体化进程的基础性理论的地位[①]。

在一些分析家看来，虽然联邦主义主要是从超国家因素来分析欧洲一体化的进程，政府间主义则主张从国家政府因素来分析欧洲一体化进程，但二者不是绝对互相排斥的。罗伯特·基欧汉和斯坦尼·霍夫曼在分析欧洲一体化问题时，就将超国家主义和政府间主义这两种方法结合起来，认为"不应该将超国家主义和政府间主义看做是相互竞争的方法，而应该看做是不同层次上的分析"，而且两者的结合，将可在"欧洲一体化的动力方面观察到一个较为完整的图像"[②]。同时，他们指出，必须从政府的行为出发来解释欧洲一体化，欧洲一体化的发展来自国家利益的趋同，继而导致国家选择的趋同，随之进行的谈判推动了超国家性的"外溢"的发生，结果是欧共体制度的变革。在这一系列化的运作过程中，他们强调了欧共体的三大特征：一是欧共体既不是一个国际组织，也不是正在形成的国家，它是一个主权共享的网络；二是欧共体的政治进程表现出超国家性；三是欧共体始终建立在一系列的政府间谈判基础之上。罗伯特·基欧汉和斯坦尼·霍夫曼将超国家主义和政府间主义结合在一起来分析欧洲一体化进程，在一定程度上将联邦主义与政府间主义的长处结合了起来。他们关于欧共体既不是一个国际组织，也不是一个正在形成的国家，而是一个主权共享的网络的界定，结合欧盟建立之后的欧洲一体化现实，共同推动了20世纪90年代欧洲一体化理论家对欧洲一体化的研究，尤其是推动了对欧洲联盟制度的研究，进而从中发展出各种各样的政治理论，其中最突出的是欧洲治理理论。

（三）欧洲研究由一体化理论转向治理理论

冷战结束以来，欧洲政治联合思想发展的一个突出特征是由一体化理论转向治理研究（governance turn）。与古典一体化理论从国际关系理论视角来研究欧洲一体化不同的是，治理理论是从政策分析和比较政治学的视角来研究欧洲

①　Antje Wiener and Thomas Diez, *European Integration Theory*, New York：Oxford University Press, 2004, p. 75.

②　李巍、王学玉编：《欧洲一体化理论与历史文献选读》，山东人民出版社1999年版，第263页。

一体化。欧洲治理理论认为，从政策分析和比较政治学的视角来研究欧洲一体化，可以将注意力由历史决定论，即由对条约的签订与修改或重大危机的关注转向对欧盟体系内政治模式日常变化的关注。

欧盟治理理论首先明确界定了"治理"的内涵，认为"治理"是确定社会目标，并通过干预社会，继而实现这些社会目标的持续政治进程。治理包含三个层次的内容：一是设定社会目标；二是全体的决策，全体中也包括那些没有完全同意这些社会目标的个体和群体；三是为稳定或改变现实而实行较高程度的干预。① 从实践运行来看，治理有三个特征：（1）既是一种进程又是一种状态。（2）是公共行为体和私人行为体之间无等级的相互作用。（3）不是一般的治理，而是"善治"。欧洲委员会于 2001 年发表的"欧洲治理"一文详细列举了几个支持"善治"的原则，这就是公开、参与和有效②。

当从政策分析和比较政治学的视角来认识欧洲一体化时，不难发现，参与欧洲一体化进程的行为体复杂多样，既有国家政府，超国家的欧洲机构，还有大大小小的各种委员会，以及各个利益集团。这些行为体围绕"谁得到什么，什么时候得到，如何得到"等问题参与到欧盟决策之中。与民族国家内部的决策形成过程不同的是，欧盟决策形成过程的协商谈判特征十分突出，即这些行为体以协商谈判的方式寻求共识，尽管共识的形成十分艰难，但欧盟政治体系仍是一个"完美的协商谈判体系"③。由于多个行为体参与欧盟决策，欧盟的社会结构比单个成员国复杂得多，而且各成员国都固执地坚持各自的特性。因此，欧盟决策必须立足于共识，而这直接导致欧盟权威的分散。欧盟权威分散的特征有二：（1）权威性的决策通过多重地域层次而分散。（2）民族国家政府保持着重要的权威性。过去 50 多年的欧洲一体化发展表明，欧洲的政治权力不是朝着超国家的权力方向发展，而是逐渐出现一幅不同层面的权力共享的画面④，

---

① Antje Wiener and Thomas Diez, *European Integration Theory*, New York: Oxford University Press, 2004, p. 99.

② Beate Kohler-koch, The "*Governance*" *Turn in EU Studies*, http://www.Arena.unio.no/events/seminapaper2006.

③ [德] 贝亚特·科勒—科赫、托马斯·康策尔曼、米歇勒·克诺特：《欧洲一体化与欧盟治理》，顾俊礼等译，中国社会科学出版社 2004 年版，第 177 页。

④ Antje Wiener and Thomas Diez, *European Integration Theory*, New York: Oxford University Press, 2004, p. 102.

这就是欧盟多层治理模式。

与现有的国家政治模式相比，欧盟多层治理理论得出如下结论：欧盟作为一个新的治理制度，是"与传统的以国家为中心的、命令和控制的、重新分配的和意识形态的政体与政治进程完全相对立的。"① 也就是说，欧盟是一个政治控制的新形式，但又具有传统政治制度的一些特征。显然，任何一个现代民族国家的政治进程中都没有一个与欧盟极其相似的行为体，欧盟可以被视为一个混合物：既不是一个民族国家的政治体系，也不是一个国际组织，而是介于两者之间②。

相对于传统理论，欧盟治理理论是一个较能全面理解欧洲政治体发展的新视角，它将欧盟实际生活状况同欧盟应该是一个什么样的政治秩序联结在一起。这一理论告诉我们：欧盟不仅是一个为减少成员国跨国代价来有效解决问题并进行管理的机构，而且是一个对人们生活有着巨大影响的政治秩序③。

除欧洲治理理论外，近几年涌现的宪政理论讨论，也是对"欧洲政治体应该是一个什么样"问题的关注和讨论，同时又是对欧盟宪法条约危机的回应。一些欧洲政治家和思想家主张应就欧洲联邦问题进行宪政的讨论，而且认为目前正是讨论的好时机，所有人都应尽可能地参与这种讨论。宪政讨论的主要内容是："我们共同决定我们打算一起做什么，以及按照什么样的原则共同生活。"宪政讨论的初步结论如下："欧盟不会仅仅是以前民族、国家、机构建立过程的复制品，它会导致一个前所未有的政治体的出现"④。

综上所述，冷战结束后，欧洲思想界和理论界对欧洲一体化继续给予极大的关注，并有新的理论建树。由此也可看出，欧洲一体化建设尽管面临各种各样的困难，但依旧是欧洲政治联合思想发展的内在动力。

欧洲政治联合思想经过5个多世纪的长期发展，已形成一个内容异常丰富的思想理论体系，成为人类思想理论宝库中的一笔宝贵财富，并且为战后欧洲

---

① 李巍、王学玉编：《欧洲一体化理论与历史文献选读》，山东人民出版社1999年版，第325页。

② Ben Rosamond, *Theories of European Integration*, Basingstoke, Hampshire：Macmillan Press Ltd, 2000, p. 110.

③ Antje Wiener and Thomas Diez, *European Integration Theory*, New York：Oxford University Press, 2004, p. 114.

④ Lynn Dobson and Andreas Follesdal（ed.），*Political Theory and the European Constitution*, London and New York：Routledge, 2004, p. 21.

一体化运动提供了强大的思想动力和理论基础。正如有学者所指出的，"欧洲思想意识在漫长历史的长期形成和演变过程中产生的各种内在力量，孕育了欧洲一体化进程，成为建设欧洲认同的核心力量。"①

如今，在欧洲政治联合思想作用下的欧洲一体化运动，已使欧洲国家间关系发生了质变，因为"欧洲联合大厦已经建立，而且现在已无法停止"。因此，人们有理由相信，随着欧洲政治联合思想的进一步发展，欧洲各民族联合为一个新的、更紧密的政治共同体的日子也会越来越近。同时也要看到，正是欧洲一体化的丰富实践为欧洲政治联合思想的发展开辟了不可缺少的土壤。这使得人们同样有理由相信，随着欧洲一体化的深入发展，欧洲政治联合思想也将达到一个更新更高的水平。

---

① ［意］玛丽娅·格拉齐娅·梅吉奥妮：《欧洲统一贤哲之梦——欧洲统一思想史》，陈宝顺、沈亦缘译，世界知识出版社 2004 年版，第 12 页。

第二章　欧洲一体化的启动与
早期政治一体化的尝试

欧洲联合政治思想经中世纪的发轫、近代的演进，以及进入 20 世纪后的发展，到二战后已经逐渐丰富和趋于完善。战争所造成的欧洲和世界面貌的重大变化，为欧洲联合政治思想的实现即欧洲联合的启动提供了历史契机——战后欧洲对和平与复兴的迫切需求。和平与复兴又是相联系的：只有和平，才有可能实现复兴；只有复兴，才能保证和平。怎样才能确保和平与复兴？受欧洲联合思想的影响和欧洲先驱者的推动，欧洲人最终选择了联合之路。欧洲联合以一体化的方式实现突破，揭开了欧洲历史新的一页。在欧洲经济一体化启动的同时，政治一体化的努力也随之开始。然而，由于政治一体化关系到国家的核心主权，也由于在一体化之初，各国还难以完全摆脱传统的政治包袱，这就注定了政治一体化的进程必然充满波折与坎坷。

一、欧洲一体化启动的背景

20 世纪 50 年代欧洲一体化之所以能够启动，离不开它所必需的内外部条件。第二次世界大战彻底摧毁了旧欧洲，同时也为新欧洲的诞生准备了诸多有利条件。首先，遭受严重破坏的欧洲要重新站立起来，最佳选择就是走联合之路；其次，欧洲派政治力量形成并登上政治舞台；最后，两极格局为欧洲联合提供了空前有利的外部环境。

（一）二战后欧洲的急剧衰落

第二次世界大战不仅彻底改变了世界政治格局和世界力量的对比，更彻底改变了欧洲的面貌，摧毁了数百年以来形成的以欧洲为中心的国际体系。用西方学者自己的话来说，美军与苏军"在易北河的会师"，实际意味着传统欧洲的"彻底瓦解"和在国际中心舞台上的"隐退消失"。①

从世界格局演变来看，20世纪上半叶欧洲的衰落有两个特点：一是衰落速度极快，如果说一战是欧洲衰落的开始，那么二战则是这一过程的完成；二是这种衰落是全方位的，它不仅是经济上的，而且是政治、军事、文化和心理上的。欧洲衰落的这两个特点与两次世界大战密切，但两次世界大战对欧洲打击的程度是不一样的，如果说第一次世界大战是沉重的一击，那么二战则是致命的一击。二战把欧洲从世界中心的宝座上拉了下来，使它面临的已经不是一个"家道中落"的问题，而是一个如何生存下去的问题。

二战后欧洲的衰落主要表现在下列方面：

第一，欧洲文明遭遇了空前危机。欧洲是资本主义的发祥地。近代以来，欧洲凭借其先进的思想文化、政治制度和科学技术傲视全球，并长期在世界移植和兜售这种思想与制度。数百年来的价值理念也使欧洲一直以自身文明而自豪。但是，经过20世纪30年代经济大危机、法西斯的侵略扩张和野蛮暴政后，人们开始表现出彷徨和怀疑。因为所有这一切恰恰是这一制度本身的产物，而所有这一切已经充分证明这一制度存在严重的问题。欧洲该向何处去？是消除制度中的根本缺陷抑或改变制度本身？对欧洲人来说，这种精神上的失落是最大的危机和挑战。

第二，欧洲由过去的主宰者沦落成为被主宰者。欧洲列强在二战前的几个世纪里，一直是国际秩序的主宰，在国际强权政治的舞台上，他们我行我素，为所欲为。但是，第二次世界大战在欧洲的土地上刚一打起，欧洲国家便连连败北，竖起"白旗"屈从于纳粹的淫威。没有美国人和苏联人，欧洲不可能短时间从纳粹的统治下获得解放。然而，欧洲获得解放的代价又是巨大的。当战争的硝烟退散后，欧洲人在废墟中举目四顾，发现不仅世界不再属于他们，就连欧洲本身也不再属于自己，欧洲的主人换成了非欧洲的美国和半欧洲的苏联。欧洲被分裂了，这种分裂不仅是地理上的，更是政治上和经济上的。"被战火摧毁了的、幻灭了的欧洲，匍匐在华盛顿和莫斯科直接或间接的掌控之下"。② 在两大超级大国的挤压下，欧洲人所能做的，充其量只不过是

---

① Pierre Gerbet, *La Construction de l'Europe*, Paris：Imprimerie National, 1983, pp. 55–56.

② Cyril E. Black, *Rebirth：A History of Europe Since World War II*, Colorado：Westview Press, 1992, p. 48.

去适应新的形势和新的力量架构。这样的局面在欧洲历史上是从未有过的。

第三，欧洲陷入了生产严重破坏、物质极度匮乏的困境之中。英国在战争中，人员伤亡、失踪57.3万，1/4的社会财富毁于战火，战争债务累计240多亿英镑，变卖海外资产40多亿英镑。丘吉尔坦承，英国"是作为世界上最大的债务人走出这场战争的"。[①] 法国在战争中死亡63万人，社会财富损失近2万亿法郎（按1938年币值计算），相当于战前3年的国民生产总值。200万幢建筑毁坏，600万人无家可归。[②] 战后工业生产只有战前的1/3。德国战后丧失领土1/4，死亡人数达800万，全国住宅1/4被炸毁，大城市则占到2/3。1946年工业生产只及战前1936年的27%，国外资产全部丧失，交通运输完全瘫痪，国债高达7000亿马克。意大利在战争中1/3的社会财富丧失，死亡人数31万，国债为12000亿里拉，工业生产比战前下降了1/3，农业下降了40%，交通运输一半被破坏。[③]

第四，殖民帝国开始瓦解。随着欧洲宗主国在战争中的沦陷以及战后的严重衰败，加之二战所开创的平等、民主的进步潮流，战后殖民地国家争取民族解放的运动呈不可阻挡之势，一系列国家纷纷独立。这种情况迫使欧洲国家在统治全球大部分地区数百年之后，回转身来把精力主要用于解决自身问题。

事实已经证明，没有外部的帮助，欧洲不可能从法西斯的统治下较快地解放出来；没有外部的援助，欧洲无法渡过战后的重重困难。在这历史上前所未有的严重挑战面前，欧洲将何以自处？这是摆在所有欧洲人面前的严峻课题。严重的危机终于使欧洲人认识到，联合自强是他们唯一的复兴之路。

（二）欧洲派政治力量的崛起

二战给欧洲带来的深重危机，大大推动了欧洲各国政治领袖和社会精英对其出路的思考和探索，并因此形成了一批"欧洲派"的政治组织和压力集团。尽管这批人关于欧洲联合的具体主张存在不少差异，但至少有两点共识是明确

---

① Rithchie Orendale, *The English-Speaking Alliance: Britain, the United States, the Dominions and the Cold War*, London: Harpercouins Publishers Ltd, 1985, p. 18.

② 张锡昌、周剑卿：《战后法国外交史》，世界知识出版社1993年版，第4页。

③ 上述相关数字参见余开祥主编：《西欧各国经济》有关章节，复旦大学出版社1987年版；[法] 亨利·米歇尔：《第二次世界大战》，下卷，萧乾译，商务印书馆1981年版，第427—447页。

的：一是欧洲不应也不能简单地恢复战前的旧貌；二是欧洲应当也必须联合起来。任何政治主张要付诸政治实践，都离不开一定的政治力量。欧洲派政治力量的崛起，是欧洲一体化赖以启动的必要社会基础。

在欧洲派政治力量中，最引人注目的是一批欧洲先驱者，正是他们为欧洲联合运动提供了思想，确定了方向，并推动这一运动进入社会实践的阶段。

让·莫内被公认为对欧洲一体化贡献最大。他的一生，是不断地与不同的人、机构、国家打交道和进行合作的一生，无论是其早年做生意还是后来的公务生涯。这使他确立了一个基本的信念：双方或多方只有通过平等的谈判、协商，才能达成合作，才能取得共赢。长期在国际机构中的合作共事，使他不仅观察问题具有世界眼光，而且在处理问题时总是力图寻找当事各方利益的结合点，通过相互妥协、得失兼顾，达成利益的平衡和共享。莫内关于欧洲联合的主张，被不少欧洲人称为"莫内思想"，它是在实践中逐步丰富和发展起来的。莫内关注欧洲联合由来已久。他认为，"在当今世界，无论是以现代技术手段来衡量，还是以今天的美国和苏联或明天的中国和印度来衡量，欧洲国家都已显得过于狭小。聚集在欧洲合众国中的欧洲各国人民的统一是提高欧洲人民生活水平和维护欧洲地区和平的唯一方法。欧洲统一是时代的福音和希望。"[1] 他还认为，欧洲只有结为一体，才能有自己的尊严、独立和进步。对于欧洲如何实现统一，莫内的回答是建立利益共同体。这种共同体不仅是"各国利益的平衡，而且更应该是欧洲各国人民利益的融合"。

A. 斯皮内利是又一具有较大影响的联邦主义思想家。20世纪50年代发表的《欧洲联邦主义者宣言》一书，比较系统完整地体现了他的观点。在该书中，斯皮内利通过对民族国家的批判，明确提出了联邦主义的战略目标，即通过制定一部确定国家联盟组织形式的宪法，把民族国家的部分主权转让给一个跨国共同机构。他在剖析欧洲现状的基础上得出结论："欧洲合众国是欧洲人对历史向他们发出的挑战所能作出的唯一回答。"斯皮内利在提出政治立宪主义主张的同时，坚持欧洲联合进程应当遵循社会契约论的模式，认为欧洲联邦应该是欧洲人民意愿的一种体现，即公民是构成"联邦共同体和各联邦国家的共同基础"，欧洲联合的进程，同时也是个别公民身份向联邦公民身份过渡

① Jean Monnet, *Mémoires*, Paris: Fayard, 1976, p. 468.

的转变过程。他的联邦主义政治立宪的主张，虽然在 20 世纪 50 年代欧洲一体化的启动中并没有得到实现，但对当时一体化运动所产生的影响和推动作用却是重大的。在 20 世纪 70 年代以后的一体化进程中，他的思想才逐渐发挥实际作用。

除莫内、斯皮内利之外，20 世纪 50 年代的欧洲政治舞台上同时还活跃着一大批欧洲先驱者，如保罗—亨利·斯巴克、罗贝尔·舒曼、阿登纳、加斯贝利等。

与欧洲先驱者的鼓动遥相呼应的是，一大批欧洲政党和组织在各国相继诞生。在意大利，影响广泛的"欧洲联邦主义者运动"通过努力，成功地使制宪会议将"限制国家主权的必要性"写入宪法第 11 条。当时的意大利总统 L. 伊诺第（Luigi Einaudi）、总理 A. 德·加斯贝利（Alcide de Gasperi）和外交部长卡尔洛·斯福扎（Carlo Sforza），都是坚定的联邦主义者。在冷战开始的背景下，意大利政府对外积极推行欧洲联合的政策。1948 年 8 月，意大利正式提出"斯福扎备忘录"，建议"欧洲经济合作组织应逐渐向更高层次发展，其活动不应局限在经济领域"，"而应包括文化、政治和军事方面的内容，同时建立一个法院，使该组织成为未来欧洲联邦的一个体系完整的核心。"[①]在法国，1947 年 7 月，"支持欧洲统一法国委员会"宣告成立。同年，一批法国经济专家联合布鲁塞尔、伦敦等地的同行创建了"经济合作欧洲同盟"。历来具有多国合作意识的法国社会主义者，则发起建立了"支持欧洲合众国社会主义运动"。1948 年底，这些欧洲组织合并成立了"欧洲运动法国委员会"。前议长爱德华·赫里欧为委员会名誉主席。该组织为加强和协调法国各种不同的一体化运动以及统一人们的认识所作出的贡献甚大。[②]战后德国的情况比较特殊，它不仅被分为四个占领区，而且任何政治活动必须得到盟国的批准。[③]尽管限制很多，一个个政党还是相继或恢复或建立，如社会民主党、共产党

① Walter Lipgens (ed.), *Documents on the History of European Integraton*, 1939–1950, Vol. 3, Berlin·New York·Walter de Gruyter, 1988, p.136.

② Walter Lipgens, *A History of European Integration*, Vol. 1, 1945–1947, Oxford University Press, 1982, pp. 334–341, 361–385, 600–605&623–628.

③ Walter Lipgens (ed.), *Sources for the History of European Integration*, 1945–1955: *A Guide to Archives in the Countries of the Community*, Leiton·London·Boston·Stuttgart·Brussels·Florence, 1980, p.37.

（在不同占领区名称有所不同）、自由民主党、基督教民主联盟、基督教社会联盟、中央党、统一社会党、巴伐利亚党等。虽然国家主权完全被搁置起来，但这些政党和组织仍通过各种形式对德国和欧洲的未来进行讨论。库特·舒马赫（Kurt Schumacher）领导的社会民主党，在战后首次会议通过的纲领中，主张在平等的基础上推进一个统一德国与其他欧洲国家之间的一体化。基督教民主联盟的领导人康拉德·阿登纳认为，应该在经济一体化的基础上来建立一个西欧联邦。德国人民党在其纲领中提出："欧洲各国本着相互信任和相互理解的精神，通过超国家的方案根除一切民族狭隘主义，在我们的大陆上建立一个包括政治、经济和文化等方面的确保和平的欧洲各民族的紧密联盟。"[1]

在跨国层面，联邦主义者最先行动起来。1946年12月15日，他们聚会巴黎，成立了"欧洲联邦主义者联盟"（1959年后更名为"欧洲联邦主义运动"）。该联盟领导50多个来自不同国家的联邦主义组织，其目标是建立一个拥有真正超国家权力的欧洲联邦。[2] 1947年6月，各国社会主义者联合成立了"欧洲社会主义合众国运动"，其宗旨是建立一个社会主义的和统一的欧洲。次年底，该组织更名为"欧洲合众国社会主义运动"，把争取建立欧洲合众国调整为第一个目标，然后再争取这个合众国向社会主义的方向转变。该组织的成员构成有社会党、左翼派别和工会人士。在1948年2月的民意调查中，赞成欧洲联合起来的人达68%，3月份这一比例又上升到74%。[3] 二战后，基督教民主党在西欧国家发展很快，并成为政治生活中的重要力量。它们的国内政策是期望建立一个富于基督教精神的民主社会，在对外政策中都主张欧洲联合。为了加强彼此之间的联系，1947年3月，它们联合起来成立了"国际新集团"，后来改名为"基督教民主党欧洲联盟"。该组织的代表人物有罗贝尔·舒曼、阿登纳、加斯贝利等政要。

除以上跨国欧洲组织外，还有一些行业、工会、教会方面的欧洲组织。

---

① Walter Lipgens（ed.），*Documents on the History of European Integration*，1939－1950，Vol. 3，1988，pp. 445－446，&Note 18.

② Pierre Gerbet，*La Construction de l'Europe*，Paris：Imprimerie National，1983，p. 57.

③ Alfred Grosser，*Les Occidentaux. Les Pays d'Europe et les Etats-Unis depuis la guerre*，Paris：Fayard，1978，p. 99.

1945 年成立的"欧洲农业联合会",其目标是要把欧洲农业市场组织起来。1949 年创建的"欧洲工业联合会理事会",则是要表达工业家、企业家们对欧洲联合的意见。此外,"国际自由工会联合会"、"国际基督教工会联合会"也都建立了相关的专门组织,为了保证在未来欧洲机构中劳动者的利益,它们主张建立一个"欧洲经济和社会委员会"。①

在欧洲先驱者、欧洲派政党和压力集团以及众多欧洲组织的共同推动下,二战后的欧洲形成了一场轰轰烈烈、声势浩大的欧洲联合运动。但如此众多的欧洲组织,成员各异且活动范围和目标纲领也不尽相同。为了加强相互之间的联系、交流和协调,1947 年 11 月,经酝酿成立了一个国际协调委员会。1948 年 5 月 7—10 日,国际协调委员会受托在海牙举办了各欧洲组织参加的"欧洲大会",这是欧洲主义者的一次大聚会。出席会议的代表近 800 人,几乎全是显要和名流,有政治家、工商巨头、工会领袖、学者、作家等,其中包括 200 多名议员、12 名前内阁总理、60 多名部长,美国和加拿大还派了观察员与会。海牙大会讨论了推进欧洲联合的步骤、措施和原则等问题,并提出了不少建设性的意见。由保罗·拉马迪埃主持的大会政治委员会通过的决议指出,必须合并各国的部分主权,以协调和充分利用欧洲的资源;必须在一个联合欧洲的范围内解决德国问题;建议组建由各国议员代表组成的欧洲议会,制定欧洲人权宪章,并成立一个确保宪章实施的最高法院。由范泽朗主持的经济和社会委员会通过的决议,详细分析了在单个国家范围内重建欧洲的诸多危险和弊端,主张通过消除关税壁垒、实现货币自由兑换、协调经济政策、保障劳动力自由流动等措施,来建立一个欧洲经济同盟。由萨尔瓦多·德·马达里亚加主持的文化委员会通过的决议则建议,成立一个欧洲文化中心,加强各国之间的思想、学术、文化的交流,以培育欧洲意识。② 海牙大会还决定将国际协调委员会更名为"欧洲运动",它并不取代各个欧洲组织,只是负责联络、协调它们的行动,并在各国政府那里代表这些组织。"欧洲运动"的名誉主席有丘吉尔、莱

---

① 关于"国际自由工会联合会"和"国际基督教工会联合会"这方面的具体情况,可参阅 Andrea Ciampani, "The Participation of Free Trade Unions in the Process of European Integration"; Patrick Pasture, "The Fist of the Dwarf. Formation, Organization, and Representation of the Christian Trade Unions as a European Pressure Group 1945 – 1958", 两文均载 *Journal of European Integration History*, Vol. 1, No. 2, 1995。

② Pierre Gerbet, *La Construction de l'Europe*, Paris: Imprimerie National, 1983, pp. 60 – 61。

昂·勃鲁姆（后由舒曼接替）、斯巴克、加斯贝利。它的国际委员会的日常工作由邓坎·桑兹和约瑟夫·雷坦盖负责，在各国则分别设立一个全国委员会。"欧洲运动"此后相继召开了一些大会和专题会议，起到了非常积极的作用。在 1949 年 2 月的布鲁塞尔会议上，与会者详细讨论了未来欧洲议会的作用、性质，并草拟了欧洲人权宪章提案。同年 4 月在威斯敏斯特召开的经济会议，对实现欧洲的人员、资本、商品的自由流动达成共识。12 月在洛桑召开的文化会议提议，各国之间应签订文化协定，互换教师和学生。这次会议为后来日内瓦"欧洲文化中心"和布鲁日"欧洲学院"的建立奠定了基础。[①] 1950 年 7 月在罗马举行的社会会议进而制定出一份社会政策纲要。欧洲运动这些决议和文件的相当一部分后来都被有关机构所采纳。

（三）一体化启动的外部环境

在战后两极格局下，欧洲是东西方对峙的重点，欧洲一体化也因此离不开外部因素的重大影响。本来，战时盟国确立的以美苏合作为基础、"四大警察"共治世界的战后安排，与欧洲人所主张的欧洲联合是存有抵牾的，但战后国际局势的骤变迅即消解了这一矛盾。随着冷战的出现和东西方对抗的加剧，一方面，作为西方盟主的美国，出于抗衡苏联与其争霸的战略目的，进行多方施压和影响，要求西欧诸国联合起来；另一方面，苏联的崛起和对中东欧的直接控制，加之历史上的扩张倾向、价值观念的尖锐对立（即使在 1917 年以前俄罗斯也从未在精神层面上真正融入西方）等因素，百废待兴的西欧国家感受到空前的恐惧和压力。两个超级大国的一逼一压态势，构成了推动西欧联合前所未有的外部环境。

1. 美国与欧洲一体化的启动

美国这一时期的欧洲政策，可说是欧洲一体化顺利启动的不可或缺的重要外部条件之一。虽然美国这一政策是着眼于自身利益需要，但客观上既有力地促进了欧洲联合运动的发展，同时又深深地影响着欧洲联合运动朝着一体化的方向迈进，对欧洲一体化启动具有非常积极的意义。

---

① 洛桑文化会议详情参阅 Etienne Deschamps, "La Conférence européenne de la Culture de Lausanne (décembre 1949)", *in Journal of European Integration History*, Vol. 5, No. 2, 1999.

1947 年 1 月 19 日，当时的共和党外交政策专家、两党对外政策发言人约翰·F. 杜勒斯在纽约发表演讲，号召在美国的领导下按照联邦原则重建欧洲。① 此举被美国媒体视为战后"美国对外政策的一个转折点"。3 月，美国国会分别通过了由威廉·富布赖特等人提交的第 10 号和第 34 号议案，宣布"国会赞成在联合国的框架内创立欧洲合众国"。② 在国务院的官员中，政策规划研究室主任乔治·凯南和助理国务卿克莱顿的观点很有代表性。5 月 23 日，凯南向副国务卿艾奇逊提交了一份报告，其内容是欧洲人必须集体行动起来，制订共同的计划，共同承担责任，认为这才是实现欧洲复兴的基础。正是在此背景下，6 月 5 日，马歇尔在哈佛大学毕业典礼上发表演说，正式推出了"马歇尔计划"。美国要求欧洲的复兴应采取"一个大陆的而不是一个国家的处理方法"，而且要把德国纳入其中。③ 1948 年 4 月 2 日，马歇尔计划以"经济合作法案"的形式被美国国会批准，美国政府专门设立经济合作署负责马歇尔计划的实施。

对在海牙召开的欧洲大会，美国舆论高度重视。《纽约时报》载文称"一股强大的欧洲联合和一体化的潮流正在涌来。"④ 政界也做出了非常积极的反应。参议员富布赖特在国会发言强调："欧洲人民感谢美国在两次世界大战和欧洲复兴计划中提供援助的唯一方式，就是摒弃过去的民族主义，确立共同利益观念，并创建一个充满生命活力的欧洲共同体。"国务卿马歇尔还特别表示，除非西欧进一步推进一体化，否则将出现美国的援助付之东流和美国国会不愿继续拨款的危险。他还责备英国在欧洲一体化问题上"拖后腿"。⑤ 1949 年 1 月 5 日，一些积极主张和推动欧洲统一的社会名流，联合起来创建了"统一欧洲美国委员会（ACUE）"。该组织系"欧洲统一运动国际委员会"在美国

① Walter Lipgens, *A History of European Integration*, 1945 – 1947, Vol. 1, Oxford University Press, 1982, pp. 468 – 469.

② Armin Rappaport, "The United States and European Integration", in *Diplomatic History*, Vol. 5, No. 1, 1981, pp. 123 – 124.

③ 参见 Gérard Bossuat, *L'Europe occidentale à l'heure américaine. Le Plan Marshall et l'Unité européenne* (1945—1952), Bruxelles Editions Complexe, 1992, pp. 76ff.

④ *New York Times*, May 11, 1948, 转引自 Armin Rappaport, "The United States and European Integration", in *Diplomatic History*, Vol. 5, No. 2, 1981。

⑤ Armin Rappaport, "The United States and European Integration", in *Diplomatic History*, Vol. 5, No. 2, 1981, pp. 133 – 134.

的分支机构，主要领导人是参议员富布赖特，其宗旨是促进欧洲联合思想的传播，向美国公众传递欧洲统一运动的进展情况，以及为致力于欧洲统一活动的欧洲团体筹募资金。

在"舒曼计划"公布的前两天，5 月 7 日，美国国务卿艾奇逊抵达巴黎准备赴伦敦出席美、英、法三国外长会议。舒曼将自己的计划秘密通报给他，并与他进行了讨论。"舒曼计划"正式宣布后，美国政府的反应非常积极。5 月 18 日，杜鲁门在记者招待会上称"舒曼计划"是"一种有积极意义的政治家风度的行动"，它"显示了法国按伟大的法国传统解决欧洲问题的领导能力"。① 6 月 2 日，艾奇逊向有关驻外使馆发出国务院和经济合作署联合训令，阐明美国对"舒曼计划"和有关谈判的政策。训令首先称赞舒曼的建议是一个"在欧洲经济和政治关系领域具有想象力和建设性的倡议"，强调随着形势的发展，"美国将施加强大影响"，"以防止某个参加者（例如英国）对（法国）计划泼冷水。"②

1952 年 8 月 10 日，欧洲煤钢共同体高级机构在卢森堡正式开始运作。次日，美国国务卿艾奇逊就报以热烈的回应。他说："鉴于欧洲政治经济统一的重要意义，美国的立场是支持欧洲煤钢共同体。美国政府愿根据《欧洲煤钢共同体条约》同共同体处理与煤钢有关的各项事务。"③ 8 月 27 日，美国驻欧特别代表威廉·H. 小德雷珀宣布，任命威廉·M. 汤姆林森为美国驻共同体代理专员。数月后，艾森豪威尔就任总统，新上任的国务卿杜勒斯是莫内的多年密友。经磋商，美国正式任命戴维·布鲁斯为驻共同体首任大使。在此期间以及其后，美国给予欧洲煤钢共同体一系列的多方面支持，如 1953 年邀请共同体高级机构主席让·莫内访问华盛顿，并提供利率极为优惠的（3.7%）1 亿美元的贷款等。

1955 年的墨西拿会议，"重新启动"了防务共同体受挫后的欧洲联合进程。对于欧洲共同市场和欧洲原子能计划，美国虽然最初有所犹豫，但很快便

---

① ［美］迪安·艾奇逊《艾奇逊回忆录》，上册，上海译文出版社 1978 年版，第 242 页。

② U. S., Department of State, *Foreign Relations of the United States*, *Western Europe*, (1950), Vol. 3, Washington, 1977, p. 715.

③ Armin Rappaport, "The United States and European Integration", in *Diplomatic History*, Vol. 5, No. 2, 1981, p. 147.

表示积极支持。同年 11 月，艾森豪威尔在戴维营召开国家安全委员会第 267次会议，就西欧一体化问题强调说，"一个联合起来的欧洲通过加强北约、布鲁塞尔条约和煤钢共同体的概念并将其扩大到其他领域，将构成美国和苏联之外的一个力量中心，它将非常有利于欧洲各国人民的物质和道德福祉以及美国的安全利益。"① 同时，美国明确反对英国企图把重新启动的欧洲联合导入政府间合作的轨道。为此，杜勒斯多次与英国政府交涉。对两国在此问题上的交锋，艾登在其回忆录中感叹道："对待欧洲经济一体化的两个新计划，我们的态度不尽一致。……美国政府对这些建议所怀有的热情就像对命运不佳的欧洲防务共同体所表现出来的一样。"②

美国对重启一体化的坚定支持，使不久前遭受挫折以及重新启动之初被各种反一体化力量所包围的欧洲政治精英们深受鼓舞。可以肯定，假如没有美国的巨大支持，没有美国的及时介入，那么重新启动的一体化进程绝对不可能那样顺利。

2. 苏联对欧洲一体化启动的影响

冷战是欧洲一体化启动的外部"助产士"。对于欧洲一体化，虽然苏联采取了与美国截然不同的反对立场，但实际上却有异曲同工之妙。苏美两国分别从正反两个方面共同推动了欧洲一体化的启动。

首先，苏联因素的影响通过对西欧国家的安全压力表现出来。今天看来，这一压力无疑被人为地夸大了，但在当时它确实是西欧联合的重要外在因素之一，尤其是在 1949 年苏联掌握核武器技术以后。二战之后的欧洲人，对战争是谈虎色变。冷战初期东西方意识形态领域里的相互攻讦，柏林危机、朝鲜战争所带来的强烈的火药味，美国的原子弹间谍案、忠诚调查和麦卡锡主义的横行，所有这一切都使西欧人对东西方对抗充满担忧，促使他们在屈从于美国保护的同时，走联合自强的道路。

其次，苏联对东欧的控制强化了西欧追求独立与统一的决心。在东西方两大集团中，虽然美国也对西欧行控制之实，但它允许西欧国家享有相当的自主

---

① Editorial Note, *Foreign Relations of the United States*, 1955—1957, Vol. 4, pp. 248 - 249；转引自洪邮生：《英国对西欧一体化政策的起源和演变（1945—1960）》，南京大学出版社 2001 年版，第 206 页。

② Anthony Eden, *Memoirs：Full Circle*, London：Cassell, 1960, p. 337.

性，其手腕也圆滑得多。美国一般不直接插手西欧国家的内部事务，涉及联盟间的事务，它在施加压力的同时，大多通过谈判、协商的方式加以处理。这在表面上给人一种相对平和的感觉，也顾及外交上的体面。比较起来，苏联对中东欧盟国的做法就笨拙、强硬得多，动辄开除或进行制裁。它不允许中东欧国家存在不同意见、不同集团和派别。这种以军事存在为后盾的高压政策，使中东欧国家实际上沦为苏联的卫星国，在相当程度上丧失了民族独立和民族自决。在西欧人眼中，中东欧国家成了苏联霸权的"牺牲品"。中东欧人民数百年来一直不屈不挠地反抗大国的控制，并为此付出了极为沉重的代价。二战中，他们英勇抵抗，为战争的胜利做出了应有的贡献。但胜利到来时，全世界都在庆祝和平，他们的国家却再次沦为苏联的保护国。中东欧国家这一"悲剧性"状况，从另一角度推动着西欧国家走上反控制、反强权的联合道路。[①]

总之，以上因素导致西欧国家对苏联的安全威胁产生恐惧，也使它们感到必须加强捍卫西方的自由民主制度，从而促使它们走上联合自强的道路。

二、欧洲一体化的初启

从二战胜利结束到 1950 年"舒曼计划"提出的整整 5 年间，虽然欧洲联合的基本条件已经具备，但实际联合进程却迟迟难以启动。其中的原因是多方面的，主要是：战后各国政治的重建，经济恢复的压力，英国态度的不明朗，国际局势的不确定，等等。不过，初期的努力毕竟获得了若干成果，这就是欧洲经济合作组织、布鲁塞尔条约组织和欧洲委员会的相继建立。

（一）战后初期的联合成就

"马歇尔计划"提出后，欧洲国家纷纷作出积极反应，但东欧国家最后迫于苏联的压力不得不止步。1947 年 7 月 12 日至 9 月 22 日，经英法倡议，欧洲16 国在巴黎召开会议，讨论并制定了"资源与需求的清单以及复兴的共同纲领"。这是二战结束后的第一次欧洲会议（苏联、东欧国家和西班牙除外）。

---

① Frans A. M. Alting Von Geusan, *European Unification in the Twentieth Century*, *a treasury of readings*, the Netherlands, Vidya Publishers, 1998；参见张振江、任东来：《冷战后审视欧洲统一的新视角》，载《欧洲》2000 年第 3 期，第 92 页。

为便于谈判，会议设立了欧洲经济委员会以及若干个专门小组。法国、意大利等认为应抓住这一良机，推进欧洲经济一体化。它们提出了建立关税同盟等主张，但英国只同意进行一般政府间的经济合作。尽管美国施压，英国仍不肯让步。会议最后通过了提交给美国的《欧洲经济合作委员会总报告》。这份报告尽管提出了一些推进一体化的意向性措施，如消除关税壁垒，实现人员自由流动等，但后来都被束之高阁。在"马歇尔计划"生效后，1948 年 4 月 16 日，16 国代表正式签署了《欧洲经济合作公约》，决定成立常设的"欧洲经济合作组织（OEEC）"。

欧洲经济合作组织是欧洲 16 国政府间经济合作的第一个组织，它设有部长理事会、执行委员会以及各种专门委员会。部长理事会为决策机构，执委会负责日常工作，而秘书处和秘书长则独立于各国政府对整个组织负责。它的性质和结构虽未跳出主权国家相互合作的窠臼，但在当时情况下，它无疑"是欧洲联合的第一课"。[①] 首先，由于常设经济机构的建立，各国官员必须经常在一起讨论问题、交流情况和制定方案。这样，既加强了彼此之间的联系，又增进了对各自情况的了解，从而一改过去那种在经济领域中互相封闭、猜疑的局面。其次，为了解决棘手的贷款分配问题，各国代表必须一起进行充分的磋商，找出大家都能接受的解决办法，由此创造了相互合作的良好氛围，使各国能够从寻求共同利益、兼顾他国利益的角度来考虑问题。最后，各国在合作中所采取的一些措施，如颁布《开放贸易法令》、建立欧洲支付同盟等，不仅使彼此经济联系大大增强，而且大家都从合作中获得了实实在在的成果。这使各国清楚地认识到，它们的"经济体系是相互依赖而不是相互独立的，它们要么一起繁荣，要么一起失败"[②]。

随着东西方关系日益紧张，西欧国家对自身安全的担忧越来越大。英法两国为此向美国提出，希望能获得防务上的帮助。马歇尔答复说，"国会不可能同时既批准出钱，又同意提供血和人力"。[③] 但他接着又暗示，如果西欧能够

---

① 胡德坤、罗志刚主编：《第二次世界大战与战后世界性社会进步》，湖北人民出版社 1994 年版，第 278 页。

② ［英］德里克·W. 厄尔温：《第二次世界大战后的西欧政治》，章定昭译，中国对外翻译出版公司 1985 年版，第 136 页。

③ ［美］查尔斯·波伦：《历史的见证（1929—1969 年）》，刘裘、金胡译，商务印书馆 1975 年版，第 331 页。

先组织起来，或许可以指望得到美国的支持。领会这一点后，英国外交大臣贝文于 1948 年 1 月 22 日在下院发表演讲。他说："加强西欧的时刻已经来临"，"西欧的自由国家必须紧密地团结在一起"，英国要加强与法国和比、荷、卢之间的关系，通过"签订条约"，组成"一个重要核心"。① 法、比、荷、卢对英国的建议表示响应。1948 年 3 月 5 日，5 国代表在布鲁塞尔举行缔约谈判。3 月 17 日，5 国正式签署了为期 50 年的《布鲁塞尔条约》。从其内容看，这是 5 国以军事同盟为核心的涉及政治、经济、文化合作的一项条约。虽然其矛头指向未来德国可能出现的侵略行动，但实际上是针对苏联的。该条约的签署，表明西欧国家已经不仅在探索经济领域内的联合，而且在军事安全方面也在积极努力地进行尝试。② 布鲁塞尔条约组织作为战后初期欧洲军事联合重要尝试的一个重大成果，为后来更大范围的西欧联盟和大西洋联盟提供了基础和"硬核"。

1949 年 1 月 28 日，英、法、比、荷、卢 5 国外长经过磋商，决定筹建"欧洲委员会"，它由一个外长委员会和一个咨询性的议会组成，各国政府有权任命议会的议员。3 月 28 日，5 国代表以及被邀请的丹麦、爱尔兰、意大利、挪威、瑞典等国代表在伦敦聚会，草拟欧洲委员会章程。5 月 5 日，10 国正式签署了章程。根据贝文的建议，该组织设在法德边境交界的城市斯特拉斯堡，作为两国和解的象征。③ 欧洲委员会是欧洲人独自建立起来的组织。它的宗旨是："促进各成员国之间更紧密的联合，以维护和促进作为它们共同财富的理想和原则，并有助于它们经济和社会的进步。"④ 除军事问题以外，这一组织可以讨论和研究"经济、社会、文化、科学、法律和行政管理"等方面的广泛问题。它的行动手段是通过对共同感兴趣的问题的研究，达成协议，采取共同行动，努力使各国政府趋于一致。部长理事会负责审议咨询议会的提案，一切重大问题均需一致通过，弃权即意味着否决。此外，部长理事会的讨

---

① Margared Carlyle, (ed.), *Documents on International Affairs* 1947 – 1956, pp. 201 – 221；转引自《战后世界历史长编 (1948)》，第 4 册，上海人民出版社 1980 年版，第 83—84 页。

② Joseph Stengers, "*Paul-Henri spaak et le traité de Bruxelles de 1948*", in Raymond (ed.), *Histoire des débuts de la construction européenne* (mars 1948-mai 1950), Paris, 1988, pp. 119.

③ 1949 年以后，希腊、土耳其、冰岛、联邦德国、奥地利、瑞士、葡萄牙、西班牙等国先后加入该组织。

④ Pierre Gerbet, *La Construction de l'Europe*, Paris：Imprimerie National, 1983, p. 96.

论是不公开的，由此得以避开公众舆论的压力。即使部长理事会审议通过了咨询议会的提案，欧洲委员会也无权执行决议，只能将决议转交给各自政府，而政府则具有执行或不执行的自由。无疑，欧洲委员会的地位是虚弱的，它深深地打上英国工党政府政策的烙印。但它的成立沟通了广大要求欧洲联合的人们与各国政府之间的联系，同时也为欧洲联合舆论提供了一个"引人注目的论坛"。各国议员以个人名义出席会议，不对本国政府负责，在这里畅所欲言，自由投票。他们很快便按各自的思想主张、而不是按国家形成了许多小组。正如舒曼所言，欧洲委员会是个"思想实验室"。①

　　无论是欧洲经济合作组织、布鲁塞尔条约组织还是欧洲委员会，事实上都存在着将欧洲联合推向突破的可能。但这些实践终究没有迈出关键性的步伐，原因出自英国。这3个组织都打上了浓厚的英国色彩。欧洲派政治力量不得不痛苦地接受这一事实，他们寄予最大期望的大不列颠还没有做好真正与欧洲大陆国家同行的准备。

（二）法国对德政策的调整

　　长期以来，关于如何实现联合的问题，欧洲联合运动内部一直存在着很大的分歧。因为赞成联合和实际怎样联合毕竟是两个虽有联系却又截然不同的问题。从联合范围上讲，一开始，大部分人希望整个欧洲都参加进来。但到了1947—1948年，可以看出，中东欧显然是不能进来了。于是，人们主张西欧首先联合起来。此外，战后各种欧洲联合运动，无论是激进的，还是审慎保守的，在那几年中全都指望英国出来牵头。这一是由于英国在战时所作出的贡献以及在战后所享有的地位和号召力，还有它与北欧国家、低地国家的密切联系；二是欧洲大陆具有社会主义倾向的欧洲派，特别希望由工党执政的英国出面来组织欧洲；三是一些小国出于自身利益考虑，希望英国加入进来有助于平衡法国和联邦德国。从联合的性质来看，人们的主张更是五花八门。大家普遍的感觉是应当利用重建时期来建设一个新欧洲，但新欧洲的蓝图在相当数量的人们心目中又是模糊的。概括当时的种种联合主张，具有代表性的可以大致分为联邦主义和邦联主义两大派别。前者认为，现代形式的民族国家同历史上的

---

① Robert Schuman, *Pour l'Europe*, Paris, 1963, p. 131.

城邦国家和封建帝国一样，都是一种暂时的历史现象，为了求得和平与经济的发展，各国应当放弃民族国家这种组织形式，把国家主权或部分主权让渡给一种更高级的组织，即建立一个"欧洲联邦"或"欧洲合众国"。即使不能马上实现这一目标，那么也应该朝着这个目标一步一步地迈进。后者则认为，欧洲各国虽然关系密切，但有着不同的历史、传统、文化和社会经济结构，发展程度不尽相同，政治地位和倾向各异，民族国家的界限和民族利益的差别不可能消除。因此，他们虽然赞成各国加强合作和联合，但这种联合应是主权国家之间的合作，反对让渡国家主权，建立超国家的联合机构。① 从总体上看，当时联邦主义在意大利、联邦德国、法国、比利时、荷兰和卢森堡等国的影响较大，邦联主义在英国和北欧国家则占主导。实际上，在两派激烈争论的表象背后，反映的是不同国家的利益和不同的传统与现状。

西欧要真正联合起来，仅有国家之间的相互合作是远远不够的。因为这种联合，从内容、程度上讲，必然是部分的、浅层次的；从组织、结构上讲，必然是松散的、不稳定的。这种主权国家相互合作的联合，不仅不能满足欧洲大陆主流欧洲派政治力量的愿望和要求，尤为重要的是，它无法有效地解决西欧国家所面临的重大而又深层次的问题。因此，要实现真正的联合，就必须实行国家主权至少是部分主权的转移，就必须建立一个具有政治权威的欧洲联合机构。在英国无法继续前行的情况下，历史把法国推上了欧洲联合的前台。

法国要切实推动欧洲联合，就无法回避且必须处理好德国问题。法德之间的国恨家仇由来已久。二战后如何处置德国，是法国关注的悠悠大事。早在1943年，法国抵抗运动的领导人就开始思考种种方案和设想。可以说，从战时一直到1947年，法国对德政策是明确而坚定的，那就是摧毁德国工业的基础，肢解德国的领土，让它永远不能东山再起。与一战后相比，法国人有了更深的切肤之痛，其对德政策也就更为强硬。起初，法国这一政策与三大盟国的主张是基本一致的，直到波茨坦会议正式放弃通过国际安排来肢解德国的方针。应该说，二战后使德国永不为患，既是法国政府和人民的一致要求与基本目标，也是世界各国的共同愿望。

1945年9月，在美、苏、英、法四国外长会议上，法国首次正式提出关

---

① 陈乐民：《战后西欧国际关系》，中国社会科学出版社1987年版，第148—149页。

于德国领土问题的方案：鲁尔脱离德国，实行国际共管；莱茵河左岸地区成为一个独立国家；萨尔脱离德国，经济上归并法国。① 鲁尔和萨尔是法国最为关注的对象，它们是德国强大工业力量的基础。关于鲁尔，法国的具体方案是：将其从德国分离出来，在政治上、经济上置于一个国际机构的监管之下，相关国家均可以成为这个国际机构的成员；由一支国际占领军对鲁尔区工厂实施监管；设立一条关税边界，使鲁尔的煤钢生产与鲁尔区外德国工厂的联系处于可随时核查状态。关于萨尔，由于属于法占区，战争刚结束时法国就采取措施使之脱离德国并在经济上融入法国。1946 年 2 月 12 日，法国照会美、苏、英三国，声称萨尔将脱离盟国管制委员会的管辖范围，将来也不会受德国中央政府的管辖，其最终地位留待和会去决定。其后，在法国的安排下，萨尔举行了立法会议的普选，通过了宪法，并成立了联合政府。

但法国的对德政策遭到了美英的坚决反对。在 1947 年 3 月 10 日—4 月 27 日召开的处理德国问题的莫斯科四国外长会议上，法国起初还坚持既往立场，外长皮杜尔重申法国对鲁尔、莱茵、萨尔等问题的相关主张。但事实上，在杜鲁门主义已经出台、冷战序幕正在掀起的背景下，法国明知其主张已无实现的可能。在美英的压力和敦促下，法国的立场已经弱化。之所以仍然坚持，只是出于想在别的地方捞取回报的考虑。在 1946—1947 年那个严酷的冬季中，法国的煤炭缺口很大。为了安抚法国，此次会议上，美英提高了西方三国占领区供应法国煤炭的比例，由 12% 增加到 21%，并达成了比例相应增加协议，即随着德国煤炭产量的提高，相应的增加对法国的出口。同时，美英表示同意萨尔在政治上脱离德国，建立自治国家，经济上归并法国。从这时开始，在美国的软硬兼施下，法国战后初期由戴高乐确立的自主外交逐步向对美妥协的大西洋政策转化。

"马歇尔计划"出台后，在德国问题上，法国与美英之间的关系由过去的对抗、偏执开始朝着合作、理性的方向发展。1947 年 8 月 7 日，皮杜尔向美国官员表示，法国愿意放弃将鲁尔从德国分离出来的计划，只要法国有权获得鲁尔的资源。② 1948 年 1 月 4 日，皮杜尔通知驻德法军最高司令官柯尼格将

---

① 张锡昌、周剑卿：《战后法国外交史》，世界知识出版社 1993 年版，第 47 页。
② John Gillingham, *Coal, Steel, and the rebirth of Europe*, 1945 – 1955, London：Cambridge University Press, 1991, pp. 157 – 158.

军："德国位于欧洲的中部，应当尽快进行重建"，"我们不能老是拘泥于过去，要面向未来"。因此，法军应停止没收、强迫销售等办法。他要求法军要不失时机地告诉德国人，法国没有打算去统治他们，仅仅只是在一个联合的、合作的欧洲下扮演一个荣誉角色。①

进入 1948 年，东西方关系更趋紧张，美国加快了筹组西德政府的步伐。对此，法国认为建立西德政府要以鲁尔问题的合理解决为条件，并提出了建立鲁尔国际机构的建议。该机构将负责对鲁尔地区工厂的监督，以及决定煤炭资源的分配。美、英、法经过谈判协商，于 1948 年 5 月 27 日达成一致意见：鲁尔国际机构将保证"该地区的资源只用于和平而不用于侵略"的目的，保证欧洲各国平等地享有鲁尔的煤钢；鼓励德国降低关税，推进民主化，但国际机构不干涉鲁尔区工业的经营管理；设立一个军事安全委员会，负责审查工厂的新建，以防止军事工业的建立。② 1948 年 6 月 7 日，六国伦敦会议（美、英、法、比、荷、卢）通过了处理德国问题的《伦敦协议书》。协议书主要内容有三：第一，召开西方三占区的制宪会议，起草《基本法》（临时宪法），预备成立西德政府；第二，鲁尔的煤钢由美、英、法、比、荷、卢和西德组成的国际机构共同管理，签订管理鲁尔的《鲁尔法规》；第三，在对西德的军事占领结束后，西方盟国继续占领鲁尔和莱茵地区。③ 该协议最重要的内容是筹建西德政府，后两点主要是为了满足法国的要求。《伦敦协议书》在法国引起了不同的反响，但 6 月 16 日还是在国民议会以微弱多数获得通过。

至此，法国的对德政策与战争结束时相比较，已发生了根本性的变化。当然，在对德政策调整的同时，法国也被美国纳入了大西洋体系。法国对德政策的调整起初是被迫的，但逐渐朝着自觉的方向发展。法国之所以能在短期内完成这一转变，原因是多方面的。首先，这是它在美国软硬兼施下步步后退的结果。美国从称霸世界、遏制苏联的全球战略出发，推行扶植西德的政策，这对法国未来安全和现实经济利益构成了威胁。但在冷战条件下，法国在安全与经

---

① John Gillingham, *Coal, Steel. and the rebirth of Europe*, 1945 – 1955, London: Cambridge University Press, 1991, p. 159.

② John Gillingham, *Coal, Steel. and the rebirth of Europe*, 1945 – 1955, London: Cambridge University Press, 1991, p. 162.

③ 丁建弘、陆世澄、刘祺主编：《战后德国的分裂与统一》，人民出版社 1996 年版，第 69—70 页。

济上又不得不依赖于美国。这种大利益与小利益的矛盾冲突，迫使法国不得不对美国做出让步。其次，战后国际和欧洲局势的根本转变，也促使法国做出新的选择。美苏两个超级大国主宰欧洲的局面取代了过去欧洲群雄逐鹿的格局。在东西方对垒的两大集团中，法国和西德成了同一集团中共同受控于人的伙伴。虽然过去积怨甚深，但现在都得在两大板块的夹缝中求生存、求发展。同时，在法国看来，主要的安全威胁已经不是德国，而是苏联。再次，二战后德国被一分为二，德国的统一问题在可预见的近期内几无解决的可能。现实中的德国已经对法国构不成任何安全威胁，这为法德关系的转变提供了客观基础。最后，法国领导集团内部相当一部分人已经认识到，传统的对德政策不仅包含危险，而且已经不合时代的要求。法国必须变革思维，勇敢地从"德国梦魇"中走出来，探索一条全新的道路，那就是化解百年冤仇，携手重建欧洲。法国对德政策的重大调整，为欧洲一体化的启动创造了必要的前提。

（三）欧洲煤钢共同体的建立及其意义

联邦德国建立后，谋求尽快恢复主权、重返国际社会，成为其对外政策的基本任务。在美国的支持下，阿登纳的这一努力日见成效。1949 年 11 月 24 日签署的关于调整拆迁计划的《彼得斯堡议定书》，标志着西方盟国第一次正式承认联邦德国的平等地位，同时也为联邦德国参与西方阵营、恢复经济铺平了道路。12 月 15 日，美国又同联邦德国签订了经济合作的双边协定。与此同时，美国还不断在私下与公开场合，提出考虑重新武装联邦德国的问题。总之，"事态正在向着德国增加独立性，增强实力，直至最后武装起来的方向发展。"[1]

在美国屡屡施加压力的同时，联邦德国也就德法和解和欧洲联合问题频频发出外交倡议。1949 年 9 月 21 日，阿登纳在就职演说中提出："如果我们要在欧洲建立和平，……只有采取全新的方法"，那就是"争取建立欧洲联邦"。[2] 11 月 7 日，他在接见美国记者时强调："我决心要以改善德法关系作为我的政策的核心。如果德法之间缺乏根本谅解，欧洲合作是无法实现的。"[3] 1950 年

---

[1] W. Jr. Diebold, *The Schuman Plan：A Study in Economic Cooperation* 1950－1959, New York：Published for the Council on Foreign Relations by Praiger, 1959, p. 10.

[2] Beats R. Von Oppon, *Documents on Germany Under Occupation* 1945－1954, London：Oxford University Press, 1955, p. 419.

[3] ［德］康拉德·阿登纳《阿登纳回忆录》，第 1 卷，上海人民出版社 1976 年版，第 289 页。

3月7日，阿登纳甚至提议，建立一个拥有统一议会和共同国籍的德法联盟，这个联盟将向英、意、比、荷、卢等国开放。在这种后有美国、前有联邦德国的双重压力下，法国外交极为被动。一方面，任何阻挡或拖延联邦德国的复兴都是不可能的；另一方面，作为战胜国的法国，又不可能去接受一个战败投降、又被自己占领、尚无国家主权的政府的建议。对法国来说，唯一的办法是"寻求一个新体制，使德国在这个新体制中，沿着不但可以减轻法国对它的恐惧，而且有可能对两国都会有实际利益的途径去发展。"[①] 当时，致力于法德和解和欧洲联合的法国外长舒曼，正为找不到一项合适的方案而苦闷不已。

在这关键时刻，长期以来就一直在思考欧洲联合问题的让·莫内，在1950年4月中旬至下旬，和几位助手经过字斟句酌、反复推敲，拟订出了一份建立法德煤钢共同体的计划——《关于改变日趋严重的形势的初步建议》。[②] 这份材料很快得到舒曼的认可。[③] 5月9日上午，经进一步润色和补充后的莫内备忘录在法国内阁会议上讨论通过。下午，舒曼在外交部举行记者招待会。他首先宣读了一份简短声明：现在"已不是再讲空话的时候，而是要有一个行动，一个大胆的行动，一个建设性行动的时候。""自德国无条件投降到今天已经五年了，今天法国决定在欧洲建设方面，在与德国建立伙伴关系方面，采取第一个决定性的行动，其结果将使欧洲形势发生根本性的变化。"[④] 接着，舒曼公布了法国政府的正式计划：

"一个有组织、有活力的欧洲为文明事业所作的贡献，对于维系和平关系是必不可少的。……当欧洲没有得到统一时，我们总是遭受战争之苦。"

"欧洲不会在一夜之间就被组织起来，也不可能建成一个包罗万象的整体。欧洲统一的实现需要许多具体的步骤，首先要建立一种事实上的连带责

---

① W. Jr. Diebold, *The Schuman Plan: A Study in Economic Cooperation* 1950 – 1959, New York: Published for the Council on Foreign Relations by Praiger, 1959, pp. 11 – 12.

② 莫内备忘录全文参见 Vaughan, R., *Post-War Integration in Europe*, London: Edward Arnold Publishers Ltd., 1976, pp. 51 –56；法文版后刊登在 1970 年 5 月 9 日的《世界报》(*Le Monde*) 上，是为20 周年纪念。莫内在回忆录中没有说明为什么备忘录恰恰在这时被拟订出来，但从中可以推断的是，以他那样广泛的交往，加之对此事特别有心，定是知道法国此时需要拿出一项新建议。

③ Jean Monnet, *Mémoires*, Pbris: Fayard, 1976, p. 354.

④ F. R. Willis, *France, Germany and the New Europe* 1945 – 1963, California: Stanford University Press, 1965, p. 80.

任。欧洲各民族的团结要求消除法兰西和德意志两个民族一个世纪以来的对抗。因此，这一行动首先将与法国和联邦德国有关。”

"从这一考虑出发，法国政府建议，立即在一个有限的、但有决定性的方面采取行动，……把法德两国全部的煤钢生产置于一个共同的向其他国家开放的高级机构管理之下。"

"这个高级机构将由各国政府在平等原则的基础上指定的独立人士组成。……机构的决定在法国、联邦德国和其他参加国均具有执行效力。"①

"舒曼计划"采取通过新闻媒体而非政府间通报的方式公布后，立即产生了轰动性的效应。② 除英国外，该计划几乎受到了普遍的欢迎。欧美舆论认为它是解决欧洲问题的建设性方案。有人把它称为"欧洲历史上划时代"的事件，③ 也有人称它"是西欧经济合作中的里程碑"。④ 当晚，阿登纳举行记者招待会，指出这是"法国及其外长舒曼针对德国和欧洲问题所采取的一个宽宏大量的步骤。毫无疑问，它对德法关系和整个欧洲的发展具有可以想象的巨大的意义"，"是德法关系的一个非常重大的发展"，"为今后消除德法之间的一切争端创造了一个真正的前提。"⑤ 在意大利、比利时、荷兰和卢森堡，舒曼计划也得到了积极的反应。

1950 年 6 月 22 日，法、德、意、比、荷、卢 6 国代表在巴黎开始就建立欧洲煤钢共同体举行谈判。不同于其他国际谈判的是，参加国必须首先认可舒曼计划预设的超国家性的原则才能参与。6 国都希望英国能加入进来，莫内在 5 月 14 日还专程赴伦敦做工作，但遭到英国工党政府的拒绝。实际上，法国在提出舒曼计划时已经做出决定：英国要么一心一意参加，要么坦然拒绝。即便没有英国，大陆国家可以先做起来。经过 10 个月的谈判，1951 年 4 月 18 日，

---

① 舒曼计划全文见 *Foreign Relations of the United States*，1950，Vol. 3，*Western Europe*，Washington，1977，pp. 692 - 694。

② 唯有联邦德国例外，舒曼在公布前派专人赴波恩告知阿登纳，并在获其首肯后法国内阁才最后通过该计划。参见 Jean Monnet，*Mémoires*，pp. 357 - 358。

③ H. A. Schmitt，*The Path to European Union：From Marshall Plan to Common Market*，Baton Rouge：Louisiana State University Press，1962，p. 49.

④ W. Jr. Diebold，*The Schuman Plan：A Study in Economic Cooperation* 1950 - 1959，New York：Published for the Council on Foreign Relations by Praiger，1959，p. 14.

⑤ ［德］康拉德·阿登纳《阿登纳回忆录》，第 1 卷，上海人民出版社 1976 年版，第 374—378 页。

《欧洲煤钢共同体条约》正式签署。条约规定：共同体的使命是在 6 国间建立取消关税、商品数量限制和其他歧视性措施的煤钢共同市场，以发展经济，促进就业，提高生活水平。"共同体各机构应在各自的职权范围内为共同利益"服务，它通过税收拥有独立的财源。共同体由高级机构、共同议会、部长特别理事会和法院组成。① 1952 年 8 月 10 日，经各国议会批准后，共同体高级机构在卢森堡建立，莫内出任首届主席。这样，舒曼计划就比较顺利地由蓝图变为现实。

欧洲煤钢共同体的建立，标志着战后欧洲联合终于获得了突破性的进展，也为欧洲联合（尽管只是 6 国联合）确立了一体化的路径，其意义是巨大而深远的。首先，它成功地实现了其成员国在煤钢两个部门中的主权转移。主权转移是舒曼计划中最具革命性的思想，它开创了自民族国家诞生以来前所未有的先例。而且，由于煤钢这两个部门是当时国民经济中的最重要的基础部门，它们的联合和主权转移，势必产生连带效应，从而为欧洲的进一步联合开辟道路。恰如舒曼在给阿登纳的信中所强调的那样，他的计划所要达到的目的并不是经济的，而是具有重大的政治性质。按莫内、舒曼他们的设想，最终应导向一个欧洲合众国的建立。② 换言之，煤钢共同体在 6 国维护国家主权的城堡上打开了一个有限的但又是很深的缺口，是欧洲国家走向联合之路的一次创造性实践，是一次质的飞跃，它开始了从无到有的零的突破。正如美国前驻欧共体大使巴特沃恩所言："欧洲煤钢共同体是先驱者。它开创了主权成员国的统一先例。……它带来了作为共同市场和欧洲原子能共同体楷模的共同机构的新形式。毫无疑问，历史所记住的，不是欧洲煤钢共同体为煤钢工业做了些什么——当然，这可能也是有意义的——而是开辟了通向统一欧洲目标的道路。"③ 其次，欧洲煤钢共同体为欧洲联合的最大障碍——法德矛盾的解决奠定了基础。法德和解正是由此起步。长期以来，法德矛盾一直是欧洲乃至世界和平的重大威胁。二战后，两国矛盾的焦点就是鲁尔和萨尔问题，即煤和钢的争夺问题。莫内正是紧紧抓住了这一根本点，提出超越国界的限制，合并两国

---

① 世界知识出版社编辑：《国际条约集 1950—1952》，世界知识出版社 1959 年版，第 193—273 页。

② F. R. Willis, *France, Germany and the New Europe* 1945 – 1963, California：Stanford University Press, 1965, p. 84.

③ H. A. Schmitt, *The Path to European Union：from Marshall Plan to Common Market*, Baton Rouge：Louisiana State University Press, 1962, foreword.

的煤钢生产，共同利用和管理这一三角地带的资源，从而达致摒弃前嫌和平相处的目的。这一突破口的选择无疑凝结了极大的智慧。当然，它也为法国防止德国暗中准备武力报复提供了可能。因为在当时经济技术条件下，重整军备总是首先在煤炭、钢铁的生产中显现其端倪的。总之，欧洲煤钢共同体的创立，既为欧洲联合寻找到突破口，又为进一步的联合行动奠定了基础，实质上成为欧洲一体化的真正始点。

三、欧洲一体化启动的完成与意义

1954 年欧洲防务共同体计划的失败，使欧洲联合运动迅速由高潮转向低潮。然而，也正是这盆凉水，浇得人们的头脑清醒起来，从谋求政治、军事联合再度转向寻求进一步的经济联合。失败的教训使联邦主义者认识到，欧洲联合的经济基础如果不牢固，政治联合的大厦就无法搭建。经济联合新的努力结果，就是 1957 年《罗马条约》的诞生。这一条约虽然极力强调一体化组织的经济性质，没有明确提出实行政治一体化和未来建立欧洲联邦的目标，但实际上意味着共同体 6 国在此后政治接近和团结的道路上迈出了具有重要意义的一步。

（一）《罗马条约》——欧洲一体化启动的完成

20 世纪 50 年代中期，在如何推动欧洲联合继续前行的问题上，联邦主义运动内部出现了分歧。以斯皮内利和亚历山大·马克为代表的"多数派"认为，欧洲联合不能仅仅局限于浅层次的经济领域，必须进行超国家的政治联合。在具体行动上，不能指望各国政府会自愿放弃它们的主权，而应当动员"欧洲人民"来进行反对政府的革命斗争，因为只有"欧洲人民才能作为千年历史的欧洲的合法继承人而存在"。他们主张通过"欧洲人民"的直接行动，选举产生一个制宪议会来一举实现欧洲的联合。相反，人数偏少的"可能派"则认为，简单的"欧洲人民"的概念是不切实际的，只能从现实可能做起。欧洲联合问题的关键是要把差异很大的各个民族重新聚合起来。他们不相信通过一场人民运动就能把一个欧洲联邦强加于各国政府和议会。既然军事欧洲、政治欧洲的道路一下子走不通，那就应当重新回到功能主义的经济一体化道路上来。所以，欧洲派政治组织应该继续在政府周围的范围内行动，迫使它们逐步放弃一部分主权，通过渐进的路径最终实现欧洲的统一。① 由于两派的分歧无法调和，1956 年 3 月"可能派"退出了"欧洲联邦主义联盟"，另行成立了"欧洲联邦主义者行动"组织。

对欧洲统一始终不渝的莫内，在 1954 年 11 月决定不再谋求连任欧洲煤钢共同体高级机构主席的职务，"以便在行动和言论完全自由的情况下，投身欧洲统一的事业。"莫内对欧洲防务共同体失败（详见下文）的教训有着切肤之痛，一个经过如此努力和辛劳才得到各国政府同意的计划，却因一国议会的反对而遭抛弃。他认为，要避免此类事件的重演并促进欧洲一体化的发展，只有获得拥有政治力量的各国政党和工会的支持才有可能。莫内希望通过建立一个民间组织，来密切各国政党和工会人士之间的联系，促进他们的相互沟通和交流，并进而通过这一批骨干来引导各国政府将部分国家权力移交给共同体的机构。1955 年 10 月 13 日，莫内成立了"争取欧洲合众国行动委员会"。该组织的目标是把欧洲国家的政党、工会和社会团体的领导人聚集起来，通过他们影响其周围更广泛的人们来支持欧洲运动，以最终建立一个欧洲合众国。

与此同时，莫内也在积极寻找新的一体化领域。经过观察和分析，莫内看出在核领域有实现联合的必要性和可能性。他认为，随着经济的发展，对能源的需求必然更大。而西欧的煤炭生产已无大的发展可能，石油又需依赖进口，开辟新的能源势在必行。原子技术的发展也已充分显示出和平利用的广阔前景。当时在 6 国中，除法国外，尚无核工业。在这样一个各国起点基本相同的领域里进行联合，其困难和阻力要小得多。莫内在和联邦德国的最初接触中，发现它对原子能共同体持保留态度，相反，对一个全面的共同市场则更感兴趣。鉴于此，莫内与助手们起草了两者合二为一的计划，即一方面建立欧洲原子能共同体，另一方面逐步建立欧洲共同市场。由于法国对防务共同体的否决，它已不可能再充当新建议的倡议者，莫内将自己的计划告知了比利时外交大臣斯巴克。不谋而合的是，1955 年 4 月 4 日，荷兰外长约翰·威廉·贝恩，也向斯巴克递交了一份备忘录，建议"成立一个超国家的共同体，其任务是……通过关税同盟实现经济同盟。"② 4 月 23 日，斯巴克会见了荷兰外交大

① Pierre Gerbet, *La Constructon de l'Europe*, Paris：Imprimerie National, 1983, pp. 204 – 205.

② Pierre Gerbet, *La Constructon de l'Europe*, Paris：Imprimerie National, 1983, p. 197.

臣贝恩和卢森堡首相兼外交大臣约瑟夫·伯克。经协商，3 国外长决定以莫内计划和贝恩计划为基础，起草一份联合备忘录，提出在运输和能源、特别是核能方面，建立部门共同体，并同时提出建立全面的共同市场的方案。为谨慎起见，备忘录以欧洲经济共同体的称谓取代了莫内计划中的"欧洲合众国"一词。5 月 14 日，欧洲煤钢共同体议会一致通过了 3 国联合备忘录，并分寄给 6 国政府。

1955 年 6 月 1—3 日，讨论 3 国备忘录的 6 国外长会议在意大利墨西拿举行。会上，6 国对继续推动经济一体化这个总目标的意见是一致的，但在具体推动方式上却存在分歧。法国坚持部门一体化的意见，而德国、意大利和荷兰则更倾向于全面经济一体化。不同意见背后反映的是各国利益和国情的差异。会议没有对不同的方式做出抉择，只是确定对可能的选择进行研究，即部门经济的一体化（特别是核能和运输）和全面的共同市场。会议决定成立以斯巴克负责的由各国政府代表和专家组成的委员会，研究可能的方案并提出报告。6 国在会议公报中宣称："在建设欧洲的道路上进入一个新阶段的时刻已经到来。欧洲建设首先应在经济领域里实现。应该通过共同机构的扩大，各国经济的逐步联合，共同市场的建立以及它们的社会政策的协调，来继续发展欧洲的联合事业。"①

1956 年 4 月 21 日，斯巴克委员会向 6 国政府提交了研究报告。报告论证了建立原子能共同体的可行性，以及共同市场的性质和实施措施。在机构设置方面，为避免在超国家问题上可能带来的争议，报告只是笼统地提出应根据需要完成的任务来设定。5 月 29—30 日的威尼斯 6 国外长会议顺利通过了斯巴克报告，并决定成立第二个斯巴克委员会，起草共同市场和原子能共同体条约。1957 年 3 月 25 日，6 国政府首脑和外长齐集罗马，在意大利国会大厦举行了《罗马条约》的签字仪式。到年底，《罗马条约》在各国议会先后获得批准。1958 年 1 月 1 日，《罗马条约》正式生效。

《罗马条约》是《欧洲经济共同体条约》和《欧洲原子能共同体条约》的统称，共有 6 大部分 248 条，并附有 13 份议定书、4 项专约，4 个附录以及 9

---

① F. R. Willis, *France*, *Germany and the New Europe* 1945 – 1963, California: Stanford University Press, 1965, p. 227.

个宣言。6 大部分分别规定了共同体的原则、基础、相关共同政策、与海外属地的关系、机构设置以及条约的实施细则。条约在序言中阐明其目标是："为欧洲各国人民之间实现一个日益紧密的联盟奠定基础"，"以共同行动消除分裂欧洲的障碍，确保各国的经济和社会的进步"。这充分表明，条约的内容虽是经济的，但最终目的却是政治的。正如斯巴克所言："那些起草《罗马条约》的人……认为它根本上不是经济的，而认为它是通往政治联盟的一个阶段"。[1]《罗马条约》与其他国际条约不同，它既没有规定有效期，也没有规定退出和修改程序。相反，它欢迎其他欧洲国家加入，由此可以看出条约制定者对欧洲联合的决心。关于经济共同体，条约的核心内容是建立关税同盟和农业共同市场，通过逐步协调经济和社会政策实现商品、人员、劳务和资本的自由流动。条约还规定设立欧洲投资银行，负责落后地区的开发和促进工业的现代化。关于原子能共同体，条约规定建立一个核共同市场，在这个市场内，原子工业所必需的可裂变物质、设备和劳动力应自由流动。条约规定共同体的主要机构有：部长理事会，负责制定和协调成员国的共同政策，颁布法规和指令，根据共同体法高于成员国法的原则，其决议对所有成员国和公民都有约束力；共同体委员会，负责贯彻和执行《罗马条约》以及部长理事会的决议，享有一定的创议权，对外代表共同体进行谈判和签订协议；议会，由煤钢共同体议会扩大而成，负责对 3 个共同体的评议和监督。当时它虽无立法权，但可以以 2/3 不信任票迫使委员会辞职；法院，3 个共同体合一，负责解释《罗马条约》和共同体机构所作出的决议，以及仲裁各类纠纷。[2] 由此可见，《罗马条约》大大扩展了一体化建设的范围。从构想上说，它也是一个较为彻底的经济一体化纲领。

在防务共同体受挫、欧洲联合招致重大打击的情况下，仅 1 年多的时间，欧洲经济共同体和欧洲原子能共同体却出乎意料地顺利诞生，其原因是多方面的。第一，新的国际形势的推动。1953 年民主德国爆发的"六·一七事件"，1956 年的波兹南事件、匈牙利事件和苏伊士运河事件，以及亚非拉国家风起

① Derek W. Urwin, *The Community of Europe: A History of European Integration since* 1945, London and New York: Longman, 1991, p. 76.

② *Treaties establishing the European Communities*, Published by the Office for Official Publicatons of the European Communities, Brussel, 1978, pp. 219 – 220.

云涌的民族解放运动和殖民帝国的瓦解，使西欧国家不得不再度思考自身的未来和在世界上的地位。面对苏联的威胁和东部邻国的灾难，它们普遍感到必须克服彼此的分歧，团结起来。苏伊士运河危机更直接地使西欧国家切身感受到自己在经济和政治上的虚弱状态。危机期间，由于中东的石油供应被切断，西欧被迫对石油的配给实行限制。这一事件让西欧国家更加清楚地认识到自身经济对外部的依赖性和加快原子能开发的重要性。另外，英法远征苏伊士运河的失败，使欧美的利益矛盾一下子暴露出来。联合国安理会第一次出现了"怪事"：美国和苏联一起联手反对英法。这表明今后美国很可能在关键时刻为了自己的利益而置大西洋联盟于不顾。西欧国家开始明白，"在当代世界上，只有一个统一的欧洲才能使人听到它的声音，并得到别人的尊重"，"建立一个强大的和独立的欧洲"，是符合西欧各国的共同利益的。第二，6 国内部出现了有利条件。"争取欧洲合众国行动委员会"建立后，很快就有 30 多名"欧洲一流知名人士加入进来"，后来增加到百余人。他们均是有关政党和工会的领导人，包括社会党、基督教民主党、自由党等，这些政党在 6 国中代表着2/3 的选民。行动委员会在建立之初，就把促进墨西拿会议决议和斯巴克报告作为其重要任务。确实，行动委员会在组织力量、争取舆论支持方面起到了巨大作用，在《罗马条约》的谈判和随后的各国审批过程中也发挥了重要的影响。与此同时，法国的政局也发生了有利于欧洲派的变化。1956 年 1 月的议会选举，导致国民议会中形成一个赞成欧洲联合的多数派。此时，相继组阁的埃德加·富尔、居伊·摩勒均是"争取欧洲合众国行动委员会"的成员。在联邦德国，莫内成功地说服社会民主党转变了立场，使其形成一个支持欧洲联合的绝对多数派。第三，《罗马条约》不仅体现了 6 国的共同利益，而且也照顾到各自的特殊利益。法国对原子能共同体最感兴趣，希望凭借自己的领先水平，既能在共同体内起主导作用，又可以防止联邦德国将原子技术运用于军事目的。但法国工业竞争能力较低，对共同市场有诸多疑虑。与法国相反，联邦德国在 6 国中经济实力最强，工业生产总值和出口贸易额均居 6 国之首。由于设备新，生产率高，工业竞争力很强。因此，共同市场对它最为有利。正因为如此，《罗马条约》的起草者坚决要求将两个共同体捆绑起来，两个条约必须一起签订、批准和生效。这实际上是使法德两个大国在利益上达成某种平衡。而意大利在经济共同体中将获得急需的资金和技术，比、荷、卢 3 国则将拥有更大的市场来进一步扩大贸易和发展经济。

《罗马条约》对欧洲一体化启动的意义是重大的。欧洲煤钢共同体仅仅涉及两个工业部门，而且随着社会经济的发展和技术的进步，这两个部门在国民经济中的重要性呈逐渐下降趋势。因此，欧洲煤钢共同体的局限性是显而易见的。而《罗马条约》则通过建立共同市场，把一体化推向了整个经济领域，把各国的经济利益紧密地捆绑在一起，从而为欧洲一体化的发展奠定了坚实而广阔的基础。这个基础就是人类社会生生不息的原动力。没有《罗马条约》，单靠欧洲煤钢共同体是无法构建欧洲一体化大厦的，欧洲煤钢共同体本身也不可能长期维系下去。此后欧洲一体化的一切成就，都是在《罗马条约》这个基础上所取得的。从这个意义上看，《罗马条约》的签订标志着欧洲一体化启动的完成。

（二）欧洲一体化启动的意义

欧洲一体化的成功启动，标志着6国社会历史的发展进入了一个全新的阶段。自民族国家诞生以来，社会、政治、经济活动一直是在单一主权国家的范围内进行的。共同体的建立，宣告了6国已经开始超越这一历史，进入了一个联合图强、共同发展的新时代。无论是欧洲煤钢共同体还是《罗马条约》，其制定者的动机和最终目标都是十分明确的，那就是通过经济手段达到政治目的，为未来的欧洲联邦或欧洲合众国奠定基础。3个共同体的建立，成功地实现了部分主权的让渡，开创了超国家联合的先例，使亘古不变的国家主权至上的原则开始动摇，从而为欧洲国家在更广泛的范围内和更深层的领域里的进一步联合开辟了道路。"共同行动"（Commonation）使成员国之间开始建立一种同舟共济、休戚相关的利害关系，使人们在追求本国利益的同时也考虑他国的利益，从而切身感受到共同利益之所在。为了共同利益而采取的"共同行动"培育和生成出一种"共同体精神"。由此，这一新的思维和新的实践，也创造出一种与过去根本不同的崭新的国家之间的关系。在人类历史上，"和平、合作、发展、共赢"，第一次在条约法律的基础上成为共同体国家相互关系的主旋律。

欧洲一体化是在20世纪50年代世界分为两极、欧洲处在分裂和依附地位的背景下出现的，它从一开始就具有反控制、求自强、争独立的积极性质。二战后，欧洲面对自身地位的急剧衰落，如果"不想在起了根本变化的世界里走下坡路"，不想"沦为超级大国的附庸"，①要重新站立起来，欧洲只有走联合之路，彻底消除横亘在各国之间的各种政治、经济障碍，运用共同的力量开发、利用一切资源，如此才能达到建设新欧洲的目的。在东西方冷战到来时，欧洲国家由于贫弱，不得已寻求和接受美国的保护，但这并不表明它们甘愿在政治上、军事上和经济上永远依赖美国，甘愿长期居于屈从地位。恰恰相反，它们之所以选择走一体化道路，为的就是通过联合自强，以最终摆脱美国的控制，重新确立自己在世界上应有的地位。在两个超级大国激烈争夺世界霸权的冷战时代，随着自身力量的壮大，欧洲共同体的反强权、反战争、积极主张缓和东西方关系的基本立场，客观上对美、苏两霸的争夺起到了一定的制约作用。

欧洲一体化是欧洲国家追求和平的产物，也是欧洲稳定与和平的保证。近代历史上，欧洲列强之间为争夺势力范围、市场、原料、殖民地而进行的战争连绵不断，愈演愈烈。20世纪上半叶，在短短一代人的时期内，更是接连爆发了两次世界大战。无休止的战争不仅给社会发展、经济繁荣、人民生活带来了巨大的灾难，同时进一步加深了国家之间、民族之间的敌视与仇恨，使国家间关系陷入一种冤冤相报、恶性循环的困境。正因为如此，历史上不断出现欧洲联合的政治主张，而且它们总是同探索某种和平的国际架构密切相连。二战之后，饱受战争蹂躏的欧洲各国，从领导人到普通百姓，对和平的向往更加热切，他们渴求在本地区形成一种和谐的局面，各民族和睦相处，永绝兵燹。然而，战后欧洲却成为美苏两个超级大国对峙的前沿和争夺的重点，一旦两强之间爆发战争，欧洲将首先成为牺牲品。特别是在原子武器时代，人们对战争的恐惧更为加剧。欧洲的希望在于和平，而最直接、最有效的办法就是弃怨求同、联合起来，化单一国家利益为整体利益，在欧洲各国之间彻底铲除危害和平的各种政治、经济因素。应该说，20世纪50年代欧洲一体化的启动，正是朝着这一方向迈出的坚定一步，因而对欧洲的稳定与和平具有深远的意义。不言而喻，欧洲的稳定与和平，既有利于欧洲人民，也有利于世界的和平与稳定。尤其要看到，长期以来困扰欧洲乃至世界和平的根本问题就是"德国问

---

① ［德］康拉德·阿登纳《阿登纳回忆录》，第3卷，上海人民出版社1973年版，第1页。

题"，而共同体的启动过程事实上就是法德和解之路的开启过程。在共同体的框架内，法德两国战后起伏不定的双边关系不仅稳定下来，并最终实现了彻底转变，两个敌对的民族终于实现了历史性的和解，从而保证了欧洲地区这一历史上多事之地的长期和平局面。此外，随后法德轴心的建立，为一体化发展带来了新的动力，使一体化有了前进的"发动机"。法国的政治力量和联邦德国的经济力量相结合，共同支撑和推动着共同体向前迈进。特别是进入 20 世纪 70 年代以后，法德轴心在共同体应对挑战、克服危机、扩大和深化合作等方面作出了不俗的贡献。

欧洲一体化大大促进了成员国的经济恢复和发展。先后建立的 3 个共同体通过一体化措施，使各国经济迅速进入了复兴的快车道。共同体运用关税、价格、信贷、税收等一系列经济手段，对成员国的经济活动、地区开发、科技合作、生产结构等进行广泛的直接或间接的干预和调节。一方面，这在一定程度上缓和了共同体国家内部的社会经济矛盾；另一方面，这加速了固定资本的投资、促进了新兴工业和科学技术的发展，密切了共同体内部的彼此分工以及专业化协作，从而大大提高了劳动生产率，有力地推动和刺激了社会经济的发展。

此外，欧洲一体化在启动过程中，所确立的自由平等原则以及为此所构建的基本制度框架，成为共同体的宝贵财富。欧洲联合应该建立在什么样的原则之上？这个问题不仅关系到一体化能否启动，更关系到启动后能否平稳、顺利地发展。一部欧洲联合史，贯穿其中的核心问题，始终是要大国控制下的武力强迫联合还是要各国自由平等的和平联合。这个问题过去一直没有得到解决，在二战后特殊的背景下，自由、平等的和平联合原则才在一体化中得到基本的体现。

自由和平等的概念都是极为宽泛、抽象的，并且受到时代的制约。就一般意义上来说，在国际关系领域内，所谓自由，就是指每个国家在不损害他国利益的前提下，根据自己意愿采取行动的权利；对国际社会来说，就是不带任何条件地尊重各国人民自己的意愿和选择。但这在国际关系的现实中从来都难以做到。第二次世界大战期间，大多数欧洲国家都有被侵略、被占领和政权崩溃的共同经历，并在反侵略、反控制、反奴役斗争中形成了共同利益和采取了"共同行动"。各国人民也在争取解放的斗争中或在获得解放的过程中赢得了比较充分的表达自己意愿的机会。正是在这样一种特殊背景下，6 国小欧洲的一体化才真正是各国自由自愿选择的结果。自由联合原则的确立，对欧洲一体化的发展至关重要。共同体作为一个政治、经济的国家集团，在经过一定发展后，是否会走上传统国家集团的霸权主义、扩张主义的老路（至少在经济方面），从一开始就受到人们的关注。但自由联合的原则保证了共同体始终沿着一条市场规则下的竞争道路发展。

历史上，平等也是国家关系中很难遵循的原则。但是，二战中遭受法西斯侵略和奴役的经历，使这些欧洲国家自然生发出对平等国家关系的渴求。同时，战争所造成的传统大国的实力、地位和声誉的变化，使得它们易于接受这一原则。战后的德国不仅被分裂，尤为重要的是，它和意大利同是国际社会的"罪人"，它急需用行动来证明与过去彻底决裂，尽快获得国际社会的谅解与宽容。对德国和意大利来说，问题已经不是它们能否平等地对待他国，而是其他国家能否平等地对待它们。对法国来说，二战中不仅国力大降，而且国家荣誉严重受损，在战后重塑自己的国家形象成为当务之急。正是在这样的背景下，欧洲联合的平等原则才一致为各国所接受。在一体化的启动过程中，平等原则主要体现在两个方面：一是战胜国与战败国之间的平等。6 国小欧洲里有4 个战胜国、2 个战败国。但主要还是战胜国法国能否和战败国德国平等相待。二是大国与小国之间的平等。共同体内有 3 个大国，3 个小国。它们之间的平等是通过共同体的决策程序和决策机制来体现的。作为决策机构的部长理事会，它体现的是各成员国的利益，每个国家 1 名代表。依讨论问题的重要程度，决议分全体一致通过和多数通过。由于小国占了一半票数，不论哪种表决方式，都不会发生侵犯小国利益的可能。欧洲共同体从最初的 6 国扩大到今天欧盟的 27 国，都贯彻了一条自由和平等的基本原则。也正是这一点，使共同体对其他国家产生了巨大的吸引力。

共同体条约所确立的机构—程序—目标三者统一的制度框架，构筑起了成员国之间的谈判体系。通过一整套机构的设置，以及建立在条约法律基础上的制度安排，从组织机制上确保了对共同体决策程序与执行过程的约束。1965年 3 个共同体的合并，使欧洲共同体建立起了统一的管理机构，是共同体在完善机制上迈出的重要一步。合并使共同体机构的职能进一步规范和明确，从而形成了共同体中的"机构性动力"。它对于共同体增强权威和信誉、强化统一和协调，以及稳定发展都具有重要的意义。

总之，欧洲一体化的启动以及以后的发展，不仅塑造了一个全新的欧洲，而且给世界以重大影响。它通过共同行动、制度创新凝结各国共同利益，开创了 20 世纪区域集团化之先例。随着世界经济不断发展和国际政治联系的不断加强，欧洲一体化以其先导性、探索性，有力地推动和影响着区域化、全球化时代的到来。

四、早期政治一体化的尝试

欧洲一体化在 50 多年的发展进程中，先后经历了两次高潮。第一次是二战结束后的 20 世纪 50 年代，第二次是冷战结束后的 20 世纪 90 年代。两次高潮的不同点在于：在第一次高潮中，超国家主义的影响居于优势，政府间合作主义处于弱势；而在第二次高潮中，两者的地位则互换过来，政府间合作占据了一体化的主导地位。

6 国联合在 20 世纪 50 年代建立起来的 3 个共同体，涉的领域基本上都是经济方面的。然而，对当时的欧洲派和共同体的缔造者来说，经济只是手段，政治才是目的。他们只是从经济领域入手，最终目标还是要实现欧洲的政治联合。欧洲经济共同体委员会第一任主席哈尔斯坦就把共同体形象地比作为三级"火箭"。"第一级是关税同盟，第二级是经济联盟，第三级是政治联盟。"他还强调说，"政治的目的与经济的目的处于同等优先地位。我们不是做买卖的，我们是搞政治的。"① 正因为如此，在欧洲一体化早期，西欧的政治家们就进行了政治一体化的尝试。然而，这种尝试并未达到预期的目的，它表明欧洲政治一体化的进程从一开始就充满着曲折坎坷，跌宕起伏。

（一）普利文计划的失败

"舒曼计划"所获得的热烈反响和建立欧洲煤钢共同体谈判的顺利进行，使"功能主义"的主张空前活跃起来。各种分部门实现一体化的建议纷纷出台，如法国提出的建立欧洲运输业共同体、农业共同体、卫生共同体等。然

---

① 李世安、刘丽云：《欧洲一体化史》，河北人民出版社 2003 年版，第 120 页。

而，外部事态的发展却打乱了欧洲联合渐进的程序。

1950 年 6 月 25 日朝鲜战争的爆发，使东西方关系陡然紧张起来，共产主义"挑战"的威胁促使美国将重新武装德国的问题再次提上了议事日程。战争爆发的第二天，国务卿艾奇逊就在美国参议院的一个委员会上强调："动员欧洲兵力是当务之急"。① 美国最先考虑的是以武装德国为核心的欧洲防务计划（当时的北大西洋公约还只是纸上之物）。② 7 月，艾奇逊正式向杜鲁门提出了建立有德国军队参加的"欧洲军"的设想。9 月，国务院和国防部提出了所谓"一揽子"计划，其内容是用增加美军在欧洲的防御义务换取欧洲盟国同意建立一支包括足够的德国部队参加的欧洲防务部队，并将其置于北大西洋组织控制之下。接着，艾奇逊又进一步将其建议具体化，要求在北约内至少组建 60 个欧洲师，其中德国师 10 个，然后才能考虑增加美军的欧洲义务。在1950 年 9 月 12 日于纽约召开的美、英、法三国外长会议上，艾奇逊掷地有声地表示："我要在 1951 年秋天看到穿上军装的联邦德国人。"③

在美国强大的压力面前，英国以不容许德国人拥有自己的参谋部为条件首先做出了让步。但对法国人来说，无论是在理智上还是在情感上都无法一下子接受这一事实。残酷的二战刚刚结束几年，又要给昨天的敌人重新授予武器，法国人还远未做好思想上和心理上的准备。就在 1 年前的 1949 年 7月，法国国民议会在辩论北大西洋公约时，为了打消人们的顾虑，舒曼曾庄严声称："德国还没有和平条约，它没有武器，将来也不会有。……允许德国作为保卫自己或出力保卫其他国家的国家……对法国及其盟国来讲，都是不能想象的。"④ 即使是在当时的联邦德国，滑翔机和击剑等运动项目还被视为"军事性训练"而处在禁止之列，人们对军服的厌恶被视为爱好和平的表现。

事实上，随着北约的建立和联邦德国的成立，德国重新武装问题就被提了

---

① Alfred Grosser, *Les Occidentaux. Les Pays d'Europe et les Etats-Unis depuis la guerre*, Paris：Fayard, 1978, p. 158.

② Alfred Grosser, *Les Occidentaux. Les Pays d'Europe et les Etats-Unis depuis la guerre*, Paris：Fayard, 1978, p. 158.

③ Pierre Gerbet, *La Construction de l'Europe*, Paris：Imprimerie National, 1983, p. 151.

④ Alfred Grosser, *Les Occidentaux：Les pays d'Europe et les Etats-Unis depuis la guerre*, Paris：Fayard, 1978, p. 115.

出来。法国《世界报》社长梅里当时撰文指出："重新武装德国已包含在北大西洋公约中，就像胚胎包含在鸡蛋中一样。"① 在苏联打破美国的核垄断以后，美国对重新武装德国的愿望更为迫切。美国军方认为，没有德国，一旦东西方之间爆发战争，美国在欧洲只能打一场大西洋岸边的遭遇战。朝鲜战争为美国的要求提供了更有利的借口。法国政府虽已开启法德和解之门，但防止德国的重新军事化并保持自己对德国的政治军事优势的政策并未改变。然而，法国无法抵御美国的压力，它既担心重新武装德国威胁自身安全，又担心如果坚决抵制，美国可能撇开自己直接出面武装德国，这对法国更为不利。在这被动的时刻，莫内果断地提出了建立欧洲防务共同体的主张。莫内认为，在当前的特殊情况下，为了满足美国的要求，为了防止德国军国主义的复活，也为了确保正在谈判中的欧洲煤钢共同体的成功，必须在军事一体化的前提下，寻求一项超常的解决方案。② 防务共同体计划与美国计划的根本区别在于，将联邦德国重新武装的框架从北约转移到一体化的欧洲，以达到武装德国人而不武装德国的目的，这实际上是军事版的舒曼计划。莫内的建议经法国政府和国民议会同意后，于 1950 年 10 月 24 日由总理普利文公布，史称"普利文计划"。该计划宣称，法国政府十分关注欧洲的和平和各国的命运，深切感到欧洲国家建立共同安全之重要。因此法国建议，"为了共同的防务，成立一支隶属于统一欧洲的政治机构的欧洲军队"，这支军队将由一名欧洲防务部长指挥，受一个欧洲议会的控制，其军事预算也将是共同的。"各参加国所提供的兵员将组成尽可能小的建制单位，编入欧洲军里"。③

随后，法国向北大西洋公约所有的欧洲签约国和联邦德国发出了谈判邀请，但只有德、意、比、卢给予了肯定的回答。1951 年 2 月 15 日，5 国在巴黎开始正式谈判。荷兰开始派出的是观察员，到 10 月 8 日才参与谈判。与

---

① 张锡昌、周剑卿：《战后法国外交史》，世界知识出版社 1993 年版，第 59 页。

② Jean Monnet, *Mémoires*, Paris：Fayard, 1976, p. 406.

③ Jean Monnet, *Mémoires*, Paris：Fayard, 1976, pp. 406 – 407。中国有的学者不同意普利文计划具有"西欧防务联合的最初尝试"的观点，认为它"只是法国为了既不得罪美国又避免联邦德国单独武装的对策"。我们认为，该计划在当时被提到政府间层面并成功签署条约确是外力作用的结果，但西欧联合本身无疑包含了防务联合的内容。1950 年下半年，在莫内之前已经有多种关于建立防务共同体的建议，外力作用的结果只是使其在时间上被提前而已。参见张锡昌、周剑卿：《战后法国外交史》，世界知识出版社 1993 年版，第 61 页。

"舒曼计划"的热烈反响局面形成鲜明对照的是，各国的态度都比较谨慎。经过 5 个月的讨论，谈判才就防务共同体的任务、目标、一般原则、机构设置以及与北约的关系达成基本一致。由于 6 国的认识和利益的差异，谈判充满艰难，进展缓慢。1952 年 2 月，6 国虽然拿出了条约草案，但分歧仍然存在。法国担心一旦自己军队派往海外作战，联邦德国就会在"欧洲军"内占支配地位。为消除其顾虑，英国同意与防务共同体签订一项条约，规定在欧洲发生战争时英国有义务援助共同体成员国。5 月 9 日，谈判终于结束，条约文本分送各国审核。23 日，法国却突然提出，要求美英两国做出更明确的保证：反对德国重建独立的军队，当出现一个成员国退出防务共同体的情况时，美英要对此承担义务。这充分表明，虽然法国已经放弃了传统的对德政策，但对德国任何形式的重新武装仍充满担忧。

5 月 27 日，6 国在巴黎正式签署有效期为 50 年的《欧洲防务共同体条约》。条约声称其宗旨是，在一个符合《联合国宪章》的超国家的欧洲组织内使各成员国的武装力量实现一体化，其目标完全是防御性的，旨在北约体系内保证成员国的安全和不受侵犯。条约规定，将建立一支拥有 40 个"战斗单位"（编制略小于师）的欧洲军队，每个基本单位的编制为 1.3 万人，由同一国籍的士兵组成。其中法国 14 个，联邦德国 12 个，意大利 11 个，比荷卢 3 个。欧洲防务共同体的主要机构包括部长理事会、防务委员会以及议会和法院。另外，还配备了欧洲武装部、欧洲军需部和军事管理局三个协助机构。与此同时，6 国还签署了另外 3 份文件，分别规定了欧洲防务共同体和北约之间的义务；英国将《布鲁塞尔条约》中自动提供援助的原则扩大到联邦德国和意大利；美英法 3 国声明任何危及欧洲防务共同体的行动都将被视为对美英自身安全的攻击。为了使联邦德国拥有主权签署防务共同体条约，在此前的 26 日，各国还签署了《波恩契约》，规定结束德国的被占领状态，承认其为主权国家。①

在"普利文计划"的谈判中，意大利总理加斯贝利在斯皮内利为代表的联邦主义者的推动下，提出了将防务共同体推进为全面的欧洲政治共同体的建议。事实上代表们也意识到，建立一支欧洲军队，只有各国意见一致时才能使

---

① Pierre Gerbet, *La Construction de l'Europe*, Paris: Imprimerie National, 1983, p. 160.

用它，而这就必须要一个政治机构来协调各国的对外政策。经讨论，6 国同意在《防务共同体条约》中增加第 38 条条款，规定将由欧洲防务共同体大会（Assemblée de la CED）负责制定建立欧洲政治共同体的方案。1952 年 9 月 10 日，6 国外长会议委托欧洲煤钢共同体的共同大会（Assemblée commune）进行第 38 条规定的研究。共同大会选举产生了以斯巴克任主席的特别委员会，负责研究和起草政治共同体的方案。本来，这一工作应在防务共同体条约批准生效后再进行，但在莫内等人的积极推动下被提前进行。1953 年 3 月 9 日，斯巴克委员会完成起草工作，将草案正式呈交 6 国外长。根据草案，拟议中的欧洲政治共同体机构有：欧洲议会：由普选产生的人民院和由各国议会所推举的参议院两院组成，议会的表决程序为简单多数通过；欧洲执行委员会：主席由参议院选举产生，委员由主席本人遴选；部长理事会：由成员国部长组成，负责协调执委会和成员国政府之间的关系；法院：负责裁决争端，对共同体各机构决定的有效性做出判决；经济和社会协商委员会：负责向议会和执委会提供建议。草案还预定政治共同体未来将把煤钢共同体和防务共同体合二为一。同时，在荷兰的要求下，政治共同体还将协调各成员国的货币与财政政策，并"逐步建立成员国间的共同市场"。① 该方案的推出，给人感觉欧洲统一事业似乎正在高歌猛进。然而，欧洲政治共同体的命运如何则取决于防务共同体条约是否被各国议会批准。

到 1954 年 4 月，欧洲防务共同体条约先后在其他 5 国议会获得批准，但倡议国法国自己却受到来自国内的越来越强烈的反对。自防务共同体提出之日起，法国就陷入全国上下一片激烈争吵的境地，反对派逐渐占据了上风，政府几近瘫痪。在此困难形势下，法国一方面拖延批准时间，另一方面要求对条约进行修改，但遭到了伙伴国的拒绝。在两年多的时间里，尽管来自美国的压力不断增大，却没有一届政府敢冒风险将条约提交议会审批。1954 年 8 月 28 日，总理孟戴斯—弗朗斯感到再也无法继续拖延下去，决定将条约提交议会审议。经过激烈辩论，30 日夜间国民议会以 319 票对 264 票将条约打入冷宫，搁置起来。

欧洲防务共同体的夭折原因是深刻而又复杂的。首先，条约虽然给武装德

---

① Pierre Gerbet, *La Construction de l'Europe*, Paris: Imprimerie National, 1983, pp. 165－166.

国披上了欧洲联合的外衣，但无法否认德国重新武装的基本事实。第二次世界大战刚刚结束，法国人对纳粹军队的暴行依然记忆清晰，再加上两国历史上的许多积怨，新仇旧恨还远远没有淡去。在此背景下，任何重新武装德国的行动计划都难以使大多数法国人接受。其次，经谈判达成的条约与最初的普利文计划有不小的差异，不利于法国的利益。法国本设想自己的军队在共同体中占绝对优势，且由一名法国军官出任防务部长，能够在较大程度上影响"欧洲军"。但条约规定法国只比德国多2个战斗单位，又由于法军正陷入印度支那战争，能够编入"欧洲军"的部队实际上比德国还要少。同时，编入"欧洲军"的法国军队由共同体防务委员会管辖，法国政府没有调动指挥权。这样，条约实际上不仅把法军劈为两半，极大地削弱和限制了法军在本土之外行动的能力（当时法兰西帝国尚未解体），而且严重影响到法国主权的完整。其三，防务共同体不是欧洲联合发展的自然产物，而是外部压力下的应急之作。随着朝鲜战争的结束，特别是1953年斯大林逝世后，东西方关系的紧张状况已经有所缓和，建立欧洲防务共同体的紧迫性大大减弱。欧洲防务共同体的失败表明，欧洲一体化只能建立在相关国家具有共同意愿的基础之上，只能遵循循序渐进的原则，从具有共同利益的领域做起。否则，任何操之过急之举都是欲速则不达的。

防务共同体条约被法国否决后，早已有所准备的英国立即提出了解决德国重新武装的预备方案。1954年10月23日，美国、英国、加拿大和共同体6国签署了《巴黎协议》。协议规定：恢复联邦德国的主权，将布鲁塞尔条约组织扩大为西欧联盟，接纳联邦德国和意大利；联邦德国以平等身份加入北约。

（二）富歇计划的失败

1958年，戴高乐在蛰居12年之久后重新执政。如果说1940年戴高乐走上抵抗之路，主要是一位有政治头脑的军人在国家存亡关头的应急反应；那么此时的戴高乐，则是一位成熟、老练的政治家，胸怀治国韬略从容自信地登上政治舞台。虽然戴高乐在野期间，曾多次猛烈抨击共同体，但他清楚地认识到，法国是无法离开欧洲的。在戴高乐的欧洲观里，欧洲应当是"多国家的欧洲"和"欧洲人的欧洲"。所谓"多国家的欧洲"，针对的是"超国家的欧洲"；所谓"欧洲人的欧洲"，针对的是美欧关系中的不平等地位。他所期望的欧洲，是一个可以与美苏平起平坐、可以平衡世界的"第三种力量"。

正因为如此，戴高乐对政治欧洲的重视远甚于经济欧洲。他上台不久，就开始为6国政治合作做准备工作。1958年9月14日，戴高乐在他与阿登纳的首次会晤中就谈到了"欧洲联合的极端重要性"，① 并讨论了6国在外交政策上的合作问题。不久在与意大利总理范范里会见时，他建议法、意、德三国外长确立定期会晤制度，以讨论国际政治问题，并在巴黎建立一个共同秘书处。意方认为外长会议应当是6国而不是3国。1959年10月13日，法国政府正式建议6国就当前世界一切重大问题举行定期磋商。虽然荷兰等小国对法国企图摆脱大西洋体系存有顾虑，11月23日6国还是商定，外长会议每季度举行一次，以讨论"共同体活动的政治后果以及其他国际问题"。1960年5月31日，戴高乐在记者招待会上进一步强调，法国全力以赴要做的事情，就是"为把西欧建设成为一个政治、经济、文化和人道的集团，建设成为一个组织起来采取统一行动和进行自卫的集团做出贡献。"② 7月29—30日，戴高乐在巴黎向阿登纳更明确地说出了他的意见："一个联合的欧洲将应当是一个有组织的民族的国家的联盟，将来可能变成一个庞大的邦联。现存的共同体将被合并进去，这就需要一个政治权力的领导，因为共同体并不代表一个权力机构。防务将是合作的主题之一，因此北约应该根据欧洲人自己的倡议进行改革，以结束这种在防务上不赋予欧洲人任何责任的一体化局面。"③在戴高乐会晤阿登纳后的1个月内，他又与意、比、荷、卢的领导人一一进行了双边会晤，交流彼此对欧洲政治联盟的意见。④ 戴高乐的主张引起了伙伴国的担心，它们怀疑法国会把美英从欧洲大陆事务中排除出去，以谋求自己的地位。阿登纳虽有疑虑，但他看到了该建议的积极意义——可以加强6国政治上的团结。

1961年2月10—11日，应戴高乐之邀，共同体6国首脑在巴黎召开会议，重点讨论政治联盟问题。会前，戴高乐与阿登纳进行了沟通，就会议议题达成基本一致。各国对经济欧洲在政治上应有所发展的原则都表示认可。对法国提

---

① 张锡昌、周剑卿：《战后法国外交史》，世界知识出版社1993年版，第193页。

② Maurice Couve de Murville, *Une politique etrangere*, 1958–1969, Paris, Plon, 1971, p. 244.

③ Pierre Gerbet, *La Construction de l'Europe*, Paris：Imprimerie National, 1983, p. 275.

④ Yves Stelandre, "Les pays du Benelux, l'Europe politique et les négocations Fouchet (26 june 1959–17 avril 1962)", in *Journal of Europe Integration History*, No, 2, 1996, p. 26.

出的6国定期政治磋商，建立常设秘书处，实现6国在政治、经济、防务、文化等领域的有组织的合作以及实行共同政策的建议，德、意两国持赞成的立场；比、卢也表示同意，前提是不能有损于共同体和北约的现有机制；但荷兰却坚持只有英国加入才能讨论政治联盟，而这在事实上是不可能的。首脑会议最后决定，成立一个由各国代表组成的委员会，由法国驻丹麦大使克里斯蒂昂·富歇（Christian Fouchet）负责该委员会，并就法国的倡议向下一次首脑会议提出具体建议。

　　7月18日，第二次共同体首脑会议在波恩附近的巴特戈德贝格召开。面对法德的压力，经意大利的调解，荷兰接受了首脑定期会晤的原则而不再坚持有英国的参加。法国也作了一些让步，放弃有关欧洲公民投票和调整共同体的意见。会议通过了《波恩宣言》，宣称6国将推进政治联合，"决定定期召开会议，交换看法，协调政策，采取共同立场，以推动欧洲联合，加强大西洋联盟"；6国合作不仅仅是在"政治领域，而且要扩展到教育、文化和科学研究部门，将通过有关部长定期会议来实现这些合作"；6国希望"其他准备承担同样责任和义务的欧洲国家"参与这些合作。① 10月19日，富歇委员会提交了欧洲"国家联盟"草案，主要内容是：（1）联盟理事会在首脑一级和部长一级每4个月会晤一次，采取全体一致通过的表决程序，其主要任务是制定和执行"共同对外政策与共同防务政策"，以及在科学和文化领域里开展合作；（2）建立一个咨询性的欧洲议会；（3）设立一个由各国外交部高级官员组成的政治委员会，负责协助理事会的工作，会址设在巴黎。草案没有提及联盟是否具有经济管辖权，让人感觉它不会和经济共同体产生冲突，这使得德、意、卢3国认为草案可以作为继续谈判的基础。但比利时、荷兰的反对意见较多，主要分歧集中在三点：是超国家的联盟还是主权国家的联盟；联盟的防务是独立于北约，还是在北约的框架内合作；是排斥英国还是接纳英国。关于超国家性的问题，比、荷主张设立联盟总秘书处来替代草案中的政治委员会，并希望欧洲议会由普选产生以及把少数服从多数的表决机制引入理事会；关于防务问题的分歧是最深刻的，荷兰在比利时的支持下，坚持防务问题只能由北约独家掌控；关于英国问题，由于麦克米伦政府提出了加入共同体的申请，荷、比两

---

① Pierre Gerbet, *La Construction de l'Europe*, Paris：Imprimerie National, 1983, pp. 279－280.

国把英国加入共同体作为接受政治联盟的先决条件。

1962年1月18日，法国政府向富歇委员会递交了一份新的议案。该文件把联盟的权限扩大到经济领域；在防务方面则取消了一切有关维系大西洋联盟的表述，甚至连暗示的说法也悄然删去；议会的权力没有加强，而荷、比提出的体现联盟独立性的总秘书处依然未列其中。如果说法国的伙伴此前只是怀疑戴高乐想以国家合作模式的欧洲政治联盟取代一定程度上超国家的共同体，想把它们拉出以美国为首的大西洋体系，那么这份文件则使戴高乐的真实意图和盘托出。在3月20日的卢森堡6国外长会议上，荷兰、比利时认为对此应该加以阻止，联邦德国、意大利则希望做些妥协以继续谈判。4月17日，比、荷两国在巴黎6国外长会议上宣布，在英国加入共同体之前不再继续进行谈判，政治联盟计划归于失败。

富歇计划未能成功既有6国内部因素，也有外部因素，但前者是主要的。从内部因素来看，荷、比低地小国在高级政治领域里对法德大国传统上的担忧使分歧无法弥合。荷、比之所以坚持超国家性，就是害怕在国家合作的框架下自身利益难以保证；之所以坚持英国加入的前提条件，就是认为英国必定会维系跨大西洋的纽带并能保证在欧洲政治联盟内部实现大国之间的平衡。作为共同体内的小国，其目标和利益与法德大国明显存在一定的差异。它们不大相信欧洲大陆能够成为独立于美苏的"第三种力量"，同时认为那种所谓的"世界性影响"对自己未必十分重要。从外部因素来看，美国最初是支持戴高乐计划的，认为一个政治团结的西欧有利于大西洋联盟，但明白其真实内涵后，美国的态度就发生了逆转，美国国务卿公开批评政治联盟计划是在破坏北约。[①]英国由于担心政治联盟计划会削弱自己在欧陆的影响，也在利用共同体内部矛盾从中作梗。从时代背景来看，戴高乐的计划缺乏国际客观条件的支持，曲高和寡，自然难以获得伙伴国的一致接受。但他的欧洲政治联盟方案，并非一无可取。其中所建议的共同体首脑定期会晤制度，无疑具有较大的积极意义。国家间政治合作的模式同样也有合理性并能发挥一定的作用，这一点已为后来欧洲一体化的发展所证明。

---

① Jeffrey G. Giauque, "The United States and the political Union of Western Europe, 1958 – 1963", in *Contemporary European History*, Vol. 9, part 1, march 2000, p. 105.

　　上述表明，欧洲政治一体化与经济一体化几乎是同步进行的，但在 20 世纪五六十年代，其结果却迥然不同。经济一体化成就斐然，而政治一体化的尝试则一一失败。其根本原因在于政治一体化涉及的是国家的核心主权，它的难度要远远高于经济一体化。政治一体化要取得成功，必须具备比经济一体化更多更高的条件，而这在一体化的初期是无法达到的。数百年根深蒂固的主权观念以及与其密切相联系的国家利益，使各国不可能在短时期内就达成深层次的共识。失败是成功之母，初期的这些挫折也许是欧洲政治一体化不得不付出的代价，它为后来的政治一体化的发展积累了正反两方面的经验。历史虽然不能假设，但有一点似乎可以肯定，如果"普利文计划"或者"富歇计划"获得成功，其后全面的欧洲一体化的发展则必然要快得多，欧洲政治一体化的水平也必然较早地达到一个新的高度。进而可以说，20 世纪 60 年代中期以后，欧洲一体化之所以主要沿着政府间合作的模式前行，与一体化之初未能实现较高水平的政治一体化是密切相关的。

第三章　欧洲政治合作

欧共体经过十多年的发展，到 20 世纪 60 年代末取得了举世公认的巨大经济成就。而且，随着经济一体化的深化，成员国实现了越来越多的经济主权让渡，欧共体机构具有了较强的政治力量。但是，由于成员国在政治一体化问题上的看法存在很大分歧，它们的相应政治主权让渡没有实质性的进展，政治一体化的尝试根本无法成功，共同外交与安全政策看来更是一件遥远的事情。

事实上，20 世纪 70 年代以前，就对外事务而言，欧洲共同体的权力仅仅限于经济层面。作为构成欧共体法律基础的主要文件之一，《罗马条约》规定了欧共体对外关系方面的共同活动方向，其中所包含的组织欧共体外部联系的法律基础也只是初步的、十分有限的。该条约规定在非常有限的程度上将一体化扩大到对外关系范围，即仅在纯粹的对外经济关系领域实现一体化目标。在决定共同体外部联系的性质及其实施活动中起主要作用的，是欧共体的两大机构——部长理事会和执行委员会。它们之间的"对话"一般构成了共同市场政策制定过程的核心。

由于经济一体化的发展，共同体的内部政策和外部政策的关联性日渐明显。这样，欧共体某些成员国也试图通过外交政策合作来增强自己在国际关系中的分量。如前所述，早在 20 世纪 50 年代末即欧共体建立不久，成员国外长会议就开始讨论共同体内的外交政策协调问题。与此同时，成员国也开始了寻求相应的协调组织形式的工作。但是，这种政治一体化的实践尝试未能真正成功。从 20 世纪 60 年代末起，欧共体的政治内聚力呈现增强的势头，各成员国决定采行欧洲政治合作计划，通过协调以形成共同外交政策。欧洲政治合作机制的建立，是 20 世纪 70 年代欧洲一体化发展的最重要特点之一，具有里程碑意义。它标志着欧洲政治一体化进入了正式启动阶段，成为日后欧洲共同外交与安全政策的真正起点。从此，欧共体成员国开始就国际关系中的一些重大问题进行外交协商，并在一定范围内采取了共同行动。从这个意义上说，欧共体在国际舞台上不仅是一个政治客体，而且是一个政治主体。① 作为欧洲政治一体化道路上的一个重要阶段，欧洲政治合作经历了一个不断发展变化的过程。

一、欧洲政治合作的创立

一位西方学者指出："欧洲的政治合作是有长期传统的，尽管经济问题一直是欧共体合作的中心。"② 如前所述，尚在 20 世纪 50 年代，一个试图建立欧洲防务共同体和欧洲联盟的共同体发展模式和计划就被提出，只是不久后遭到了失败。然而，这种结局至多表明该模式和计划在当时条件下是不现实的，却并未导致共同体成员国从此放弃政治合作的意图。到 20 世纪 60 年代末，成员国的政治合作热情重新焕发出来。显然，这一局面的出现和两个因素有关。其一，1969 年 10 月，勃兰特总理的"新东方政策"的提出及联邦德国与苏联和东欧国家的和解，引起欧共体成员国对西德独行其是的担忧，也使它们希望以推进政治合作来加紧约束联邦德国的外部行动。其二，1968 年戴高乐辞职后，新任法国总统蓬皮杜一上台就表示同意英国加入欧共体，从而使共同体成员国在"扩大问题"上基本达成一致意见，为继续推进共同体经济和政治合作提供了条件。在这种形势的推动下，欧洲政治联合在经历相对停滞时期之后，走上了新的发展道路。

1969 年 12 月，在蓬皮杜总统的倡议下，成员国首脑们为讨论吸收新成员国加入共同体等问题在海牙举行了会议。在海牙会议上，他们在研究共同体扩大和促进经济一体化进程的同时，对建立政治合作也表现出很大的热情。蓬皮杜总统提出重新讨论建立"欧洲合作"，勃兰特总理也表达了对欧洲政治合作的信心。这样，成员国领导人认真研究了加快政治联合进程的可能性问题，重申在政治上统一欧洲的必要性，强调必须推动"政治联合方面的进展"，"寻求

---

① Барановский В. Г., *Европейское Сообщество в системе международных отношений*, Москва，《Наука》，1986，c. 13.

② Kjell A. Eliassen（ed.），*Foreign and Security Policy in the European Union*，London：SAGE Publications，1998，p. 22.

完成欧洲政治统一的最佳方式",表明坚决创立外交政策上的有效合作机制。共同体各成员国领导人要求外长们准备一个推进"政治统一"的报告,外长们也作出了这样的结论:"首先应当致力于特别关注外交政策合作,以便向全世界显示欧洲负有政治使命。"他们同意"就所有外交政策问题进行协商",只要有可能,就在国际问题上采取"共同行动"。① 这次会议还通过了加速 6 国政治统一、各国外长就重大国际政治问题经常进行协商的决议。实质上,这是欧共体在扩大外交协调方面,超出《罗马条约》确定范围的第一个实际步骤。

但是,海牙会议的成员国代表们并未就政治合作的政策、目标、机构形式等问题达成共识,而这对推动欧洲政治关系的重建是非常重要的。这种谈判结局在当时成员国还缺乏充分相互信任的情况下是难以避免的。尽管成员国领导人对合作内容没有给予必要的关注,还存在其他一些困难妨碍他们采纳较有约束力的合作形式,而且,从正式的法律观点看来,《海牙宣言》也没有带来一个实现既定目标的完整的有效模式,② 但是,海牙会议在欧洲政治一体化历史上所起的作用是不可忽视的。如果考虑到共同体成员国在此前的十多年里都没有成功地寻得政治合作的具体形式这一历史情况,那么,海牙会议的成就则更为明显。可以认为,这次会议由于决定建立政治合作制度,从而使得成员国真正理解到在微妙的政治领域中也要寻求共同点,在政治合作意识上成功地实现了突破。至为重要的是,在海牙会议上达成的协定成功地确定了进一步推进政治联合的方向。由此一来,海牙会议就向成员国所希望的政治一体化方向迈出了关键的第一步。

根据海牙会议的要求,以比利时外交部政治司司长达维尼翁为首的委员会受托研究在共同体扩大背景下实现政治统一的最佳途径,以便在欧共体成员国之间建立一种政治合作机制,使得它们能够在所有重大问题上采取一致立场,用同一个声音说话。这个委员会的研究成果就是著名的《达维尼翁报告》。《达维尼翁报告》既阐释了欧洲政治合作的适时性,也展望了政治合作的未来发展方向,并明确地反映了欧共体成员国实现政治统一的愿望。它强调:尽管

---

① John Van Qudenaren, *Uniting Europe: European Integration and the Post-Cold War World*, Lanham: Rowman & Littlefield Publisher, Inc. 2000, p. 277.

② Арах М., *Европейский Союз, ведение политического объединения*, Москва, 《Экономика》, 1998, c. 100.

人们试图在达维尼翁机制与共同体机制之间划分出两种不同的发展轨道，但欧共体成员国必须积极推动政治联合进程朝欧洲政治联盟方向发展。① "按照《巴黎条约》和《罗马条约》序言的精神，建立政治联盟的愿望应当以确定的形式付诸实践，因为这种愿望始终是推动欧共体进步的一种力量。"② 根据"小步走"的办法，《达维尼翁报告》提议从外交政策领域开始进行合作。这种合作应该是这样的一种合作：它不是建立在一个条约的基础上，是共同体诸基本条约没有提到过的；它不会导致参与合作的各国政府承担任何约束性义务；不接受独立于参加国的机构所提供的服务；它不处在共同体机制平衡体系之中，只是在共同体框架之外来实行，换言之，处在欧洲法院和欧洲议会的监督范围之外；实行合作的是各成员国官员，而不是独立于各国政府的共同体官员。因此，从这种合作方式来看，成员国的外交合作完全不同于它们的经济一体化。至于欧洲政治合作与共同体体系的接近，只是后来的事情。

各国政府首脑接受的仅仅是达维尼翁建议的第一部分。③ 1970 年 7 月 20 日召开的 6 国外长会议所做出的决议，是扩大欧共体政治职能道路上的重要文件。1970 年 10 月 27 日，6 国外长理事会发表了《卢森堡报告》。由于共同理解到必须首先集中精力来协调外交政策，外长们就成员国之间在自愿原则上协调外交政策的机制、增强政治合作的原则和程序达成协议，决定在外交政策上进行合作，以促进政治联合的进程。《卢森堡报告》明确提出，取得政治联合进展的时刻已经到来，"当今欧洲共同体的发展迫切需要成员国加强它们的政治合作；它们应在第一阶段为有可能在国际政治领域协调自己的立场创造实际前提。"报告所确定的欧洲政治合作目标是：通过定期交换信息和进行协商，确保在重大国际问题上加深相互理解；通过促进观点和立场的协调，而且，如果有可能的话，还希望创造最有利的条件，以采取共同行动，加强团结。④ 这

---

① Panayiotis Ifestos, *European Political Cooperation*: *Towards a Framework of Supranational Diplomacy*?, Aldershot: Avebury Press, 1987, p. 153.

② Sir William Nicoll & Trevor C. Salmon, *Understanding the European Union*, London: Longman, 2001, p. 347.

③ Шемятенков В. Г., *Европейская интеграция*, Москва, 《Международные отношения》, 2003, с. 226.

④ Эрзиль В., Харизиус А., *Западная Европа*: *политическая и военная интеграция*, Москва, 《Юридическая литература》, 1984, с. 60; Арах М., *Европейский Союз*, *ведение политического объединения*, Москва, 《Экономика》, 1998, с. 98.

些条文比 1961 年"富歇计划"中规定的联盟目标的提案要简单得多，其决定的主要合作机制所突出的只是交换信息、协商、在可能及自愿情况下采取共同行动的作用。实质上，该报告所确定的欧洲政治合作的任务是很有限的，仅要求在一定程度上推动共同体走向"统一的外交政策"，也没有规定必须在欧洲政治合作范围内形成共同立场。

而且，《卢森堡报告》所规定的工作机制十分灵活，不会招致对任何政治合作形式的根本反对。其核心机制是一系列的协调会议，包括成员国外长会议和紧急危机时的临时额外会议。主要具体规定是：各成员国外长将根据轮值主席国的提议，半年内至少会晤一次，一旦发生严重危机或在特别必要的情况下，还要进行非例行磋商。主要机构是由各成员国外交部政治司司长组成的政治委员会。它在休会期间负责日常工作，其任务包括：为部长们会见进行准备；针对某个特定问题，设立专门的工作小组，根据需要确定其他各种协商形式。政治合作磋商的对象包括所有的重要外交政策问题。欧洲共同体部长理事会轮值主席国负责组织讨论行政和组织问题的会晤；部长们会见也在其首都举行。为减少与欧洲议会可能发生的分歧，欧洲共同体执行委员会也被纳入政治合作程序。该委员会可以在与共同体活动有关的问题上发表意见。外交部长们每年与欧洲议会政治委员会举行 2 次非正式会议，就政治合作的磋商问题交换意见；在每次 6 国外交部长会议之后，应向英国等 4 个申请加入欧共体的国家传达会议信息，并召开包括这 4 国在内的 10 国外长会议。

由上可知，欧共体成员国之间的外交协商机制，即所谓的欧洲政治合作是以《卢森堡报告》为基础的。欧洲政治合作机制根本不同于构成《巴黎条约》和《罗马条约》的基础的一体化概念，它可以被理解为："从 1970 年开始，欧共体成员国用来商讨与协调各自在外交政策上的立场以及在合适的时候采取一致行动的相关政策性程序。"尽管这只是一个名义上的欧洲层次的对外决策过程，但它所采用的措辞足以使人们感到当时的欧洲政治环境与发展动向。[①] 可见，《卢森堡报告》在政治合作方面实际上还没有什么制度创新，它只是要求共同体成员国利用各种已有的机制，尽量就外交政策进行事先磋商，努力达成一致意见，用一个声音说话。

---

① Brian Whie, *Understanding European Foreign Policy*, Palgrave, 2001, p. 71.

但要看到,《卢森堡报告》是欧洲政治合作创始性的纲领性文件,[①] 标志着欧洲政治合作开始的这一成果及卢森堡会议实际上奠定了欧共体外交合作的基础,启动了欧洲外交政策制度化的进程。按照欧盟外交政策研究专家迈克尔·史密斯的看法,欧洲共同外交与安全政策经历了一个复杂的制度化过程。欧洲外交政策的制度化分为 5 个阶段:政府间论坛;情报分享;创制规范;建立组织;走向治理。而这一过程正始于 1970 年的卢森堡会议,而随着《欧洲联盟条约》和共同外交与安全政策的出台宣告结束。[②] 1970 年 11 月,欧洲政治合作机制正式开始运作。《卢森堡报告》对欧洲政治一体化发展具有的深远意义还表现在,此后成员国有关政治合作的主要精神、原则及运作,就是以这一文件为依据的。事实上,这也反映出作为《卢森堡报告》基础的《达维尼翁报告》在欧洲政治合作机制中占有的重要地位。正是这一报告所确立的原则成为欧洲政治合作的基础,而且这些原则在欧洲政治合作过程中一直未受到损害。

必须指出的是,欧洲政治合作机制毕竟处在共同体体系之外,而且只具有单纯的非强制性的外交合作性质,因此,其建立固然反映了共同体成员国的现实主义的态度,但仍然不能使共同体内那些主张实现真正政治一体化的政治力量感到完全满意。此后,他们还不止一次地提出促进政治一体化的方案。由于这样,1972 年 10 月,在巴黎举行的欧共体各成员国首脑扩大会议进而作出一个重要决定,即在 1980 年前建立包括英国、爱尔兰和丹麦在内的 9 个成员国之间整体关系的欧洲联盟。与会者虽然还不能克服政治合作方面的许多障碍,但决定采取具体步骤发展政治合作。他们在程序问题上进一步达成一致意见,从而在确定政治合作的目标和方法上带来了巨大的进步。该会议宣言主张加强所有级别上的协商;会晤时,只要有可能,就要研究现实问题,并形成中长期内的共同立场。与此同时,他们应关注国际政治形势对共同体发展中的政策的影响以及这种政策的反作用,而在一些与共同体活动有关的问题上,他们要和共同体机构保持密切的接触。这次会议不满足于在政治合作方面取得的成果,

---

① *European Political Cooperation*(*EPC*), Press and Information Office of the Federal Government, Bonn, fourth edition, 1982, pp. 28 – 35.

② Michael E. Smith, *European Foreign and Security Policy*, Cambridge: Cambridge University Press, 2004, pp. 38 – 40.

还责成成员国外长们根据协商好的原则方针，准备在 1973 年 7 月之前提出完善政治合作方法和程序的提案。由达维尼翁领导的委员会如期提交了报告。该报告随后被 1973 年 7 月成员国外长哥本哈根会议所采纳，并在同年 8 月获得各成员国首脑的批准。

哥本哈根会议体现出欧共体成员国要成为一个独立的政治角色的愿望，提出了"用一个声音说话"的鲜明口号。为此，在这次哥本哈根会议通过的报告中，各国外长考虑到了《巴黎宣言》的一般决议，提出了进一步发展合作的要求。另外，他们肯定了《卢森堡报告》所规定的工作机制的灵活性和有效性，以及已经引入的共同活动方式。这反映出外交协调性已经深深渗透到共同体成员国的意识和相互关系之中。

这份被称为《哥本哈根报告》的文件，在总结过去几年欧洲政治合作经验的基础上，提出了加强政治合作的几项具体建议：各成员国外长会议由每年 2 次增加到 4 次；政治委员会的会议由每年 4 次改为每年在必要时可以随时召开，从而使会议的次数实际上达到了每月 1 次；各成员国外交部指定一位专门负责欧洲政治合作事宜的外交官，组成欧洲联络员小组；各成员国外交部之间建立专门的通讯渠道，以便及时保密地交换情报；加强各成员国派驻第三国以及国际组织的外交官之间的合作。① 文件要求各成员国"力争"在实际问题上实行共同政策。按照该报告确立的新原则，各成员国在确定自己的最终立场之前必须和伙伴国进行预先协商。这一义务在后来的《伦敦报告》中也体现出来。

《哥本哈根报告》虽然用模糊的语言掩盖了一些问题上的分歧，但补充强调了外交政策方面的合作应纳入欧洲联盟的发展前景。这一文件也成为各国外长、政治委员会以及联络员小组经常会见的正式法律基础。根据哥本哈根会议作出的决定，并通过上述改进措施，共同体建立了一个集体外交的日常工作体制。

1973 年 12 月，共同体各国首脑在哥本哈根会议上发表了《欧洲特性宣言》，提出要塑造共同体国家在国际事务中的欧洲特性，并希望在确定欧洲共同利益与价值的基础上，更妥善地界定欧洲与世界其他国家和地区的关系，形

---

① ［比］陈志敏、古斯塔夫·盖拉茨：《欧洲联盟对外政策一体化——不可能的使命？》，时事出版社 2003 年版，第 20 页。

成共同一致的立场，提高共同体的国际地位，以便在国际事务中扮演更重要的角色。

　　总的来看，哥本哈根外长会议推进了欧洲政治合作的发展，在欧洲政治一体化历史上占有重要的一页。

　　由上述可知，20世纪60—70年代之交，欧共体成员国切实地开始走上了政治一体化的道路。1969年的海牙会议、1970年的卢森堡会议及其报告、1972年的巴黎首脑会议和1973年的《哥本哈根报告》，共同促成了欧洲政治合作机制的初步形成。这样，欧洲一体化便由经济领域开始向政治领域延伸，或者说，欧洲政治一体化进程由此启动并逐渐加快。此后，在共同体成员国的努力下，这一机制不断得到巩固和发展。而《卢森堡报告》和《哥本哈根报告》所确定的欧洲政治合作目标，尚在《单一欧洲法令》通过之前就有很大一部分得以实现，因为这两个文件所提出的程序性建议很快就付诸行动了。

　　欧洲政治合作机制的建立意味着，1957年建立的共同体成员国行动协调机制已不足以解决它们面临的新任务，建立外交政策协调体系以推进欧洲政治一体化，对于它们十分必要且具紧迫性。而且，从推进一体化进程来说，政治合作也是非常重要的一个动力。美国学者卡伦·明斯特曾指出："从20世纪60年代中期到80年代中期，欧洲经济共同体出现了停滞，需要采取具体的政治行动以推进一体化，打破僵局。"[①] 有的作者则进一步指出："长期的一体化进程必须要有其他的推动力，而不能仅是为了获得更多更大的市场或更多的劳动力"。[②]

　　而且，成员国们意识到，要摆脱对美国的严重军事依赖，成为一个独立的强大力量，其重要前提是要拥有自己独立的防卫力量，而这种力量的建立，也只有在实现更紧密的合作，使欧共体成为一个真正独立的政治实体的条件下才有可能。

　　欧共体取得的巨大经济成就和已成为国际政治中的一个政治实体的事实，对成员国是一个很大的鼓舞，加强了它们利用经济一体化为协调各国外交与安全政策所创造的必要物质和实力条件，通过在世界政治舞台上的共同行动去实

---

　　① ［美］卡伦·明斯特：《国际关系精要》，潘忠歧译，上海世纪出版集团2007年版，第245页。
　　② ［美］詹姆斯·多尔蒂、小罗伯特·普法尔茨格拉夫：《争论中的国际关系理论》，阎学通、陈寒溪等译，世界知识出版社2003年版，第553页。

现各国在国际关系中的一系列目标的战略意图。就是较迟加入共同体的英国，在经历苏伊士运河事件之后，也深刻认识到欧洲政治联合的好处。为了使欧共体成员国能够支持自己的外交政策，以促进其国际地位的提高，它一再表示了积极支持制定共同外交政策以促进欧洲政治合作的立场。事实上，在现代条件下，国家要谋取最大的战略利益，不仅有必要以适当方式参与一定的国际组织，还需要考虑到并利用经济活动与非经济活动，特别是政治活动之间的互动关系。这也就是西欧一些国家为自身利益考虑，在成为欧共体成员国后日益倾向于推进政治联合的深层原因。

国际形势的变化依然是欧洲政治联合的一股强大动力。随着这一时期美国国际战略思想的调整和美苏关系从紧张转向缓和，西欧国家对欧洲的安全前景深感忧虑不安。对欧洲非核化和美国减少对欧洲防务的担心，促使它们推进政治合作，并把对外政策上的协调扩展到安全防务方面。

此时，欧共体成员国还看到了加强政治合作对共同体内部关系所具有的重大意义，认为它不仅有利于克服共同体成员国的经济困难以及由此加深的矛盾，而且对解决各种复杂的军事政治问题也具有重要的现实意义。这种认识导致它们从 1981 年底起将军事政治问题正式作为欧洲政治合作范围内的讨论对象。

正是在上述主要因素的影响和推动下，欧共体成员国加强政治合作的决心迅速增强。总之，西欧政治合作的发展，在很大程度上是为了适应形势的变化。共同体成员国外交政策协调体系的建立，已成为欧共体政治机制的一个不可分割的组成部分。不过，此时这一机制还缺乏专门条约所构成的法律基础。

二、欧洲政治合作的发展

越南战争结束后，美国的经济优势甚至军事优势明显削弱。欧共体的政策制定者们开始积极谋求增强欧共体的外交政策能力，特别是力求通过外交政策协商即欧洲政治合作机制来达到这一目的。① 1973—1974 年的石油危机和美苏

---

① Charlotte Bretherton and John Vogler, *The European Union as a Global Actor*, London: Routledge, 1999, p. 19.

紧张关系的缓和，进一步促使共同体成员国继续采取行动推进政治合作。1974年12月，共同体成员国政府首脑在巴黎举行会议。与会者讨论了进一步发展共同体的可能道路，并将这种发展与政治合作形式联系起来；同时，还联系国家问题和国际政治主要问题对共同体的重要活动进行了商议。由于各国政府首脑认识到共同体在一体化过程中正遭到越来越多的内外部困难，共同体的发展需要一种新的整体方式、权威因素来加以指导和推动，以确保共同体活动和政治合作工作的整体发展，政治合作机制化上的障碍得以进一步排除。根据法国总统德斯坦和联邦德国总理施密特的共同建议，会议通过了成立欧洲理事会的决议。欧洲理事会既是欧共体的最高机构，又是欧洲政治合作的最高机构，既研究共同体问题，也研究欧洲政治合作问题。它的成立表明，在欧洲一体化的最高层次上，成员国构筑了一座连接欧洲政治合作与欧共体的重要桥梁。也可以说，通过欧洲理事会的成立，以协调成员国外交方针为基本任务的欧洲政治合作进入了一个新的阶段。不过，直至《马斯特里赫特条约》签订欧洲理事会的制度框架及其运作方式才基本确定下来。

根据会议的决议，各成员国政府领导人及外长今后在欧洲理事会范围内每年至少会见3次。新成立的欧洲理事会处于《罗马条约》所规定的共同体机制之外。同时，还成立了特别行政秘书处（否决了"政治秘书处"这样一个有争议的名称），其任务是履行相关义务，并在有欧洲共同体委员会参加的、讨论涉及共同体利益的国际问题的例会上达成协议。

在欧洲政治合作机制方面，巴黎首脑会议的另一项创新是允许政治合作机制的外长会议可以在共同体部长理事会和外长会议召开期间同时召开。由于两个会议的参加者相同，可以同时同地召开会议，共同体机制和欧洲政治合作机制之间的清晰界限开始变得模糊起来。欧洲政治合作机制开始在某些领域采用共同体机制的部分手段来发挥对外影响力。[①]

在欧洲一体化的历史上，这次巴黎首脑会议无疑是一个具有重大意义的成功之举。欧洲理事会的成立，为各成员国政府首脑在最高一级会议上讨论共同外交政策提供了可能和方便。同时，需要说明的是，由于重大问题上的决定都

---

① ［比］陈志敏、古斯塔夫·盖拉茨：《欧洲联盟对外政策一体化——不可能的使命？》，时事出版社2003年版，第21页。

建立在协商的基础上，欧洲理事会可以正常地不断发挥作用。此外，即使欧洲理事会不是欧洲共同体条约所规定的共同体机构，其决议形式上也不是强制性的，但它是建立在传统的政府间合作方式上的对共同体机构决策形式的有力平衡。特别是在 20 世纪 70 年代，它严格地限制了这些机制形式向超国家主义的方向发展。[①] 20 世纪 70 年代中期，欧共体成员国加强了克服欧洲政治合作的局限性的尝试，希望从简单的协调国家立场转向制定统一的政治方针，[②] 从而又考虑到建立欧洲联盟的问题。但也要看到，共同体成员国代表们在创立欧洲理事会的争议中，并没有对欧洲联盟下一个比较确切的定义。他们仅能够就主要意图达成原则上的一致，即决定进行成员国之间的政治合作，建立统一的经济与货币联盟，使共同体机构的活动方式发生一定的改变。尽管如此，巴黎首脑会议仍在实现欧洲联盟计划的道路上迈出了新的一步，它责成比利时首相廷德曼就 1980 年建成欧洲联盟的可能性制定方案。

对于廷德曼来说，这无疑是一个非常困难的任务，因为当时成员国在欧洲联盟究竟是实行联邦主义原则还是政府间主义原则的问题上没有形成统一的看法，而他所提出的报告难以回避这个问题。1976 年 1 月，一个认为建立欧洲联盟是切实可行的、以"欧洲联盟"命名的《廷德曼报告》正式出台。该报告明确地表达了成员国希望制定统一的政治方针的愿望，只是鉴于成员国在欧洲联盟有关问题上存在分歧而没有确定政治联盟的性质。但是，它建议发展一体化政策，对现有欧洲政治合作机制进行重大改造。其主要内容包括：将欧洲共同体和欧洲政治合作连成一体，在欧洲政治合作范围内承担法律义务；成员国转向实行共同外交政策，其主要方针应由欧洲理事会确立，而实际措施由部长理事会实行。要使多数表决机制成为部长理事会的日常表决机制，持少数意见的国家在争论结束后应向多数国家的立场靠拢。共同体应在对外关系的一切重要领域，如外交、安全、经济关系和发展援助等方面采取共同行动。报告认为，欧洲理事会在推进共同体国家政治联盟方面具有特别重要的作用，能决定共同体活动的基本方向，是"实现成员国政治统一的必要条件"。报告还建议

---

① Арах М., *Европейский Союз*, *ведение политического объединения*, Москва, 《Экономика》, 1998, с. 104 – 105.

② Европейский Союз, *Справочник путеводитель*, Под ред. О. В. Буториной. Москва, 《Деловая литераьура》, 2003, с. 152.

把防务纳入共同外交政策问题之中，认为欧洲联盟的完成最终要求发展一项共同防务政策。近期内，共同体应加强在安全问题上的磋商，并在武器生产方面进行合作等。在国际方面，按照报告的看法，共同体应该集中力量处理四个方面的问题：与发展中国家的关系；与美国的关系；发展欧洲安全统一概念；制定应对欧洲周边地区发生危机的共同立场。①

实质上，《廷德曼报告》是要突破《罗马条约》关于欧共体在对外关系方面的一体化的限制，主张一体化从对外经济关系领域发展到外交政策领域。客观上看，《廷德曼报告》问世这一事实本身以及报告内容反映了政治一体化发展中联邦主义倾向的加强，而报告所提出的旨在发展一体化机制、建立共同体国家政治联盟的这些原则，虽然没有从根本上触及现存的共同体机制，但毕竟直接触及成员国的主权。因此，它在1976年11月欧洲理事会召开的海牙会议上仍然未被采纳。会议同时指出："预定在外交政策领域进行的合作，应该是为了制定共同体的共同外交战略"。会议还决定就走向欧洲联盟道路上的每年推进情况写出报告。

1976年，共同体成员国作出了直接选举欧洲议会议员的重大决议，从而实现了共同体政治机制的重大变化，加强了欧洲议会的政治作用和超国家机构的色彩。欧洲议会是在1958年3月19日建立的，所根据的是1957年3月25日关于欧洲共同体共同机构的协定，而其代表是由各成员国议会根据建立欧洲经济共同体、欧洲原子能共同体和欧洲煤钢共同体的条约原则任命的。20世纪60年代中期，直接选举问题就提出来了，直到20世纪70年代初，在荷兰、联邦德国和其他成员国的坚持下，直接选举问题才成为正式谈判的对象。② 在这个问题上，共同体各成员国的态度逐渐趋于一致，这也显示了它们在政治合作上的积极立场。当时，欧洲议会被看做是能够依靠社会支持来实现欧洲联盟建立目标的唯一机构，其职能的扩大将导致共同体政治体系的发展。

欧洲议会的直接选举在1979年6月7—10日正式举行。作为欧洲政治一体化发展道路上的一个重大步骤，直接选举的实现体现了成员国通过一体化建

---

① Княжинский В. Б. , *Западно европейская интеграция* : *проекты и реальность* , Москва, 《Между-народные отношения》, 1986, с. 83.

② Эрзиль В. , Харизиус А. , *Западная Европа* : *политическая и военная интеграция* , Москва, 《Юридическая литература》, 1984, с. 133.

立欧洲政治联盟的意愿，提高了欧共体代议制机构的重要性，使得更积极协调成员国外交政策和国内政策，进一步深化一体化进程成为可能。的确，欧洲议会即使在实现直接选举之后，在法律上仍然只是一个协商性的、对于欧洲理事会和欧共体部长理事会不具影响的机构。[①] 但是，随着直接选举方法的引入，加上在共同体预算问题上权限的扩大，欧洲议会对政治合作机制的发展，特别是在外交政策方面开始产生影响，政治合作的范围也因此得到明显的扩大。

欧洲理事会是一种加强政府间决策方式的机制形式，欧洲议会则是一种旨在加强超国家决策的机制形式，前者的建立和后者直接选举的实行，不仅促进了欧洲政治合作的发展，也促进了欧洲联盟思想的发展。

由此可知，欧洲政治合作机制在20世纪70年代上半期的短短几年中，已有了很大的发展。但此后数年中，政治合作机制的发展陷入迟滞阶段。成员国在政治合作机制程序问题上仍然存在着分歧和斗争，在一些外交问题上，也不愿进行建设性对话。

三、欧洲政治合作新阶段

20世纪70年代，出于维护国家主权的考虑，欧共体成员国极力将欧洲政治合作局限在交换信息和外交协商的程度上，并在多项条约中频频强调和解释政治合作的相关标准。但随着国际环境的变化，单纯的信息交流和外交协商无法有效地使成员国形成一致立场，以及更好地维护它们的国际利益。到20世纪70年代末，欧共体成员国越来越意识到，它们能否在国际生活中谋取最大的经济和政治利益，在很大程度上取决于欧共体的政治能力，而这种能力的大小首先又是由成员国的政治合作程度所决定的。因此，成员国更加迫切地感到，出于利益方面的考虑它们必须在政治上作为"集体行动者"来发挥作用。

从20世纪70年代末起，东西方关系在经过一段时期的缓和之后，开始再度紧张起来。而且，苏联企图扩大其势力范围，特别是入侵阿富汗，引起了西方的强烈政治反应。在新的国际形势面前，欧共体成员国一致感到有必要协调

---

① Княжинский В. Б. , *Западно европейская интеграция*：*проекты и реальность*，Москва，《Международные отношения》，1986，c. 88.

它们的安全政策。1979 年，欧共体会议通过了把"欧洲防务"列入议事日程的决定，这在欧共体历史上是空前的，表明各成员国都感受到加强防务合作、联合抗衡苏联的紧迫压力。

而且，这一时期，越来越多的经济问题压在了共同体成员国的身上。这些问题包括：英国的预算麻烦、共同体的农业政策改革和预算赤字等。1980 年，西欧进入了新的经济危机阶段。在危机过程中，该地区国家的国内总产值平均缩减了 0.5%，而欧共体几乎缩减了 1%。[①]

在上述世界和地区经济政治气氛中，1981 年 10 月，欧共体 10 国外长会议于伦敦召开，在英国建议基础上达成了关于完善欧洲政治合作机制以及正式扩大其在与确保安全政策相关问题上的权限的协定。以《伦敦报告》著称的这一协定包括了对当时欧洲政治合作成就的评述。各国外长一致认定，建立在欧共体成员国资格基础上的政治合作，已成为所有成员国外交政策中的核心因素。从第三国的角度看，它是国际关系中的一支协调力量。欧洲政治合作范围的扩大与深化，是对实现欧洲联盟这一最终目标的重大贡献，反映了成员国的实际需要。同时，他们断言，在依据组织条约发展共同体的政策时，进一步实现欧洲一体化将对外交政策上的更有效合作产生有益的影响，并将扩大 10 国所拥有的整个协调机制。报告在提到政治合作的成就时，还提到政治合作的不足，认为 10 国在国际关系中尚未能发挥出一种与一些共同体成员国的总体影响相称的作用。在这个意义上，10 国应积极推动国际关系进程，而不应仅仅是对国际关系作出反应。在表达这种看法时，外长们也提出了进一步加强欧洲政治合作的建议。他们主张采取灵活的和实用主义的立场，因为这种立场在欧洲政治合作范围内使得讨论一些重大外交问题成为可能，其中包括安全上的政治问题。他们再次强调应重视通过《卢森堡报告》和《哥本哈根报告》所达成的协议的作用，特别是那些构成政治合作本质的协商义务；还强调在形成共同观点的同时，应越来越多地采取共同行动，因为实际上这一开始就是政治合作的主要目的。为了完善谈判机制，以促进政治合作的基本目标的实现，外长们商定进行一些技术上的、程序上的改善。其中包括：进一步明确了欧洲政治

---

① Княжинский В. Б. , *Западно европейская интеграция*：*проекты и реальность*，Москва，《Между-народные отношения》，1986，c. 53.

合作中心机构——政治委员会的权限和任务；鉴于欧洲政治合作威望的日益增长加强了 10 国作为国际关系中一个重要伙伴的作用，欧洲政治合作应准备与第三国经常对话；欧洲政治合作内部活动范围的增大，要求 10 国驻第三国使团领导人经常举行会晤、交换信息和协调观点。必要时，他们要根据政治委员会的要求或主动地准备共同报告，并就共同活动提出的具有意义和价值的建议。[①]

在《伦敦报告》中，外长们还谈到欧洲政治合作主席团组织、与欧洲议会及整个欧共体的关系等问题，并规定了应对危机形势的特别程序。由于理解到成员国之间的协商范围不断扩大、协商程度不断加深，他们认为，工作负担已很沉重的主席团必须加强自己的组织结构。加强与欧洲议会的密切联系和合作具有重要意义。按照报告规定，在危机形势下，要召开政治委员会会议或根据至少 3 个成员国的要求举行部长会议。为做好尽快和尽量有效地应对危机形势的准备，成员国授权各工作小组分析潜在危机的根源，并准备就可能采取的行动方案提出建议。

根据《伦敦报告》，成员国政府加强了部长理事会轮值主席国的作用，为它制定了"三驾马车"的工作制度，即前任、现任和后任轮值主席国代表"欧洲政治合作机制"共同采取行动。《伦敦报告》还将"安全的政治方面"问题纳入"欧洲政治合作机制"的范围，这是在此机制框架下首次提到安全问题。

从 1970 年《卢森堡报告》问世一直到 1981 年的《伦敦报告》，成员国外长会议始终是推动政治合作的主角。成员国经过谈判，达成了较多协议，拟定的协调范围也有了扩大。欧洲政治合作的目标日益清楚地确定为：通过协商和不断交换意见，在重要国际问题上达成高度的互相谅解；加强欧共体成员国之间的团结一致，以促进观点、立场之协调，并在可能的情况下采取共同行动。

在欧共体内部，建立欧洲联盟的提议出现在 20 世纪 70 年代初。如前所述，在 1972 年巴黎会议上，这一提议就已引起欧共体成员国领导人的关注。此后，建立欧洲联盟成为欧共体成员国长期政治战略的一个组成部分。从他们

---

① Арах М., *Европейский Союз, ведение политического объединения*, Москва，《Экономика》，1998，c. 109 – 111.

宣布建立欧洲联盟的目标时起，一个主要问题在于，共同体成员国中没有形成一个关于欧洲联盟到底是一个什么样的联盟的明晰概念，即对这一联盟的内容、界限、目标都未确定。此后，随着共同体成员国在国际政治范围内协调行动的必要性的增长，联邦德国外长根舍于 1981 年 1 月提议缔结一个建立欧洲联盟的条约，以便制定统一的外交政策，形成共同体的政治方针，协调安全政策和进行更密切的文化合作。这一建议受到意大利的支持。经过双边努力，同年 11 月，联邦德国和意大利共同拟就《欧洲法令》草案，提出了"欧洲联盟"的原则和联盟建立措施。主要内容包括：在"欧洲理事会"的框架下，实现共同体和欧洲政治合作范围内"决策机构"的合并；在保障北约国家安全政策领域中采取共同行动，把这一政策问题纳入外交合作范围；加强欧洲政治合作范围内的协商，使之更具有义务性质，以便在讨论一切有共同利害关系的国际政治问题时实现行动统一；扩大文化合作和建立文化合作理事会和司法部长理事会，以便在这些"内政"领域进行协调合作；在建立政治联盟和扩大其职权的过程中提高欧洲议会的作用，等等。[①]

这一方案体现了推进欧洲政治合作的意愿，由欧洲理事会提交给各成员国外长进一步研究。一些成员国对这一文件持非常谨慎的态度，其中有些国家主张分阶段建立"欧洲联盟"。

联邦德国和意大利关于建立欧洲联盟的建议，体现在 1983 年 6 月 19 日斯图加特欧洲理事会会议上通过的《关于欧洲联盟的郑重宣言》之中。该宣言提到，各成员国政府领导人由于已意识到具有共同命运并都希望加强欧洲认同，有决心沿着实现欧共体成员国人民之间的日益紧密合作的方向走下去。为了实现日益密切的团结，欧洲应更加明确地向共同政治目标、更加有效的决策程序方向迈进，向各活动范围之间更加紧密的合作方向迈进，向形成一切共同利益领域上的共同政策方向迈进，无论是在共同体内部，还是在对第三国的关系方面。政治合作首次被宣布为像经济合作一样重要。[②]

宣言肯定地指出，在国际政治问题增多及其范围增大的条件下，必须通过

---

① Эрзиль В.，Харизиус А.，*Западная Европа：политическая и военная интеграция*，Москва，《Юридическая литература》，1984，с. 120.

② Княжинский В. Б.，*Западно европейская интеграция：проекты и реальность*，Москва，《Международные отношения》，1986，с. 182 - 183.

各种办法来加强欧洲政治合作。其中提到的具体办法包括：进行密切的协商，以保证在对 10 国有共同意义的一切外交问题上及时采取共同行动；各成员国在就这些问题作出最后决议之前，要与其他成员国预先进行协商；任何国家都要关注其他伙伴国的观点，并对通过和实现欧洲共同观点给予必要的重视，这些共同观点会形成各国的观点或在国际空间独立发挥作用；扩展有可能导致 10 国共同观点确立和加强的实践，而这是成员国个别政策的基础；逐渐发展和形成共同原则、共同目标及共同利益认同，以加强在外交政策领域采取共同行动的能力；协调成员国在政治安全和经济安全方面的观点；扩大与第三国的接触，使 10 国作为谈判参与者赢得越来越高的威信；10 国驻第三国使团之间要在外交和行政领域建立更加密切的合作；在一个或多个欧共体成员国出席的重大国际会议上，当涉及欧洲政治合作范围内讨论的问题时，它们要形成共同观点；要承认欧洲议会对 10 国外交政策协调发展的巨大贡献。①

宣言强调了发展欧共体成员国之间合作的意义，表示共同体 10 国将加强外交政策方面的合作，并要把安全政策（军事方面除外）包括在政治合作范围之内。同时，宣言声明，成员国打算在加强外交政策领域的协商基础上采取"共同立场"和"共同行动"，并协调各成员国在政治安全和经济安全方面的立场，以提升欧洲政治合作的效果。宣言强调了建立欧共体和欧洲政治合作现有机构之间日益紧密的联系和合作的意义，以此提示要关注成员国之间两种水平的合作活动进一步协调的必要性。而且，10 国表示要为建立"欧洲联盟"继续努力。宣言进而认为，欧洲联盟将随着欧洲层次上各种形式的活动的深化和范围扩大而产生，尽管这些活动具有不同的法律基础。宣言的通过意味着欧洲理事会的组织和活动基础得到了加强。

欧洲议会和欧洲理事会一样地支持建立欧洲联盟的战略方针。1981 年 6 月 6 日，欧洲议会指定一个特别机制委员会准备关于欧洲联盟的新条约草案。1983 年 6 月 5 日，该机构以决议的形式提出了新的条约纲领。欧洲议会在对它给予肯定之后，委托一些著名法学家从法律技术上进行审查，结果形成了最终的《欧洲联盟条约草案》。1984 年 2 月 14 日，欧洲议会通过了《欧洲联盟

---

① Арах М., *Европейский Союз, ведение политического объединения*, Москва, 《Экономика》, 1998, с. 115 – 116.

条约草案》，但该草案由于被疑为要将欧共体变为联邦而遭到各成员国议会和政府的否决。

这一时期，对于欧共体来说，最重要的是，1985 年欧洲理事会米兰会议通过了关于欧共体机制改革的计划（共同法令）。① 特别是，1986 年 2 月，共同体外长会议制定了《单一欧洲法令》（于 1987 年 7 月 1 日正式生效），从而实现了自 1957 年《罗马条约》签订以来对基本条约的第一次重大修订。② 之所以称这一欧洲法令为"单一"法令，是因为它既适合于欧洲共同体，也适合于欧洲政治合作。③ 这一文件关于欧洲政治合作任务的第 30 条款规定：欧共体各成员国共同努力创建并实施一项欧洲外交政策；各方应同意欧共体的对外政策和欧洲政治合作的一致政策应是统一的；欧洲政治合作应独立或平行于欧共体机制框架，它对成员国的权利要求与欧共体施加给成员国的各项义务之间是对等关系。

为使欧洲政治合作更加有效，《单一欧洲法令》还要求各成员国驻第三国和国际组织代表彼此之间要进行更密切的合作，并比较详细地规定了合作的方式。根据规定，各成员国使团和委员会代表团应在第三国加强如下领域中的合作：交换政治和经济情报；共同通报行政上的实际问题；相互提供实际物质援助；在发生危机的情况下，进行联系，交换情报，并形成统一计划；采取安全措施；协商问题等。④

《单一欧洲法令》的特别之处在于对共同体成员国作出了如下规定：有义务相互通报信息、协商和采取行动，以使观点和行动协调一致；在各国对有共同意义的外交问题形成看法之前，有义务进行协商；通过协商一致作出决策；秘密进行协商；建立外长们之间的直接联系，以有可能保持高度的及时性和灵活性；部长级以下的会见仅使用两种工作语言（英语和法语）。⑤

---

① Barry Buzan, Morten Kelstrup, Pierre Lemaitre, Elzbieta Tromer, Ole Wxver, *The European Security Order Recast：Scenarios for the Post-Cold War Era*, London：Pinter Publishers, 1990, p. 148.

② John Van Qudenaren, *Uniting Europe：European Integration and the Post-Cold War World*, Lanham：Rowman & Littlefield Publisher, INC. 2000, p. 45.

③ Шемятенков В. Г., *Европейская интеграция*, Москва,《Международные отношения》, 2003, с. 228。也有西方学者说，之所以称之为单一法令，是为了强调该法令的唯一性和权威性。

④ Apax M., *Европейский Союз, ведение политического объединения*, Москва,《Экономика》, 1998, с. 158.

⑤ Apax M., *Европейский Союз, ведение политического объединения*, Москва,《Экономика》, 1998, с. 153.

《单一欧洲法令》使欧洲政治合作机制得到了加强，其意义是多方面的：

1. 它反映出具有不同历史、文化和社会经济背景的共同体成员国家在进一步发展欧洲一体化方面有着一致的看法，明确表达了共同体成员国进一步深化和发展一体化的政治意愿，允许欧洲政治合作把讨论范围从外交政策扩大到安全问题，在执行共同政策时可以把共同体的对外关系作为手段；它的签订标志着欧洲经济一体化和政治合作获得了重大的进展。

2. 它首次赋予欧洲政治合作以法律地位，从而对欧洲一体化的法律基础的发展产生了积极影响。从20世纪50年代初起，共同体政治机制就具备了法律基础，即由表明共同体建立的《巴黎条约》(1951年)和《罗马条约》(1957年)构成。此后，共同体又签订了一系列关于机制建设的重要条约。但是，1986年《单一欧洲法令》出台之前，欧洲政治合作还没有任何法律基础，而仅仅以一系列政治报告、声明或程序的形式体现出来。《单一欧洲法令》首次赋予欧洲政治合作以法律地位，使一体化的法律基础有了实质性的扩大，开辟了日后拟定与通过《马斯特里赫特条约》和《阿姆斯特丹条约》的道路。按照有些学者的看法，《单一欧洲法令》使欧洲政治合作在其历史上首次获得法律基础的真正价值在于，使人们了解到政治合作是走向欧洲政治联盟道路上的必要步骤。[1]

3. 它扩大了一体化进程的范围，在立法上扩及货币政策、科技进步、协调成员国对外政策、援助不发达地区和国家等新领域。

4. 它不仅强化了欧洲政治合作的目标，还提高了成员国外交政策合作的制度化程度，第一次使欧洲政治合作有了程序化的依据。这一文件决定在布鲁塞尔设立欧洲政治合作常设秘书处，还引入了一个新的决策规则：所有决定都应通过"一致同意"做出，但若不能达成一致，少数成员国可以弃权而不是否决一项决议，这个规则后来演变为欧洲共同外交与安全政策中的"建设性弃权"原则，[2] 使决策机构得到了实质性改善，议会的权力也扩大了。

《单一欧洲法令》是一个既具有经济合作内容，又具有政治合作内容的文件，体现了这两大进程必须交织为一体的重要性，即说明经济一体化不可能是

---

① Kjell A. Eliassen (ed.), *Foreign and Security Policy in the European Union*, London: SAGE Publications, 1998, p. 22, p. 24.

② Simon Hix, *The Political System of the European Union*, London: Macmillan, 1999, p. 342.

一个独立存在的进程，它必须借助政治一体化进程的推动。

但也要看到，《单一欧洲法令》在欧洲政治合作方面只是确定了各成员国的实际活动方向，其中没有任何强制性的原则。在欧洲政治合作虽已并入《单一欧洲法令》之中但依然保留其独立的政治义务和职责要求的情况下，成员国之间的外交合作依然严格地保持着政府间主义的特色。最后，只是在1992年2月通过的《欧洲联盟条约》即《马斯特里赫特条约》中，才注入了欧洲联盟的全新原则——超国家组织原则。

四、欧洲政治合作的发展特点

回顾欧洲政治合作的发展进程，不难看出，随着欧洲经济一体化和欧共体的发展，成员国之间的政治合作也在逐步加强。在这一过程中，成员国的努力集中表现在如下几个方面：

1. 积极协调成员国的外交立场和政策，实现它们在国际舞台上的行动统一。共同体大多数国家坚持建立外交决策核心，力图使各成员国外交决策协调一致，并使决策过程在程序上实现改善。它们主张实现双边和多边外交行动的更紧密合作，更加广泛地利用欧共体的经济潜力和实行逐步过渡，且首先仅在某些领域采取共同外交政策。[①]

2. 着手推进成员国之间的安全和防务合作，把军事政治问题纳入欧洲政治合作机制的活动中。

3. 加强欧洲安全合作机制的组织建设，特别希望欧洲理事会成为核心决策机构。同时，极力通过实现欧共体主要机构之———欧洲议会的直接选举来加强其政治作用，扩大成员国之间的外交合作范围。

4. 力图从简单的协调成员国外交立场转向制定统一的政治方针，建立促进成员国经济、政治和军事合作并具有超国家特点的欧洲联盟。20世纪70—80年代，有影响的成员国家在克服欧洲政治合作的局限性方面进行了不少尝试，尤其是努力在共同体基础上建立欧洲联盟。为此，它们先后制定并力图通

---

① Арах М.，*Европейский Союз ведение политического объединения*，Москва，《Экономика》，1998，с. 252.

过《廷德曼报告》、《欧洲法令》、《关于欧洲联盟的郑重宣言》等重要文件。其中，1975 年的《廷德曼报告》最明确地提出了制定统一政治方针的原则，尽管其主要原则在当时未获得一致支持。成员国在这方面的努力，最后促成了 1992 年《欧洲联盟条约》的通过。

5. 努力深化成员国的欧洲政治一体化意愿，赋予欧洲政治合作以法律地位。其证明主要是制定和通过了《单一欧洲法令》。

经过欧共体成员国的长期努力探索，这一时期的欧洲政治合作获得了明显的发展，并形成如下几个主要特点：

第一，欧洲政治合作深受国际形势发展变化的影响，并非欧共体成员国权宜之计，而是一种深思熟虑的战略选择。

欧共体成员国之间的政治合作进程和经济一体化进程一样，一开始就是和国际社会的发展进程紧紧地联系在一起的。分析欧洲政治合作的动因，尤其要看到国际环境变化的影响。而其中美苏冷战对欧洲政治合作的影响尤其明显，它使这种合作获得了一个巨大的动力和稳定的基础。显然，进入 20 世纪 70 年代以后，欧共体成员国已感受到变化中的国际政治形势的巨大压力，越来越认识到，在美苏激烈争夺世界霸权的形势下，欧共体已无法仅靠共同体内的经济一体化来有效地应对和影响这种形势，而必须通过加强政治合作来提高在世界上的独立作用及政治实力，扩大自己的经济和政治利益。这样，成员国在西欧一体化进程一开始就具有的政治一体化动机迅速得到加强，并化为具体的政治合作行动。陈乐民指出："西欧政治合作，如同经济上实现了一定程度的'一体化'一样，是历史发展的产物。假如在第二次世界大战之后没有出现美苏两个超级大国争夺霸权的形势，西欧像今天这样的政治合作也许是不可能的。"① 况且，随着经济一体化的发展，成员国的经济政策与外交政策，欧共体机构的经济活动和政治活动，已不可能完全明确区别开来。有学者指出："从协调观点而言，外交与经济政策自始息息相关，很难严格区分诸如地中海政策、欧阿（拉伯）及欧安会议，是属经济政策范畴或外交政策问题。"② 因此，即使从发展经济合作的角度着眼，实现和加强成员国之间的政治合作也显

① 陈乐民：《战后西欧国际关系 1945—1984》，中国社会科学出版社 1987 年版，第 367 页。
② 黄明瑞：《欧洲政治合作之研究》，台湾商务印书馆 1987 年版，第 43 页。

得非常必要。在当时形势下，成员国出于对政治合作重要性的共同认识，已把政治合作视为经济一体化的一种必然的政治选择和战略选择。总之，具有利益休戚与共意识的欧共体成员国，在取得经济一体化的巨大成就之后，日益感到这种成就的发展十分需要新的政治刺激，它们必须走上政治合作的道路。在共同体成员国看来，政治合作是一个需要不断付出努力的不可逆转的长期过程。它作为共同体成员国的一种长期战略，旨在应对各种严峻的政治与经济挑战，谋求更广泛的政治与经济利益，为更紧密的全面欧洲一体化创造条件。而在这一战略中，建立欧洲联盟是很重要的一个组成部分。

第二，欧洲政治合作是沿着自己的独特道路向前发展的，是一种成员国政府间合作机制。

20世纪60年代中期以后，政府间主义逐渐在欧洲联合中占据上风。到创建欧洲政治合作时，共同体成员国的"超国家"理念热情更是大减，共同体内盛行的是一种在政府间主义基础上实现政治合作的现实主义务实风气。事实上，欧洲政治合作机制不仅是根据政府间合作的原则建立起来的，而且是在这一原则的基础上发展起来的。欧洲政治合作无论怎样发展，都没有改变成员国在共同体中的主权国家身份，而且始终使它们对共同体机构的活动保持着决定权并有可能进行严格的监督。的确，通过各成员国政府领导人及外交行政上负责的各级政治服务机构来协调成员国的外交和防务政策，正是欧洲政治合作范围内的活动的实质所在。换言之，在创建和发展欧洲政治合作的整个道路上，成员国不打算也没有增设任何超国家性质的机构，而是以部长理事会为依托进行成员国之间的政治协商。并且，所有外交上的乃至安全上的决策，一直都是成员国在国家政治体系的范围之内作出的。作为共同体向欧洲联盟方向发展的一种特殊的全新合作模式，政治合作通过没有强制性的协调，在外交领域发展共同观点和采取共同行动。此种模式未必适用于共同体其他领域，但至少在外交领域被证明是有效的和成功的。可以认为，欧洲政治合作本质上不属于共同政策，而只是共同体成员国为达到统一的集体外交和防务政策而在外交和防务立场上进行的协调性合作，即一种政府间的外交和防务合作。在所有的政治合作机制中，成员国的地位至少在形式上是平等的。这种政府间合作的本质和特点，正是欧洲政治合作得以实现并获得发展的根本原因。

欧洲政治合作之所以始终保持政府间性质，依照很多人的看法，是因为共同体各成员国不愿在政治合作方面"冒险"地"让渡"自己的主权，唯恐超国家政治合作机制损害自己的主权和利益。确实，维护国家主权和利益是一个首要的、根本的原因，欧洲政治合作的形成和发展直接取决于成员国共同利益所达到的程度。但还要看到，在政治合作建立和发展的过程中，成员国对20世纪70年代以前建立欧洲防务共同体计划的失败一直记忆犹新。那种失败经历使它们认为遵循政府间主义原则是实现和发展欧洲政治合作的最稳当办法，也使政府间主义原则一开始便深深扎入各成员国政府首脑的意识之中。这种对于欧洲政治合作可行性的关注，也在很大程度上影响到成员国对政治合作的谨慎态度，决定了欧洲政治合作的政府间性质。成员国外交协调过程所反映的正是政治合作的这种性质，而经过协调形成的集体外交政策也就必然具有折中性质。

　　成员国实现和加强外交联系与合作的主要形式有：发挥欧洲理事会、部长理事会、欧洲议会、政治委员会等机制的作用，协调外交行动，通过和发表声明、共同宣言及其他共同文件，参加多边谈判，缔结国际协定等。① 成员国在欧洲政治合作机制范围中所进行的一系列会晤和谈判，对于欧洲政治合作的发展起了特别重要的作用。虽然在一些会晤和谈判中，不免充满了成员国代表们之间的矛盾和分歧，甚至不时发生激烈的争论，但其积极作用是不容置疑的。它不仅激发了欧洲政治一体化进程的活力，更表现在推动了欧洲政治合作机制的不断发展。还应看到，尽管欧洲政治合作进程中因成员国间的矛盾和争论出现过曲折和停滞，但政治合作的加强却成为一个不可逆转的趋势，其主要原因就在于"源头活水"——成员国代表间的会晤和谈判的存在及其积极作用。

　　不过，欧洲政治合作的政府间性质，并不意味着这种机制完全失去逐渐产生成员国的共同外交政策之可能，《单一欧洲法令》就规定要形成共同观点和采取共同行动。而且，欧洲政治合作的政府间性质，也不意味着具有相对独立性的欧洲政治合作机制必定与欧共体机制截然分离，各行其是。事实上，既然欧洲政治合作机制与欧共体外交活动机制同时存在，都规定了成员国互通信息

---

① Барановский В. Г. , *Европейское Сообщество в системе международных отношений*，Москва，《Наука》，1986，с. 99 – 155.

和协商的义务，并都希望在外交上能够采取共同行动（在经济外交上，欧共体将成员国的共同行动视为其一种责任），那么，这两种机制的相互联系和结合是必然之势。而这种联系和结合是它们协调活动不可替代的前提。①

欧洲政治合作进程的发展，体现出成员国要将一体化过程扩大到各个政治领域，并取得了明显的成就。但也要看到，正是由于欧洲政治合作的政府间性质，这一机制缺乏约束性而具有松散性，以致存在一些原则与现实脱节、口号与行动不一的弱点。而且，20世纪80年代末90年代初，由于欧洲政治合作仍是一种政府间的合作机制，其运作已越来越显得较难适应客观形势发展变化的需要。

第三，欧洲政治合作机制的发展是一个建立在成员国之间一系列协议基础上的渐进过程。

欧共体成员国一开始就清楚地认识到机制建设的重要性。很明显，没有一定的相应合作机制，要实现外交协商和形成共同观点，并取得从外交协商向共同外交政策的实质性进展，是根本不可能的。20世纪70年代初，在成员国的共同努力下，政治合作机制初步形成，主要是外长会议和由各成员国外交部政治司司长组成的政治委员会。政治合作机制在其建立的最初几年中，是与共同体机制相分离的。由于1974年的巴黎会议克服了政治合作机制化方面的困难，欧共体的最高政治机构——欧洲理事会成功诞生，其成员为各成员国元首和政府首脑。欧洲理事会在重大问题上的决议是通过协商作出的，这使它的作用大大增强。但是，欧洲理事会不是欧共体条约规定的共同体机构，它的决议在形式上不具有强制性。到1979年，经过长期摇摆不定，成员国首次实现了《罗马条约》关于直接选举欧洲议会议员的规定。欧洲理事会的诞生和欧洲议会开始实行直接选举，是20世纪70年代欧共体机制上的两项重要发展。②

进入20世纪80年代后，尤其是由于《单一欧洲法令》的问世，欧洲政治合作机制被提高到一个新的水平。这一文件在欧洲政治合作的历史上第一次将

---

① Апах М.，*Европейский Союз，ведение политического объединения*，Москва，《Экономика》，1998，c. 146.

② John Van Qudenaren，*Uniting Europe：European Integration and the Post-Cold War World*，Lanham：Rowman & Littlefield Publisher，INC. 2000，p. 41.

成员国在外交领域里的合作正式规定下来，改变了欧洲政治合作长期没有条约或规章作为运作的法律基础的局面。这种情况说明，政治合作机制不是一种凝固的一成不变的机制，在其发展过程中，新的政治机制不断出现，而且，一些政治机构的功能和在政治一体化中的作用也在不断发生变化。除了欧洲理事会、成员国外长会议、政治委员会等重要政治合作机制外，还建立了成员国在第三国的大使馆和使团之间及其在各种国际组织和国际会议的代表之间的政治合作机制。至于欧共体机制和欧洲政治合作机制之间联系的建立，欧洲议会政治作用的加强，部长理事会成为"全权参加者"等，则都强化了欧洲政治合作机制，提高了成员国外交合作的积极性，也扩大了发展外交合作成果的可能性。欧洲议会在实行直接选举后，明显加强了在共同体外交合作领域的影响，其主要影响途径包括：通过各种国际政治问题决议，欧洲议会政治委员会和部长理事会每季度举行一次讨论会等。在欧洲政治合作期间，成员国研究得比较多的是程序问题，这一工作同样有意义，它有利于协调各种观点和提高合作程度。这样，经过多年的努力，欧洲政治合作形成了一种高度正式化的、多层次的政府间合作。[①]

就政治合作机制形式而言，尽管它具有独立性，与欧共体平行，不是其中的一个正式部分，没有完全并入超国家决策结构之中，但已被引入欧共体条约体系，成为欧共体的一项事业。[②]

欧洲政治合作的渐进特征表明，成员国的政治合作意识是在国际形势的影响下逐步增强的，它们的政治合作绝不是一个一帆风顺的协调过程，而是经常伴以成员国在一些问题上的立场分歧和冲突。另一方面，欧洲政治合作的渐进特征也意味着成员国从政治合作的可行性出发，真正吸收了欧洲经济一体化的有益渐进经验。20世纪70年代以后，所有成员国都感到政治合作的重要性和紧迫性，它直接关系到共同体的发展前途。鉴于此，它们都不希望政治合作因发展速度过快而夭折，从而致使本身利益受到严重的损害。

---

① Charlotte Bretherton and John Vogler, *The European Union as a Global Actor*, London：Routledge, 1999, p. 175.

② Michael C. Pugh （ed.）, *European sec urity-towards* 2000, *Manchester*：Manchester University Press, 1999, p. 50; Gulnur Aybet, *A European Security Architecture after the Cold War: Questions of Legitimacy*, New York：Palgrave Macmillan, 2000, p. 19.

第四，欧洲政治合作以外交合作为基点，并已开始涉足安全领域。

如前所述，从 20 世纪 50 年代起，西欧国家就试图在大西洋联盟内外推动西欧安全联合进程，建立欧洲特性。但是，西欧国家内部的分歧，尤其是 1949 年北约的建立中断了西欧防务一体化的进程。由于北约的建立，其西欧成员国之间已有了一个相对稳定的军事关系体系。结果，西欧军事安全一体化进程因这一跨地区军事同盟组织的出现而发生困难。在此后相当长的一段时间里，西欧安全合作问题被置于大西洋联盟的框架之下，实际上脱离了欧洲一体化的进程。欧洲政治合作机制建立后，共同体各成员国政府特别重视的是发展外交合作，而很少关心在大西洋联盟以外发展安全防务合作，认为不具备建立独立的欧洲安全防务体系的条件。事实上，欧洲政治合作的范围长期仅限于外交领域，防务合作未真正提上议事日程。欧洲安全的军事政治问题仍然主要是在北约组织中，而不是在共同体外交协商过程中来讨论的。

进入 20 世纪 80 年代后，在国际形势的影响下，欧共体成员国更加关切安全问题，希望通过政治合作机制逐步实现安全合作。其目的在于推动欧洲独立防务力量的建立，以扭转西欧安全严重依赖美国保护的状况，使欧洲能够成为与美国和苏联并立的第三政治实体。这样，安全合作问题便日益纳入欧洲政治合作的讨论范围。1981 年 10 月的欧共体《伦敦报告》开始关注安全合作问题，首次提出将政治安全纳入欧洲政治合作机制之中。此前，欧洲议会也曾建议广泛讨论安全合作问题。1986 年的《单一欧洲法令》强调成员国在欧洲安全问题上的更密切合作能对国际事务中的欧洲认同的发展作出重大贡献，再次肯定"成员国准备更紧密地协调它们在政治安全和经济安全方面的立场"。这一时期，为适应发展安全合作的需要，在欧洲政治合作机制之外，有共同体部分成员参加的西欧联盟也开始加强协调成员国在安全上的立场。1984 年 6 月 12 日，西欧联盟在巴黎举行中断多年的外长会议，正式宣布西欧联盟"复活"。10 月 26—27 日，西欧联盟 7 国外长和国防部长在罗马首次举行联席会议，发表《罗马宣言》。会议决定重振西欧联盟，包括今后每年定期召开 2 次外长和国防部长联席会议。

但是，安全领域的合作仍然不是很顺利的。联邦德国和意大利在 1981 年提出的建立以国防部长定期会晤形式的欧共体国家在军事政治上的专门协商机制的建议，未得到其他成员国的赞成。虽然 20 世纪 80 年代前半期建立欧共体国家军事政治体系的计划未能实现，但为今后进一步讨论这一军事政治问题提供了可能。

总的来看，欧洲政治合作机制建立后不久，成员国就希望利用这一工具来解决长期困扰它们的建立独立防务的问题。因此，在欧洲政治合作进程刚刚步入 20 世纪 80 年代时，实现安全合作事实上成为欧洲政治合作中的一个重要议题。而且，伴随安全问题纳入政治合作范围，共同体成员国间的双边和多边安全合作都较战后任何一个时期更为频繁和密切，这使欧洲安全合作有了实质性的新进展。而在这一过程中，西欧一些主要国家明显发挥了推动作用。[1] 受这一进展的鼓舞，有些西方研究人员认为，安全合作是欧洲政治合作中不可缺少的内容，而且必定能够实现。一位丹麦国际关系学者在"政治合作与欧洲"报告中甚至表示："军事机构一体化将是西欧政治联合进程中的最后阶段。"[2]

不过，美国的军事霸权对西欧国家加强防务和安全合作也有很大影响。由于西欧国家仍然离不开美国力量的保护，它们之间安全政策上的协调发展受到很大的制约，尤其是有关欧洲安全的军事政治问题本身是在北约中而不是在欧洲共同体对外协商过程中讨论的。因此，即使共同体主要国家之间的军事合作规模在日益扩大，欧洲共同体国家范围内的军事政治体系仍十分软弱，出现了一种安全政策协调合作水平明显低于外交政策协调合作水平的不平衡状态。这种现象以及政治合作机制本身的发展过程，不仅反映了成员国在政治一体化中的选择，也反映了它们在政治一体化上的合作倾向和深刻矛盾。

从根本上说，欧洲政治合作的以上特点是由欧洲政治一体化的目标和经济一体化的发展水平所决定的，深刻地反映出共同体成员国之间的政治关系发展到一个史无前例的高度，同时对于人们理解冷战后的欧洲政治一体化进程具有重要的意义。而且，这些特点也充分表明欧洲政治一体化的这样一种本质特征：共同体利益与成员国利益具有一致性和矛盾性，欧洲政治一体化进程本身是一个对于这两种利益不断努力进行协调的过程。

① Кишилов Н. С., *Западно европейская интеграция*: *политические аспекты*, Москва, 《Наука》, 1985, с. 266.

② Княжинский В. Б., *Западно европейская интеграция*: проекты и реальность, Москва, 《Международные отношения》, 1986, с. 147.

五、欧美国家与欧洲政治合作

作为一种特定的国际现象，欧洲政治合作始终不是一个自我封闭之物，相反，它处在非常复杂的历史环境之中，是在多种因素影响之下启动和发展起来的。特别是由于牵涉面甚广，影响到欧共体内外很多大国的切身利益，它无法避免一系列的矛盾和冲突而顺利向前推进。

欧洲政治合作进程首先受到欧共体内部一系列复杂因素的影响。在这些因素中，法国、联邦德国和英国等国对政治合作的影响尤为明显。它们在欧洲政治合作的许多问题上持有积极的立场，成为推动政治合作的一股十分重要的力量。

法国一直是欧洲政治合作的积极倡导者和推动者。从20世纪40年代末起，推动西欧一体化就是法国外交政策的一个主要任务。法国政府领导人坚信，建立一个强大的联合欧洲，可以有效地增强法国的实力。因此，法国制订和极力推行的是这样的一种双重目标计划："强大的欧洲——强大的法国"。[1]同时，他们又认为，要建立一个强大的联合欧洲，仅实现经济一体化是远远不够的，还必须实现政治合作和一体化。

欧洲经济一体化进程正式启动后，法国领导人对政治一体化的兴趣也越来越强烈。戴高乐总统高度重视政治联合，急于把"经济欧洲"（共同市场）发展为"政治欧洲"（6国政治联盟）。1958年8月，即早在《罗马条约》正式实施前，戴高乐就有了6国政治合作的初步设想。而且，他于1960年7月30日致函阿登纳，倡议建立6国政治联盟。[2]法国还采取了发展多边和双边安全合作的实际行动。20世纪60年代，法德合作有了很大的进展，1963年签订的《法德合作条约》中防务方面的协议尤其令人关注。这一时期的法德两国合作为日后欧洲政治合作奠定了一定的基础，特别是增强了它们促进欧洲政治合作实现的决心。在1969年的海牙峰会上，法国总统蓬皮杜提出重新讨论建立

---

[1] Lan Manners and Richard G. Whitman, *The Foreign Policies of European Union* Member States, Manchester：Manchester University Press，2000，p. 23.

[2] 张锡昌、周剑卿：《战后法国外交史（1944—1992）》，世界知识出版社1993年版，第212—213页。

"欧洲政治合作"的可能性问题。在这次会议上，联邦德国总理勃兰特表达了建立欧洲政治合作的信心。德斯坦继任法国总统后，更强烈希望促进欧洲政治团结或政治统一，表示决心为此对欧洲共同体作出重大的甚至决定性的贡献。① 正是由于法国的推动和其他成员国的支持，才有了后来的《达维尼翁报告》及其基础上的欧洲政治合作机制的成立。此后，法国特别重视共同体成员国的外交合作，并希望在这个基础上逐步实现安全防务领域中的合作甚至军事一体化。为此，法国不断采取实际措施支持和推动欧洲政治合作。它在认为欧洲共同防务和安全"既是极其困难的"，又是"必不可少的"思想指导下，与联邦德国在防务政策上相互接近，共同探索调整西欧安全结构的途径。1987年11月，法国总统密特朗、总理希拉克和联邦德国总理科尔举行会晤，同意建立两国外交和国防部长组成的"法德安全与防务委员会"，负责统一两国的防务政策和战略原则。双方确定组建一个法德混合旅，该旅常驻联邦德国的斯图加特，它日后成为"欧洲军团"的核心。法德两国的安全和防务合作，对于促进欧洲政治合作从外交协调扩大到安全合作起了一定的带头作用。

同法国一样，联邦德国也是欧洲政治合作的首创者和推动者之一。联邦德国领导人力图在欧洲政治合作中发挥重大作用，以便有可能增大本国对欧共体一体化进程的影响力，提高在欧共体内外的国际地位。在欧洲政治合作的启动阶段，联邦德国领导人还希望欧洲政治合作能有助于他们推行"新东方政策"，成功地扩大联邦德国的外交空间。勃兰特总理在海牙峰会上曾说："如果共同体因我们尽力将东西方联在一起而得到扩大，这将是欧共体共同利益之所在。"出于上述动机，联邦德国主张建立和加快欧洲政治合作。例如，除了支持法国关于建立欧洲政治合作的建议之外，1981年1月，根舍外长还提议缔结一个旨在建立欧洲联盟的条约。同年11月，德意两国共同提出了将欧共体改造为政治联盟的计划即"欧洲法令"方案。联邦德国不仅支持发展外交合作，而且认为防务合作是政治合作不可缺少的一部分。不过，和反对与美国建立定期磋商制度而要保持政治合作独立性的法国不同的是，联邦德国比较倾向于在与美国和北约协商的条件下发展共同体的外交与防务合作，只是不愿唯美

---

① 周琪、王国明主编：《战后西欧四大国外交（英、法、西德、意大利）1945年—1980年》，中国人民公安大学出版社1992年版，第224页。

国意志是从。勃兰特总理曾在 1973 年中东战争爆发后的一次欧洲政治合作会议上，针对美国要求西欧服从其利益的强硬做法尖锐地指出，美国在中东事务上的做法直接影响了欧洲利益。

20 世纪 50 年代期间，英国对"欧洲环"还不十分看重，对欧洲大陆 6 国要形成一个更加紧密的政治联盟的目标所持的是一种漠不关心的态度。在 20 世纪 60 年代苏伊士运河问题上有了一段惨痛的经历后，英国这才开始认识到欧洲政治联合的好处。进入 20 世纪 70 年代特别是加入欧共体后，英国对欧洲政治合作表现出更大的兴趣，无论是保守党政府还是工党政府，都积极参加并谋求推进欧洲政治合作进程。1972 年 10 月，希思首相在欧共体首脑会议上明确表示："力求达到共同的对外政策……以使共同体能够在世界舞台上发挥坚定而有效的作用。"[①] 20 世纪 80 年代初，英国深感苏联对西欧的军事威胁已经加重，而美国政治战略转向减少美国对北约的贡献，并感到出现了"西欧国家中立"的危险和英美特殊关系的危机迹象。在这种情况下，撒切尔政府主张在欧洲政治合作的框架下讨论安全问题，[②] 并建议成员国共同解决今后的所有国际危机。在外交实践中，英国显示了自己的合作立场。从 20 世纪 70 年代起，在许多涉及欧洲利益的重大外交问题上，如 1973 年的中东"十月战争"和"石油危机"，20 世纪 80 年代至 90 年代初的东西方关系，英国与其他欧共体成员国基本保持一致。

20 世纪 80 年代，英国在欧洲政治合作从外交政策协调领域扩展到安全合作领域的过程中发挥了重要的作用。例如，在以往时期里，英国一直强调政治合作应限于外交政策的协调，认为防务问题是北约组织的特权。但在世界形势发展迫切要求西欧国家改变自己的软弱防务地位，把命运操纵在自己手上的情况下，英国不得不改变自己的立场，其目的之一是为了扩大它在军事上对西欧的影响。1981 年，英国提议将欧洲政治合作的范围扩展到安全事务的讨论。这一年也是欧洲共同体正式开始讨论军事政治问题的一年。[③]

---

① 赵怀普：《英国与欧洲一体化》，世界知识出版社 2004 年版，第 241 页。

② Андреева Т. , *Сигналы к переменам*, *Мировая Экономика и Международные Отношения*, 2006, No. 2, c. 24 – 25.

③ Эрзиль В. Харизиус А. , *Западная Европа*：*политическая и военная интеграция*, Москва,《Юридическая литература》, 1984, c. 249.

后来，英国又开始采取实际步骤同欧共体伙伴讨论欧洲防务问题。在1984年枫丹白露会议上，撒切尔夫人在向会议提交的题为《欧洲的未来》的文件中，特别强调了加强西欧外交和防务合作的必要性。文件说，在政治合作上，共同体国家需要更有活力、更有目的地采取行动，目标应当是逐步地实现一种共同的对外政策，加强大西洋联盟的欧洲支柱，改进欧洲防务合作。① 英国对安全合作态度的转变，是这一时期欧洲安全合作得到加强的重要原因之一。

1981年10月，在英国出任欧洲理事会主席国期间，主要根据英国的建议通过了关于完善欧洲政治合作机制和扩大其职能范围，将欧洲政治合作范围扩展到对安全事务讨论的《伦敦报告》。在1985年米兰峰会上，英国还提议签订《单一欧洲法令》。② 根据英国草案制定的、列入《单一欧洲法令》的有关欧洲政治合作机制的条款，也明确规定将经济安全和政治安全纳入政治合作的范畴。

英国支持欧洲政治合作，主要是为了争取共同体国家支持自己的外交政策，以提高其国际地位，加强在国际事务中的作用和影响。但是，由于担心英国的国家主权会因欧洲政治合作的发展受到损害，加上怀疑欧洲政治合作的能力和高度依赖大西洋联盟的安全作用，英国对政治合作的主动精神难以一贯始终。③ 它仍然决定继续推行与欧共体保持一定距离的"独立"方针，并不时表现出对任何政治联盟概念持基本否定态度。20世纪80年代，法国密特朗总统提出的建立欧洲政治联盟的主张，由于一度遭到英国的抵制而进展不大。④ 而且，英国赞成扩大共同体成员国外交合作是有条件的，即保留自己在外交政策问题上做出独立决策的权利。⑤ 英国是欧共体中一个有影响的大国，它的这种态度无疑增加了欧洲政治合作发展的困难。

---

① 陈乐民主编：《战后英国外交史》，世界知识出版社1994年版，第177页。

② Bill McSweeney, *Security, Identity and Interests: A Sociology of International Relations*, Cambridge: Cambridge University Press, 1999, p. 150.

③ Sean Greenwood, *Britain and European Cooperation Since* 1945, Oxford UK & Cambridge USA: Blackwell Publishers, 1992, pp. 111–112.

④ 周琪、王国明主编：《战后西欧四大国外交（英、法、西德、意大利）1945年—1980年》，中国人民公安大学出版社1992年版，第250页。

⑤ Эрзиль В., Харизиус А., *Западная Европа: политическая и военная интеграция*, Москва, 《Юридическая литература》, 1984, c. 111.

　　战后，意大利一直奉行支持欧洲一体化的政策，而且其历届政府和各政治组织都主张发展共同体国家之间的政治合作，希望欧洲团结能给意大利带来经济上和政治上的好处。[1] 早在欧洲政治合作创立时期，意大利的支持立场就明显地体现出来。在 1969 年的海牙峰会上，意大利政府首脑积极支持法国总统蓬皮杜关于建立"欧洲政治合作"的建议。意大利总理马利亚诺·鲁玛在指出欧洲政治一体化进程已被延误，以致欧洲在世界对话中无一席之地之后，强调政治上联合起来的欧洲地位不一定在共同体已获得的经济地位之下，并希望各成员国促进欧洲联合重要阶段的到来。[2] 1981 年，意大利和联邦德国共同提出了关于欧共体成员国分阶段建立政治联盟的政治原则的方案。同年底，它对把欧洲政治合作的活动范围正式扩大到安全和防务领域也表示支持。尤其要看到，意大利的一体化政策的一个持久特色在于，具有明显的超国家主义和联邦主义的倾向。在意大利看来，经济一体化只是走向政治一体化道路上的一个准备阶段。

　　总的来说，20 世纪 70 年代之后，欧洲政治合作已是欧共体面临的一项紧迫任务，事实上已成为欧共体所有成员国的核心外交政策之一。而其最终形成和发展，不仅是由各种客观因素所决定的，更是欧共体成员国共同努力的结果。其中，法、德、英、意等主要成员国起了很重要的作用。它们促进了欧共体所有成员国对政治合作重要性的认识，为保持政治合作活动的连续性和有效性、扩大政治合作的范围和完善政治合作机制（包括建立欧洲政治合作与欧共体决策机构之间的联系）作出了长期努力，并取得了很大的效果。它们这样做，不仅是为了达到推进欧洲一体化的共同目的，还在于要借用欧洲政治合作来实现各自的特别利益。由于国家利益不完全一致，这些主要成员国在政治合作问题上产生了一定的分歧和冲突，这自然对政治合作进程和成就无不影响。但是，它们之间的妥协性或协调性是很强的，这是欧洲政治合作能够不断发展的一个重要原因。至于其他成员国，即共同体中小成员国，也无疑把欧洲政治合作作为发展欧洲一体化和谋求本身利益的一个战略基点，因而采取了支

　　[1]　Bonvicini G，"Italy：An integrationist perspective"，in C. Hill（ed.），*National foreign policies and European political cooperation*，London，p. 80.

　　[2]　Panayiotis Ifestos，*European Political Cooperation：Towards a Framework of Supranational Diplomacy?*，Aldershot：Avebury Press，1987，p. 150.

持欧洲政治合作的立场。例如，比利时是最积极支持欧洲政治合作机制的成员国之一。该国外交部政治司司长达维尼翁和首相廷德曼分别在制定《达维尼翁报告》和关于"欧洲联盟"的《廷德曼报告》的过程中发挥了重要的作用，而这两个文件对欧洲政治合作机制的建立和发展具有重大意义。又如，在1969年的海牙峰会上，荷兰政府首脑曾积极支持法国总统蓬皮杜关于建立"欧洲政治合作"的建议。爱尔兰在1981年10月也赞成把有关安全保障政策的问题正式纳入欧洲政治合作活动范围的提议。所有这些积极表现使得中小成员国在政治合作中也起到了不容忽视的重要作用。不过，这些国家也常常表现出对欧洲政治合作会强化主要成员国在共同体内的优势地位的担心，从而也对欧洲政治合作产生了微妙的影响。

二战结束后，在共同的政治、经济利益的基础上，西欧国家和美国很快结成了大西洋联盟关系。① 在大西洋联盟的框架下，西欧的政治、经济和军事都不能脱离美国干涉而独立地发展，欧洲政治合作的发展同样不能完全取决于共同体成员国的意愿。历史证明，虽然战后以来，"美国的基本任务是发展大西洋联合"，而非西欧一体化，但美国一直高度关注欧洲事务，以致欧洲一体化进程始终和美国有不解之缘。这种密切关系不仅表现在经济一体化方面，也表现在欧洲政治合作方面。从20世纪60年代起，美国从削弱西欧的竞争力方面考虑，就开始改变了对欧洲一体化的支持立场。对于欧洲政治合作，美国更不愿予以支持，担心它会增强欧洲的凝聚力而使自己对欧洲失控。美国在美欧关系中的优势地位，决定了它的这种立场对欧洲政治合作必然产生较大的影响。

到20世纪70年代初，美国对西欧作为一个实力中心出现在世界舞台上并日益扩大其影响已非常不满。因此，它对于欧洲政治合作的建立抱有非常谨慎的态度。在与苏联对峙的冷战背景下，虽然"美国希望见到西欧的壮大和团结，但也忧虑西欧成为第三势力后，会分散西方对抗苏联的集体力量。"② 美国除了担心欧洲政治合作将增强西欧的独立自主性外，还将使自己面对一个更

---

① 美国学者斯蒂芬·沃尔特认为："在过去半个世纪里，美欧之所以能够走到一起，主要原因有三：一是存在苏联威胁；二是美国在欧洲有经济利益；三是为了共同事业的发展，政治精英形成了良好的一起工作的习惯。" Stephen M. Walt, The Ties that Fray: Why Europe and American are Drifting Apart, *The National Interest*, vol. 54, 1998/1999, p. 3。

② 黄明瑞:《欧洲政治合作之研究》，台湾商务印书馆1987年版，第146页。

强大的政治竞争对手。1974 年 6 月，美国和西欧签署《大西洋关系宣言》，透露出它对欧洲盟国走上政治合作道路，以加快实现外交独立自主的严重不安，它希望通过这一措施促进双边关系的改善，得以继续保持对西欧的控制。在当时的情况下，美国意识到公开指责和反对欧洲政治合作是不明智的做法，只能是采取"软阻遏"的办法要求欧共体国家不要绕过美国而独立地进行政治合作。在 1973 年 12 月 10 日的大西洋理事会会上，美国国务卿亨利·基辛格建议定期举行联盟国家外交部领导会议，表示希望欧共体国家保证在共同作出重大决定之前先征求美国的意见。[①]

　　虽然美国对欧洲政治合作抱有很大的戒心，但事实上正是它本身成为欧洲政治合作产生和发展的一个主要刺激因素。20 世纪 70 年代初，随着越南战争使美国付出惨重代价，美国的霸权地位进一步衰落，欧共体成员国争取摆脱美国控制、提高国际地位而加强政治合作的意识大为加强。而这一时期美国对苏关系的缓和，加上 1968 年苏联入侵捷克斯洛伐克后"苏联威胁"的加重，则使西欧国家普遍担心美国在关键时候会弃它们的利益于不顾，由此更坚定了它们借助欧洲政治合作走向独立自主的决心。

　　20 世纪 70 年代后半期，卡特政府采取了一系列措施来改善同欧共体的政治关系，美国对欧洲政治合作的看法也有了一定的变化。如果说过去美国首先认为欧洲政治合作体系是对它控制西方外交政策能力的挑战，那么，此时美国是力求与该体系建立实质性的相互关系，使这一体系能在整个西方体系的水平上协调行动。美国对欧洲态度的这种改变，使欧共体国家看到了欧洲政治合作在建立平等的美欧关系上的积极作用，由此加快了政治合作机制的建设。20 世纪 80 年代初是跨大西洋关系重新尖锐化的时期。如同 20 世纪 70 年代一样，里根政府表现出不关注甚至忽视欧洲盟国利益的倾向，而这也只能是从反面推动它们在一体化进程中结成更紧密的政治关系。

　　欧洲政治合作机制确立之后，成员国努力重塑"自主外交"形象以维护自身利益，同时希望政治合作能够在不受美国干预的情况下比较独立地发展。但是，在欧共体的经济、政治和军事实力还不十分强大，强烈依赖美国安全保

---

　　①　[法] 皮埃尔·热尔贝：《欧洲统一的历史与现实》，丁一凡等译，中国社会科学出版社 1989 年版，第 380 页；Ginsberg R. H. The European Community and the United States of America, In J. Lodge (ed.), *Institutions and policies of the European Community*, London France pinter, 1983, p. 176.

护的情况下，这一目标是不容易实现的。20 世纪 70 年代，欧美双方在中东石油危机中的政策因经济利益的差异而发生了冲突。在美国的压力下，欧共体内部发生了分歧，成员国最终向美国的要求作出了某些让步，在一定程度上和美国的中东能源政策保持了合作。这不仅是欧共体成员国采取集体外交立场的一次挫折，还导致美国干预欧洲政治合作的行动合法化。1974 年 3 月 16 日，联邦德国驻华盛顿大使提议欧共体与美国建立新的协商机制。在联邦德国政府的努力下，美国与欧共体终于在 1974 年 6 月达成了《贡尼希协定》。该协定的实质在于，欧共体成员国在外交协商的任何阶段和在重大国际事务上达成统一意见之前都要与美国进行协商。这种协商是由欧共体部长理事会轮值主席国以共同体的名义来进行的。但是，一个不可缺少的必要条件是，所有共同体成员国无一例外地都要认可同美国建立联系的必要性。否则，协商只能是在欧洲政治合作机制之外的双边基础上来进行。这样，美国实际上只能是部分地介入欧共体外交协商过程。但是，不管怎样，这种欧共体同美国进行外交协商制度的形成，终究表明正式建立了美国在欧洲政治合作中参与政治协商的程序。更重要的是，《贡尼希协定》的缔结，使得欧洲政治合作机制的发展不能不受到大西洋联盟内部政治协商体系的限制。在此协商体系下，在欧共体国家每次外长例会召开之前，美国都要将自己对最重要的国际问题的态度通知欧共体部长理事会轮值主席国，而轮值主席国在欧洲政治合作范围内的会议结束之后同样要向美国通报讨论的情况和结果。与美国外交机构各个环节的信息相互交换，一般是由欧洲政治合作的各级机制来实行的。在通常情况下，美国国务院总是较早地知道了欧洲政治合作范围内的会议日程。① 有时，美国成功地使得在欧洲政治合作体系内已得到赞同的声明延期发表。②

由此可见，在军事安全问题对美欧联盟关系长期起着主导作用的冷战年代里，欧洲政治合作的发展特点和成就不可避免地受到美国因素的制约。虽然欧共体国家对于美国干预欧洲政治合作的做法并不满意，认为这是"美国中心主义"在作怪，但它们出于对美国军事保护的依赖，还是容忍了美国的干预

① Барановский, В. Г., *Европейское Сообщество в системе международных отношений*, Москва, 《Hayka》, 1986, c. 204–205.

② D. Allen, R. Rummel, W. Wessels (ed.), *European political cooperation: Towards a foreign policy for Western Europe*, London Butterworth Scientific, 1982, pp. 88–89.

行为，而不愿给美国造成一种欧洲政治合作纯粹是与美竞争或反美性质的印象。

六、欧洲政治合作的评价

在1970年至1993年欧洲政治合作机制存在的23年间，随着欧共体成员国政治合作共识的增强，它们所达成的合作协议日益增多。这些合作协议使外部世界更加重视欧共体的外交政策，而且更推动了欧洲政治合作的发展，使之在欧共体外部活动中发挥了越来越大的作用。成员国积极推行政治合作的结果是，欧共体进一步发挥出有别于世界其他经济合作组织的政治特色。

在欧洲政治合作机制下，成员国在重大国际事务中采取一系列措施实现了较为紧密的外交合作。它们极力制定对美国、苏联、东欧国家、中国和其他发展中国家，以及阿以冲突、希（腊）土（耳其）冲突的共同方针。尤其是在联合国、欧安会、关贸总协定和"南北对话"等主要国际组织和国际会议上，成员国多次采取了一致的外交立场和联合行动，从而在世界上显示了欧共体崭新的政治形象。

在南北关系上，欧共体采取了一定的不同于美国的立场。早从20世纪70年代初起，欧共体成员国就试图在政治合作范围内形成对中东地区的共同立场，表现出要作为一个与美国权利平等的力量来确定它们的国际立场，维护本身利益的决心。1973年，在阿拉伯产油国石油武器的打击下，西欧国家被迫改变以往追随美国支持以色列的立场，采取了一定的独立行动。11月6日，欧共体国家以发表共同声明的形式，表示不允许以色列以武力攫取领土，要求以色列撤出从1967年冲突以来所占领的阿拉伯领土，承认巴勒斯坦人民的合法权利、该地区所有国家和平生存的权利，维护边境稳定。

这一时期，在对苏联和东欧国家关系上，欧共体成员国从地缘政治上考虑，认为它们具有不同于美国的特殊利益，因而通过协调形成了并一直保持着统一的外交方针和共同立场，体现出欧洲政治合作的重要作用。例如，在1973年欧洲安全与合作会议上，欧共体成员国就通过密切协商，在对苏联、东欧的政策及和解问题上形成一致立场，充分扮演了会议上的主要角色，并取得政治合作的显著效果。在1975年赫尔辛基欧安会首脑会议上，成员国又和美、苏等国签署了共同宣言。"欧安会"上的合作也因此成为欧共体成员国有效政治合作道路上的一个转折点，并体现和强化了欧洲政治合作的机能，"变成了欧洲共同体内部协调政策的样板"。同时，1973 年开创的欧安会议进程，使欧共体有机会在东西方对话中发挥作用，尤其是在与经济和人权相关的问题上。[①] 成员国还表现出不希望东西方关系因大西洋联盟的存在而趋于紧张。1980 年，英国驻美国前大使杰伊在美国国会委员会发言时指出：在西欧，人们对北大西洋条约之义务的理解根本不同于美国。西欧国家不希望加入美国的"反对共产主义的全球圣战"。[②]

20 世纪 80 年代，欧共体成员国对美国迫使它们加入对苏联和东欧国家"制裁"的企图还进行过强烈的抵制。例如，1982 年 6 月，美国根据其国家许可制度禁止向西欧国家供应生产的技术设备来建设"西伯利亚—西欧"天然气管道，这一做法引起了欧共体成员国政府和工商界的抗议。1982 年 6 月，有关国家外长在卢森堡发表声明指出：美国"这一未经和欧共体进行任何协商就采取的行动，是把美国的法律效力扩及其他国家，这是与国际法的原则相违背的。"结果，欧共体成员国通过共同行动，使美国在这个问题上遭到了失败。[③] 此后，它们在发展同苏联和东欧国家的关系上继续进行了有效的政治合作。1988 年 6 月 25 日，欧共体和"经互会"签订了关于建立双方正式关系的共同宣言，以此作为推动苏联和东欧国家加入欧洲一体化进程的第一步。1988—1990 年间，经互会所有成员国都和欧共体签订了贸易与经济合作协定。

成员国在联合国的合作，是欧洲政治合作机制最为活跃的功能部分之一。分析家认为，联合国大会"是欧共体国家能够显示自己的政治团结的主要论坛"。[④] 政治委员会中建有常设联合国专家小组。在联合国大会召开期间，通常有欧共体的 1—2 个工作小组在工作。欧共体成员国使团也经常作出很大努力来

---

① Charlotte Bretherton and John Vogler, *The European Union as a Global Actor*, London: Routledge, 1999, pp. 34 – 35.

② Княжинский В. Б., *Западно европейская интеграция: проекты и реальность*, Москва, 《Hayka》, 1986, c. 113.

③ Княжинский В. Б., *Западно европейская интеграция: проекты и реальность*, Москва, 《Международные отношения》, 1986, c. 111.

④ Foot R. The European Community's voting behaviour at the United Nations General Assembly, *Journal of Common Market Studies*, 1979, June, Vol. 17, No. 4, p. 350. 转引自 Барановский В. Г., *Европейское Сообщество в системе международных отношений*, Москва, 《Hayka》, 1986, c. 147.

协调他们的行动。这样，欧共体成员国在联合国常常采取了共同行动。1976 年 9 月，英国外交大臣宣称，在过去的 12 个月中，欧洲经济共同体成员国对 83% 的联合国决议投票一致，而在 30 个场合是以成员国的名义"统一出面而进行活动的"。据统计，欧共体国家历年来在联合国的投票行动中采取"立场一致"的次数达 60% 之多。[①] 成员国外交合作的情况和实际水平往往因联合国大会讨论的问题不同而大有区别。当然，在联合国中，成员国未能进行充分的外交合作，经常难以实现共同行动。但是，正如英国学者所指出的：从欧共体国家在联合国大会上的行动来看，令人感到外交合作即使有其局限性，但还是有成效的。[②] 而欧共体成员国在很大程度上也被视为联合国中的一支统一政治力量。

可以肯定，从 20 世纪 70 年代起，在包括英国在内的欧共体 9 个成员国的全部外交活动中，集体决定、倡议和行动的比重在不断增长。实质上，外交协商体系在不断发展，欧共体越来越具有政治性。到 20 世纪 80 年代末，由于经济一体化和政治合作的实现，欧共体已取得巨大的外交成就。它同世界上 100 多个国家签订了经济、贸易协定，还制定了一系列对发展中国家的政策。欧共体已得到 120 多个国家的承认，并向有关国家和组织派驻代表团，同时驻欧共体的外交使团已达 110 多个。欧共体还作为国际法主体在联合国取得观察员资格，参与许多国际政治经济事务的谈判。欧美关系也从附属关系逐步走向"平等伙伴"关系。这样，在欧洲政治合作中，成员国通过一定的外交协调成功，朝着努力实现在外交政策方面以"一个声音说话"、重新确立西欧国际地位的目标迈出了重要的一步。欧共体执委会指出："欧共体在国际舞台上，不仅建立了自己的经济地位，而且建立了自己的政治地位。"[③] 不用说，欧共体的现实和潜在经济能力，是欧洲政治合作在外交领域取得成就的基础。

而且，成员国还开始将共同安全与防务政策、欧洲防务特性建设提上共同体的议事日程，以期减少对美国的安全依赖，进一步提高共同体的国际地位。欧洲政治合作在促进成员国实现松散的安全合作方面发挥了一定的作用。通过这一机制，成员国协调彼此的安全政策立场，谋求安全政策"欧洲化"，这加

---

① Rosalyn Higgins, The EC and new United Nations, EU Working Paper：Esc7, 1994.

② Taylor Ph. When Europe speaks with one voice：The external relations of the European Community. London, 1979, p. 204.

③ 李琮主编：《西欧经济与政治概论》，高等教育出版社 1988 年版，第 270 页。

强了它们在大西洋联盟内以及整个欧洲和世界范围内的分量和影响力。虽然这一时期以"欧洲"名义进行的安全合作仍屈指可数，真正的共同安全与防务政策的形成看来还是一件非常遥远的事情，但在欧洲政治合作机制的推动下，各成员国进行了防务合作的尝试，并达成了一些具体的双边和多边协议。

政治合作是国际合作中一种高于其他合作形式的最重要因素，其他领域中国家间相互关系的发展在很大程度上取决于政治合作的程度与效果。① 诚然，欧洲政治合作是以经济一体化为基础的，但欧洲政治合作的进展在一定程度上又刺激了经济一体化。直到 20 世纪 70 年代末，这种刺激还不是很有效。进入 20 世纪 80 年代之后，在欧洲政治合作发展的影响下，欧洲经济一体化进程则明显加快起来。

总而言之，从 20 世纪 70 年代开始的欧洲政治合作真正实现了欧共体成员国合作从经济领域向政治领域，主要是向外交领域的迈进，尤其是在通过成员国经常交换信息和协商来增强外交政策问题上的多边谅解这一目标上，颇有收获。② 而且，外交合作日益成为欧洲一体化发展的突出方面。由此一来，欧洲政治合作在世界上开创了由区域经济一体化组织向区域政治一体化组织发展的先例。而就欧洲政治合作对欧共体的现实意义而言，它对成员国外交思想和行动的影响是不应低估的。成员国正是通过政治合作渠道日益扩大了在国际舞台上的活动范围。在这一过程中，它们加强了外交合作理念，建立了一定的相关外交合作机制。而且，由于欧洲经济一体化和欧洲政治合作的发展，共同体的政治实力也得到增强。从 20 世纪 80 年代初起，欧共体已不仅仅是世界上一个强大的经济因素，同时还是一个日益强大的政治因素。

不可忽视的是，欧洲政治合作促使共同体成员国决心发展和实现欧洲认同，并取得了一定的成绩，这是它对欧洲一体化积极作用的又一体现，因为欧洲认同的发展有利于克服欧洲一体化的阻力而加快其进程。欧洲认同是超越了民族意识和狭隘国家利益观的一种欧洲整体意识和整体利益观。其形成和发展反映出共同体的独立角色意识及凝聚力的增强。按照西方有关理论的观点，国家之间的相互依赖是集体认同形成的关键性因素。而这种相互依赖本身的形成

---

① Цыганков П. А., *Теория международных отношений*, Москва，《Гардарики》，2004，с. 458.
② Charlotte Bretherton and John Vogler, *The European Union as a Global Actor*, London：Routledge, 1999，p. 176.

又需要相当的条件和时间。从 20 世纪 70 年代起，欧洲政治合作通过其多年实践和政治相互依赖的加强，开始为欧洲认同的培育提供新的动力，而其逐渐发展起来的一套机制为欧洲认同的形成和发展提供了组织形式。这样，在它的推动下，成员国家之间的相互关系和相互信任得到了发展，欧洲认同正式进入欧洲一体化的舞台。在 1973 年的哥本哈根会议上，成员国提出了"用一个声音说话"的口号，还第一次将"欧洲认同"写进《关于欧洲认同》这一欧共体官方文件。1986 年通过的《单一欧洲法令》还开始把建立防务认同纳入欧洲认同的范畴。欧洲政治合作在促进欧洲认同形成和加强方面所起的作用，是其他因素难以取代的，而欧洲认同的发展也为政治一体化的发展创造了重要的前提。

就欧洲政治合作对今后欧洲政治一体化的影响而言，无论成员国在政治合作中是否达成期望中的足够的一致意见，这些一致意见是否转化为真正有力的外交行动，也无论是否取得很大的成效，它总是有利于一部分成员国观点的相互接近和政治一体化的推进。进一步说，欧洲政治合作对共同外交与安全政策确立的历史作用也应得到肯定。如果不经过欧洲政治合作道路上的长途艰苦跋涉，没有这 20 多年的政治合作经历所奠定的坚实基础，欧共体成员国在 20 世纪 90 年代初要确立政治一体化的更高目标——共同外交与安全政策是难以想象的。从这个意义上说，欧洲政治合作较成功地完成了使欧共体从经济一体化真正发展到政治一体化的历史使命，《马斯特里赫特条约》确立欧洲共同外交与安全政策之时，也就是欧洲政治合作"功成身退"之日。

上述一切奠定了欧洲政治合作在欧洲一体化进程中的重要历史地位，也表明它对欧共体成员国是有益的，促进了它们的经济和政治利益。

然而，欧洲政治合作仍存在诸多不足，其局限性也是很明显的。就欧洲政治合作本身而言，它基本上只是一种成员国为应对外部世界事件而进行外交政策协调的机制，实际奉行的也只是对所讨论的问题采取极其实用主义的方针。而且，它也没有严格的必须实行的程序规则和更高的政治目标。所有这些固然有利于欧洲政治合作机制存在和发展的一面，但客观上必然影响到它的成就。特别是，欧洲政治合作始终未能导致共同政策真正形成，成员国采取的共同行动也是非常有限的。从这个意义上说，欧共体在外交政策和外交事务上仍是"分裂的"。

欧洲政治合作之所以存在上述局限性，与其说是因为欧洲政治合作长期缺乏一个清晰明确的指导框架，主要是一种"协调性"而非"强制性"的机制，不如说是成员国之间的国家利益分歧使然。成员国在很多外交政策问题上都不愿让渡自己的主权，以致难以形成共同立场，更不可能采取共同行动。在英国与阿根廷因马尔维纳斯群岛发生战争以后，欧共体成员国基本上都站在英国一边，但西班牙却出于某种利益考虑支持阿根廷的领土要求。20 世纪 80 年代中期，欧共体成员国在是否需要禁止从南非进口煤炭的问题上始终未能达成协议。其中，英国、联邦德国由于在南非有巨大的经济投资，并且对南非煤炭供应有严重依赖，因而采取了不同于法国等国的态度，反对向南非施加严厉的制裁措施。[①] 另外，只是到了 20 世纪 80 年代，成员国之间反对把共同体职能权限扩大到政治安全方面的意见才得以消除，但有关将防务领域的权力授予共同体的建议通常遭到拒绝。

欧洲政治合作充其量也只是欧共体各成员国外交政策和活动的一个协调机制。这一机制为了维持它的存在，也极力避免以激进的联合方案去刺激主权观念由来已久的西欧国家。它大多以号召或指导性意见的形式来发挥作用，对成员国没有足够的约束力。此外，成员国在外交和安全领域坚持维护自己的主权，虽然都希望从政治合作机制所带来的最终成果中受益，同时却又担心其他成员国不会努力实现责任共担，而使自己的相对收益大为降低。[②] 这样，欧洲政治合作在一体化进程中无可争议地在发挥积极作用时，常常在某些成员国国家利益优势面前表现得无能为力，以致不能达到相当的深度和广度。事实上，成员国不仅在外交上有绝对的自主性并决定着政治合作的进程与内容，同时又在政治合作以外进行着各自的外交活动，因而形成一种成员国集体外交与各成员国单独外交并驾齐驱的"双轨外交"局面。更重要的是，在各成员国眼里，本国外交是最重要的，欧洲政治合作只是提供了一个新的谈判平台，弥补了本国外交的不足。客观而论，尽管欧洲政治合作以有组织的形式表达了共同体成员国的统一外交观点，在国际活动中取得了明显的成就，但毕竟只是由国家层次、共同体层次、西欧层次以及大西洋层次共同构成的整个政治布局中的一个

---

① 上海国际问题研究所：《国际形势年鉴·1987》，中国大百科全书出版社 1987 年版，第 147 页。

② Elfriede Reglesberger, Philippe de Schoutheete de Tervarent, Wolfgang Wessels, *Foreign Policy of EuropeanUnion*, *from EPC to CFSP and beyond*, London：Lynne Rienne Publishers, 1997, p. 4.

补充结构。①

　　各成员国单独外交的存在及其首要地位，加上它们的国家行政机构各有特色，使得共同政策的形成变得更为困难。美国学者斯坦尼·霍夫曼认为，"每个国家的官僚机构都在维护其独特性，这使有效的共同政策难以实现。"② 应对国际事件是欧洲政治合作的一项主要活动内容。但成员国在讨论国际问题时是有选择的，并不是所有问题都真正成为讨论的对象。在某些具体情况下，组织方面的困难和决策程序的迟钝又给形成共同观点和政策的过程蒙上了一层阴影。结果，共同体成员国外交协调和迅速采取行动的能力有时不足以防止国际问题的尖锐化。欧洲政治合作和欧共体之间的联系不够紧密及行动协调不够充分，也应视为政治合作效果不甚理想的原因之一。欧洲政治合作的这种情况再次说明："在欧洲统一所要实现的三个目标（不同的欧洲人对三个目标的重要性看法不同）中，统一的外交政策和军事政策最难以实现。"③ 欧洲政治合作水平的有限也反映出，"虽然自 20 世纪 70 年代初以来就频繁呼吁欧洲用一个声音说话，但是，共同体从未成功地将内部的经济力量转化为与之相应的外部影响"。④ 也就是说，欧洲政治合作所达到的程度，使欧共体一时还不可能真正成为影响国际形势发展的一个最重要角色。

　　欧洲政治合作增强了欧共体的政治实力，使得西欧国家从战后初期对美国外交的全面追随开始走向尝试性的独立外交，促使大西洋联盟中的欧美关系重新定位。但欧洲政治合作在这方面的成就也是很有限的，它并没有否定大西洋主义，西欧国家在联盟中仍未取得和美国平等的地位，它们对美国的安全依赖更是一如从前。

　　综上所述，欧洲政治合作在冷战期间确实是得到发展的，并取得了相当的成就，其对欧洲政治一体化乃至欧洲一体化的积极作用很值得肯定。但是，由于各种原因，欧洲政治合作又不免有其明显的局限性，因此其作用不应被过高估计。

---

① Apax M.，*Европейский Союз，ведение политического объединения*，Москва，《Экономика》，1998，c. 172.

② Panayiotis Ifestos，*European Political Cooperation：Towards a Framework of Supranational Diplomacy?*，Aldershot：Avebury Press 1987，p. 120.

③ ［美］布鲁斯·拉西特、哈维·斯塔尔：《世界政治》，王玉珍等译，华夏出版社 2001 年版，第 313 页。

④ ［美］约瑟夫·威勒：《欧洲宪政》，程卫东等译，中国社会科学出版社 2004 年版，第 95 页。

第四章　欧盟共同外交与安全政策

1989—1990 年的短短数年中，欧洲形势出人意料地发生了翻天覆地的变化，这为欧共体的发展带来了新的机遇，也使它面临着许多新的问题和挑战，从而以极大的力量推动了欧洲经济和政治一体化的进程，导致欧洲共同体发展史上的一个重要阶段的迅速到来。随着 1991 年底《马斯特里赫特条约》的签订，经济与货币联盟、共同外交与安全政策和司法与内务合作分别成为欧洲联盟"大厦"的第一、第二、第三支柱。经过 1997 年的《阿姆斯特丹条约》和 2000 年的《尼斯条约》的修订和补充，共同外交与安全政策的内容更加丰富，其总体框架得以形成。共同外交与安全政策的确立和发展，是欧洲一体化的一个重大成就，将对欧洲一体化政治建设的方向和进程，乃至欧盟在世界上的地位和作用产生深远的影响。

一、欧盟的诞生和共同外交与安全政策的确立

建立欧洲联盟是欧洲许多思想家和政治家的夙愿之一。20 世纪 90 年代初，随着《马斯特里赫特条约》的缔结和生效，这一愿望终于得以实现，欧洲一体化也因此进入一个新的发展时期。与此同时，共同外交与安全政策应运而生。这一政策和司法与内务合作共同决定了欧洲政治一体化的发展方向及内容。

（一）《马斯特里赫特条约》的签订及其背景

冷战结束后，欧共体机构及其大多数成员国都积极主张加强联合，大力推进一体化进程。1989 年 11 月，欧洲议会要求其机构事务委员会起草关于政治

联盟的特别报告，结果产生了1990年3月的《马丁报告》。与此同时，比利时政府提出备忘录，要求实施"真正的共同外交政策"。4月，法国总统密特朗和德国总理科尔联合向其他欧共体成员国首脑正式提议加快欧洲的政治建设，筹建政治联盟。在法德两国的推动下，欧洲政治联合事业向前跨出了实质性的一步。12月中旬，欧共体首脑在罗马举行政府间会议，把建立经济货币联盟和政治联盟问题一起提上了议事日程，决定分别就两个联盟的建设问题进行研究和谈判，以期最终导致欧共体12国实行统一的货币和共同外交政策。此时推动政治一体化进程的原因和紧迫性主要在于以下几个方面：

第一，欧洲一体化发展的内在需要。

欧洲一体化虽然是从经济领域开始的，但一开始即有着明确的政治目标。但直至20世纪90年代初的欧共体发展史表明，其经济一体化进程和政治一体化进程明显失衡。这种失衡主要是因为成员国不愿将政治领域的主权让渡给欧共体，也是因为欧洲经济一体化的"飞跃"不能自然而然地带来欧洲政治一体化的"飞跃"。如果西欧国家在世界格局转换时期里，继续让政治一体化进程滞后于经济一体化进程，而不改变长期以来其政治、外交影响远不及经济影响的局面，那么就无法适应世界格局的变化，克服欧洲政治合作机制的缺陷而在国际事务中发挥出巨大作用。因此，共同体需要借助欧洲政治一体化的推进，以真正成为国际关系体系中的一个独立政治角色而发挥作用，并上升到未来多极世界中的"一极"地位。

第二，巩固和发展经济一体化成果的需要。

就欧共体本身而言，其内部统一市场已取得重大进展，迫切需要政治联盟加以保障和推进，以免内部种种矛盾因成员国之间的经济联系日益增多而加深和激化，妨碍经济一体化成果的巩固与扩大。况且，经济全球化是欧共体面临的主要问题和挑战。伴随经济全球化进程，国际社会发生了种种巨大的变化。这些变化和现象彼此交错，互相影响，导致人类生存环境发生根本改造，从而使西欧国家绝不能满足于过去的成就，而应当有新的作为。实质上，全球化不仅使欧洲共同体的经济发展成为问题，还冲击着欧洲一体化的社会和文化基础。面对经济全球化带来的这些现象和问题，欧洲共同体更需要改变欧洲的建设方式，为欧洲一体化的持续与深化寻找新的动力。约瑟夫·奈指出："全球化的压力对于加强欧洲地区组织机构起到了促进作用。"

第三，德国统一对欧共体成员国造成新的压力与挑战。

德国在重新统一后成为世界上第十二大国家、世界上第三大经济强国和欧共体最大的成员国，以其巨大的实力优势上升到欧洲的核心地位。这样，两德的合并便极大地改变了欧洲的地缘经济和地缘政治格局，也使共同体内部成员国之间的力量对比关系急剧发生变化，尤其是打破了共同体中轴——法国和德国的力量均衡局面。由此产生的问题不仅特别明显地出现在经济和货币联盟的建立过程中，也出现在军事安全领域中。面对一个令人生畏的屹立在欧洲心脏的强大德国，吸取了两次世界大战教训的欧共体国家普遍感受到一种巨大的压力。它们最为担心的是，一个统一而又自行其是的德国会再次成为欧洲不稳定的根源。出于这种担心，它们继续遵循二战后的那种哲学，即通过加强与德国的和解与合作，提升一体化水平来消除相互间战争的危险性。同时，成员国普遍认为，使德国更深入地卷入欧洲一体化进程，还可大大减少它避免承担对共同体的义务甚至脱离共同体的可能性。总之，成员国迫切希望通过同时推进经济一体化和政治一体化进程，把重新统一后的德国限制在统一的欧洲之内，使它成为"欧洲的德国"，而不致使欧洲成为"德国的欧洲"。正是由于以上紧迫性的存在，随着德国统一、东欧剧变和冷战结束，成员国增强了政治合作的共识，更积极地推动欧洲联盟的建立，以便紧紧地约束德国。同时，德国也极力推动欧洲联合进程，以便消除其他成员国对它重新崛起的疑虑和"恐德症"，并有效地扩大自己在世界上的影响。

20世纪90年代初海湾战争的爆发，是欧洲政治一体化的巨大推动器。大多数成员国鉴于欧共体因政治和防务能力不足而在海湾危机中表现得无所作为，更认识到必须加快政治联盟建设。1991年2月，德国和法国一起向成员国政府间会议提出了欧共体共同安全与外交政策的草案。不久，英国为使联合问题上的谈判能按照自己的意愿进行，也于同年10月4日和意大利一起提出一项联合建议，主张在北约框架内进行改革，同时以一种和谐的方式推进欧洲共同外交与安全政策的确立。英国采取积极态度为成员国通过共同外交与安全政策决议扫除了严重的障碍。

12月11日，在荷兰小城马斯特里赫特举行的第46届欧共体成员国首脑会议上，欧共体12国元首和首脑经过激烈讨论，将建立成员国和政府间"更紧密的联盟"确定为联盟建设的长远基本目标，并就联盟的具体目标达成了一致协议。这些目标是：通过加强经济和社会发展的协调一致，建立起最终包括单一货币在内的经济和货币联盟，来促进经济和社会的可持续与平衡发展；通过实施将来包括共同防务政策在内的并最终导致共同防务行动的共同外交与安全政策，在国际上显示欧洲联盟身份；通过实行欧洲联盟公民身份制度，加强对各成员国国民权利和利益的保护；发展司法和内务领域内的紧密合作，等等。①

总体上，《马斯特里赫特条约》（以下简称《马约》）包括欧洲政治联盟和欧洲经济与货币联盟两个部分。其目标是在欧洲共同体内部形成一个市场、一种货币和一个政治联盟。而建立欧洲政治联盟的最重大意义之一则在于：通过政府间合作的模式，在外交、安全、司法与内务领域达到协调各成员国政策的目的，进而达到政治一体化的目的。显而易见，欧盟具有本身的特定目标，尽管其目标和欧共体的目标在构想上有密切的联系。

《马约》的签署过程因一些国家持谨慎立场、条约本身结构和机制上的缺陷而充满艰难。各成员国政府及欧共体官员没有就《马约》作广泛的宣传，也导致丹麦、英国、德国等不少国家的公众对《马约》缺乏理解而拒绝投票同意。直到1993年10月，《马约》才得到所有成员国的最终批准，1993年11月1日，《马约》正式开始生效，欧洲联盟由此诞生。

（二）欧盟共同外交与安全政策的确立及评价

1992年2月7日正式签署的《欧洲联盟条约》即《马约》，是过去几年来修正欧洲共同体基础条约中的一个最重要条约，是欧盟存在和发展的基本法律依据。它一方面加强了欧洲共同体的货币政策，另一方面又确立了其他政策，特别是共同外交与安全政策以及司法与内务合作政策。

根据《欧洲联盟条约》A条的规定，欧洲联盟的基础为欧洲共同体，并辅之以该条约所建立的政策与方式。G条明确规定，"欧洲经济共同体"改为"欧洲共同体"。根据C条的规定，联盟拥有一个单一机构框架，以保证为实现其目标而采取的行动的一致性和连续性。联盟应特别保证其在对外关系、安全、经济与发展等政策范围的整个对外行动的一致性。应该说，这是欧盟的一

① 详见欧共体官方出版局：《欧洲联盟法典》，第2卷，苏明忠译，国际文化出版公司2005年版，第10—11页。

个基本原则。该条约表明共同体经过长期努力，终于把欧洲最初的经济一体化推入着手实现欧洲经济与货币一体化和政治一体化的全面联盟阶段。尤为令人注目的是，它要求各成员国将政治领域的部分主权让渡给超国家的共同体，实行共同外交与安全政策。条约规定共同外交与安全政策的目标是：捍卫联盟的共同价值、根本利益和独立；使用一切手段加强联盟及其成员国的安全；根据《联合国宪章》和《赫尔辛基最后文件》的原则以及《巴黎宪章》所制定的目标，维护和平和加强国际安全；促进国际合作；发展和巩固民主与法制，尊重人权和基本自由。[1]

《马约》还指出："共同外交与安全政策应包括与联盟安全有关的一切问题，包括最终制定一项可适时走向共同防务的共同防务政策。"它将集体安全确定为欧盟特定的目标，是与《罗马条约》的明显不同之处。[2]

为实现成员国在外交与安全政策领域的系统合作，《马约》规定：成员国应在理事会内部就任何涉及全体利益的外交与安全政策事项互通情况并彼此磋商，以确保通过其一致行动来尽可能有效地发挥联合影响；理事会在其认为必要的时候制定共同立场；各成员国应保证使其国家政策同共同立场保持一致；各成员国在国际组织和国际会议期间协调其行动，各成员国应在上述论坛上坚持联盟的共同立场。在由部分成员国参加的国际组织内和国际会议期间，该部分成员国应坚持联盟的共同立场。

《马约》还就适用于外交与安全政策领域共同行动制定的程序作出了一系列规定：理事会（部长理事会即欧盟理事会）根据欧洲理事会的基本指导方针，决定那些适合采取共同行动的事项；理事会在制定共同行动时，以及在共同行动发展过程中的任何阶段，应确定那些要求以特定多数同意作出决定的事项；如果情况的变化对已纳入联合行动的问题具有重大的影响，理事会应重新审查共同行动的原则与目标，并作出必要的决定；但只要理事会尚未决定，共同行动应继续进行；共同行动对各成员国所采取的立场和所进行的活动起约束作用，等等。条约还规定理事会轮值主席代表联盟处理共同外交与安全政策领域的事务；轮值主席应就共同外交与安全政策的主要方面和基本选择等问题同

---

① 详见欧共体官方出版局：《欧洲联盟法典》，第2卷，苏明忠译，国际文化出版公司2005年版，第116页。

② ［美］戴维·卡莱欧：《欧洲的未来》，冯绍雷等译，上海人民出版社2003年版，第325页。

欧洲议会进行磋商，并保证充分考虑欧洲议会所提出的意见。① 由此看来，各成员国决定以共同决策、共同立场和共同行动等方式，加强在政治、外交、安全领域的合作。

《马约》规定共同外交与安全政策应包括同联盟安全有关的所有问题，其中包括将来制定一项共同防务政策。此项共同防务政策将最终导致共同防务。由此一来，条约突破了欧洲政治合作机制在防务领域的藩篱，第一次把共同防务政策正式纳入欧盟的总体政策框架之中。条约进而规定西欧联盟（WEU）是欧洲联盟的一部分，应负责制定并实施联盟的涉及防务领域的决定和行动。

《马约》还首次将"特定多数同意"原则引入外交政策合作领域，它规定：理事会以全体一致同意通过决定。但在作出涉及程序问题和条约特指情况的决定时，应适用"特定多数同意"的表决程序。

以上内容充分表明，经过欧洲一体化40多年的发展和全体成员国的切实努力，欧洲政治一体化的方向已经正式确定，共同外交与安全政策的框架业已基本形成。而且，较之欧洲政治合作，共同外交与安全政策有许多创新。从1993年起，共同外交与安全合作政策正式取代了欧洲政治合作。

《马约》的缔结，表达了成员国的"一种很有意义的政治愿望"。它以共同外交与安全政策作为欧盟应采取的机制，并正式将其确定为具有高度政治含义的欧盟三大支柱之一，从而使属于政府间协调合作性质的欧洲政治合作和具有超国家性质的欧洲共同体实现了进一步结合。这样，《马约》便将成员国过去关于政治一体化的预想具体化了，实现了欧洲一体化进程中的一次重大突破，从而开创了欧洲一体化发展史上的新时期，成为一个重要的新里程碑，并对推动世界多极化进程也具有相当重要的意义。

《马约》为共同外交与安全政策的启动铺平了道路，是欧洲一体化进程中的又一重大收获。作为欧洲政治合作发展和成员国间妥协的产物，共同外交与安全政策的确立对欧洲政治一体化的发展将起到至关重要的作用。有的西方学者甚至认为，"欧盟制定的共同政策是欧盟向联邦制欧盟迈出的第一步"。

《马约》缔结后，欧盟共同外交与安全政策有了本身的法律保障，成员国

---

① 详见欧共体官方出版局：《欧洲联盟法典》，第2卷，苏明忠译，国际文化出版公司2005年版，第117—120页。

在外交与安全领域的认同也得到真正加强，加上国际安全形势根本变化的"催化反应"，这一政策加快形成自然也就有了实际可能。成员国在外交和安全领域逐步加强接近，无疑将为欧盟在对外方面以及包括军事结构在内的安全和防务方面更好地发挥本身的潜力，提高国际行为能力打开广阔的道路。应该看到，在过去"共同体初期的对外关系基本上都是双边性质的"情况下，"与其他国际组织一样，欧共体的国际行为能力也同样受到类似限制。"①

但是，《马约》在政治联盟方面所表现出来的局限性也是十分明显的。它在规定各成员国实行共同外交与安全政策的同时，又明确规定：根据本条约而"采取的联盟政策不得损害某些成员国的安全与防务政策的特殊性"；"联盟政策应尊重某些成员国根据北大西洋公约所承担的义务"；它"应同北大西洋公约框架内制定的集体安全与防务政策保持一致"。② 并且，《马约》尽管将"特定多数同意"原则引入外交政策合作领域，但仍基本沿袭以往的"一致同意原则"，规定政治联盟的基本方针由 12 国首脑组成的欧洲理事会一致决定。《马约》还把欧洲法院排斥在共同外交与安全政策之外，并使欧洲议会除了享有知情权、磋商权和建议权外，在共同外交与安全政策决策中实际上无法发挥什么作用。这样，每一个成员国在政治领域里仍保持很大的国家权力，即在共同外交与安全政策上都握有相当的主动权。用西方人士的话说，"共同外交与安全政策的建立，并不意味着成员国的外交政策的自然消失。共同外交与安全政策也没有使它们消失的意愿，更不会给各国的防务体系造成障碍。"因此，在欧洲政治合作基础上产生的共同外交与安全政策，仍处在欧共体的法律框架之外，其在性质上仍然是一种体现多边主义政府间协调合作的框架。有的学者据此认为，《马约》确立共同外交与安全政策，只是对欧洲政治合作机制"现存制度安排的一种修改，而不是一种重大的改变"。③ 以上情形预示着，国家主权问题在今后继续是欧洲政治合作发展的关键，共同外交与安全政策要突破政府间协调合作的框架，真正实现超越特定国家利益和立场的"欧洲化"绝

---

① ［美］约瑟夫·威勒：《欧洲宪政》，程卫东等译，中国社会科学出版社 2004 年版，第 171 页。

② 欧共体官方出版局：《欧洲联盟法典》，第 2 卷，苏明忠译，国际文化出版公司 2005 年版，第 118 页。

③ Helen Wallace & William Wallace, *Policy-making in the European Union*, Oxford：Oxford University Press, 2000, p. 473.

非易事，还需要欧盟成员国在主权让渡方面不断地作出新的努力。

一种国际组织只要没有独立的主权，就不是独立的国际法主体。欧盟建立后，虽然它不是一般的国际组织，但正是因为在其第二、第三支柱的范围内，所有成员国都完全保留了自己的主权，因此严格说并不具备国际法主体的身份，只有以全体成员国名义活动的欧共体仍然是国际法主体。

在西欧，共同外交政策和共同安全政策的问题早就提出来了。欧盟共同外交与安全政策自《马约》确立后，开始进入形成期。截至目前，这一时期远远没有结束。因此，"在欧盟中，共同外交与安全政策相对来说是一种比较新颖和年轻的政策。"换言之，尽管欧盟三大支柱的框架和内容均已确定，但发展已经成熟且正在逐步完善的还只有欧洲共同体，其他两大支柱都还正在建设之中。共同外交与安全政策要真正变为现实，还要经历一段漫长的路程。从这种意义上说，标志着欧洲政治一体化进入新的实质性发展阶段的《马约》，只是创立了共同外交与安全政策的雏形，还需要成员国在此基础上对欧盟"第二支柱"不断加以发展和完善。

二、欧盟共同外交与安全政策的发展

《马斯特里赫特条约》为欧盟共同外交与安全政策的建立提供了法律依据，但当时所确立的各项规定并不能使该政策完全适应冷战后错综复杂的国际形势的挑战，也不能使其满足欧洲政治一体化提出的欧洲对外政策向一体化方面发展的要求。为此，欧盟在随后的发展过程中，多次对共同外交与安全政策作出调整，尤其是1997年签订的《阿姆斯特丹条约》对该政策的基本目标、行为手段等做了不少的修订。[①]

（一）《阿姆斯特丹条约》对欧盟共同外交与安全政策的修订

随着《阿姆斯特丹条约》生效并成为欧盟存在和发展的法律依据，欧盟

---

① 本章所引用的《阿姆斯特丹条约》条款内容均源自 *The Treaty of Amsterdamm*，*Amending the Treaty on European Union*，*The Treaties Establishing The European Communities and Certain Related Acts*，参见欧盟官方网站 http：//eur-lex. europa. eu/en/treaties/dat/11997D/tif/JOC _ 1997 _ 340 _ 1 _ EN _ 0005. pdf，下同。

共同外交与安全政策自然也就以其为新的法律基础实现了相应的变更。在"实质性修订"部分第一条,《阿姆斯特丹条约》对《马斯特里赫特条约》第五编(Title V)进行了修订,删除了第J条,并对其他条款进行了调整、修改和补充。在《阿姆斯特丹条约》(以下简称《阿约》)中,关于欧盟共同外交与安全政策的条款编号变成了第11条到第28条。具体来说,在共同外交与安全政策上,《阿约》对《马约》的修改主要表现在以下几方面:

1. 提升欧盟的职权并重点突出欧盟的主导地位。《马约》规定欧盟共同外交与安全政策的确定和施行由欧盟及其成员国共同负责,而《阿约》则将《马约》版条文中的"及其成员国"字样删除,该项职责明确划归欧盟。《阿约》同时要求"成员国应该以一种坚信不渝和相互团结的精神,积极而毫无保留地支持联盟的外交与安全政策",并将欧盟共同外交与安全政策的第二项目标改为"以各种方式加强联盟的安全,"而"成员国联合的影响"被改为"联盟的影响"。

2. 为实现欧盟共同外交与安全政策的目标,新增"决定共同战略"这一政策措施。经过《阿约》修订后,欧盟共同外交与安全政策的目标被正式界定如下:(1)根据《联合国宪章》的原则捍卫欧盟的共同价值、根本利益、独立和完整;(2)使用一切手段加强联盟的安全;(3)根据《联合国宪章》的原则、《赫尔辛基最后文件》的原则以及《巴黎宪章》所制定的包括外部边界原则在内的目标,维护和平,加强国际安全;(4)促进国际合作;(5)发展和巩固民主与法治,尊重人权与基本自由。① 为确保上述基本目标得以实现,经过《阿约》修订后的《欧洲联盟条约》规定了5种基本政策手段:(1)制定共同外交与安全政策的原则和基本指导方针;(2)决定共同战略;(3)采取共同行动;(4)采取共同立场;(5)强化成员国之间政策执行方面的系统合作。② 《阿约》提出"共同战略"概念,规定在对成员国具有重要性的领域,通过建立成员国共同战略的形式来实施合作安全的目标,其重要意义在于为确保成员国对外政策的一致性提供了新的手段。

---

① *The Treaty of Amsterdamm, Amending the Treaty on European Union, The Treaties Establishing The European Communities and Certain Related Acts*, Article J·1.

② *The Treaty of Amsterdamm, Amending the Treaty on European Union, The Treaties Establishing The European Communities and Certain Related Acts*, Article J·2.

3. 共同防务政策进一步明朗化。《阿约》充分考虑到发展共同防务的客观情况，将原本由《马约》中表明的"包括最终形成一项可适时走向共同防务的共同防务政策"，改为"包括逐步形成一项可走向共同防务的共同防务政策，"并指出欧洲理事会有权决定共同防务政策的发展动向以及相关具体事务。同时，《阿约》规定共同外交与安全的原则和总指导方针中应"包括具有防务意义的事务"。①

4. 明确了西欧联盟与欧洲联盟的关系。《阿约》规定西欧联盟将为欧洲联盟提供执行人道主义与救援任务、维和任务和危机处理战斗任务的行动能力，并支持欧盟形成欧盟共同外交与安全政策框架之下有关防务合作方面的政策。《阿约》指出，欧盟应该与西欧联盟形成更加密切的机构关系，以期将西欧联盟纳入欧洲联盟。但是，在《阿约》中，成员国仍然不提将西欧联盟整合到欧盟中的方针，而欧盟同样也未被赋予对西欧联盟的领导权力。这明显表现出，欧盟国家和西欧联盟在共同外交与安全政策范围内都保持着很大的灵活性。②

5. 设立了欧盟共同外交与安全政策高级代表一职，这个职位的确立大大改变了理事会在外交与安全事务领域所面临的决策环境。在代表人选方面，《阿约》规定应该由理事会秘书长担任欧盟共同外交与安全政策的高级代表（High Representative），同时《阿约》第 26 条规定了理事会秘书长的职责权力，要求作为高级代表的理事会秘书长应积极协助理事会主席筹划和执行政策措施。《阿约》明确规定，高级代表应帮助理事会在属于共同外交与安全政策范畴的事务上制定、准备和执行政策决定，并在适当的时候应主席国的要求代表理事会与第三方进行政治谈判。③

6. 专列一条有关欧盟共同外交与安全政策决策机制的原则，在特定多数表决（Qualified Majority Vote）机制上取得了一定进展。《阿约》第 23 条表明，相关决定应该由理事会全体一致表决，亲自到会或委派代表到会的成员国的弃

---

① *The Treaty of Amsterdamm*, *Amending the Treaty on European Union*, *The Treaties Establishing The European Communities and Certain Related Acts*，Article J·7.

② *The Treaty of Amsterdamm*, *Amending the Treaty on European Union*, *The Treaties Establishing The European Communities and Certain Related Acts*，Article J·7.

③ *The Treaty of Amsterdamm*, *Amending the Treaty on European Union*, *The Treaties Establishing The European Communities and Certain Related Acts*，Article J·16.

权票不应该妨碍此类决定的通过。弃权的成员国如果作出正式声明，可以不实施决定，但不能阻挠联盟的行动。当依据共同战略而采取共同行动、共同立场或者任何其他决定以及采取任何执行共同行动或者共同立场的决定时，理事会可以特定多数同意方式表决。如果某一成员国宣布它将以本国政策为重要理由而反对以特定多数采取决定，则表决程序不得进行。但理事会可以特定多数表决而将此事务提交欧洲理事会议全体一致作出决定。但是，特定多数表决机制不得应用于具有军事或者防务含义的决定。在程序问题上，理事会可以其成员的多数表决。①

《阿约》的缔结，是《马约》签订后促使欧盟"共同外交与安全政策"发展的一个重大步骤。特别是由于这一条约设立了欧盟共同外交与安全政策的高级代表，规定将"共同战略"作为主要的政策手段，实现共同外交与安全政策机制与西欧联盟的合作，共同外交与安全政策的机制建设获得了很大的发展，这在一定程度上也提高了欧盟的国际影响力。

（二）《尼斯条约》对欧盟共同外交与安全政策的修订

2001年2月26日由欧盟各国外交部长签署的《尼斯条约》，继续深化和推进了由《阿约》规定的针对欧盟机构运作机制的一系列改革措施。同时，《尼斯条约》还涉及在先前谈判中未曾解决的很多问题，为已经列入一体化日程的欧盟扩大打开了道路。作为一次以调整欧盟机构运作机制为主要目标的改革，《尼斯条约》进行的是微观的技术层面调整，其作用并未上升到对欧盟共同外交与安全政策进行根本性变革或有重大推进的地步，但其具体的调整措施和内容仍不可忽视。从整体来看，该条约针对欧盟共同外交与安全政策的修改内容主要体现在如下两大方面：

1. 调整了共同外交与安全政策决策主体的构成

欧盟共同外交与安全政策是建设中的欧盟对外政策一体化的机制性政策，而各类欧洲一体化组织均在不同程度上承担着决策主体的职责与功能（详见本章第三节）。《尼斯条约》通过对这些决策主体的结构与权责的改革，以间

---

① *The Treaty of Amsterdamm*, *Amending the Treaty on European Union*, *The Treaties Establishing The European Communities and Certain Related Acts*, Article J·13；另参见刘秀文、埃米尔·J. 科什纳：《欧洲联盟政策及政策过程研究》，法律出版社2003年版，第438—441页。

接影响的方式修订了共同外交与安全政策。通过若干项体制改革，《尼斯条约》确立了欧盟的 27 国体制，以便欧盟在扩大后仍然能够正常运转，这不仅意味着参与共同外交与安全政策的成员国数量增多，而且直接关系到作为共同外交与安全政策的决策主体的欧盟委员会和欧盟部长理事会的运行机制。具体而言，这方面的改革又可以分为如下几方面：

（1）对若干共同外交与安全政策决策主体的机构组成进行了调整。欧盟委员会是欧盟各项条约的保护者，它也拥有重要的立法权和执行权。《尼斯条约》签订之前，欧盟委员会原有 20 名成员，其中 10 个较小的成员国各自任命 1 名委员，而 5 个较大的国家（法、德、意、英、西班牙）则各自任命 2 名委员，各国之间的委员数量存在着明显的不均衡。《尼斯条约》决定 5 大国从 2005 年起放弃它们对第 2 名欧盟委员会成员的提名权利，规定每个成员国只能提名 1 名委员，直到欧盟成员规模达到 27 国为止。《尼斯条约》规定，将根据欧盟扩大的实践经验，在新入盟国家参与且严格遵守成员国平等原则的基础上，由欧盟部长理事会以一致通过的方式决定欧盟会的委员数量少于 27 人，各成员国轮流担任欧盟委员会成员。《尼斯条约》还就扩大欧盟委员会主席的权力作出了新的规定，明确主席的权力应包括：决定欧盟委员会的内部组织，以保障其连贯地、有效地和在集体领导的基础上工作；在委员会委员之间分配工作，并可在任职期间，重新调整委员的工作；经委员会批准，任命若干副主席；在委员会同意的前提下要求欧盟委员会成员辞职。上述变革的总体效果是加强欧盟委员会主席的权力，赋予它较之其他决策主体更加显著的地位。《尼斯条约》同时也对共同外交与安全政策的另一决策主体——欧盟议会作出了新的规定。欧盟议会由成员国公民直接选举产生，它与欧盟部长理事会分享立法和预算权，并在欧盟内部行使民主监督权，承担着对共同外交与安全政策开展监督与咨询的职能。《尼斯条约》之前，欧盟议会共有 626 名成员，欧盟各项条约限定，议会总成员不得超过 700 名。随着欧盟扩大，议员数量的变更已经提上议事日程。为确保在各国之间平等的基础上，经由政府间会议，就重新分配议员席位以接纳新成员国、同时又不使议会过大以免影响工作效率达成协议，《尼斯条约》最终决定将欧盟议会议员席位的最高限额增加到 732 人，这样可确保来自欧盟新成员国家的议员代表能够对共同外交与安全政策开展监督与咨询工作。

（2）对现有成员国以及申请国未来在理事会决策中的表决票数进行了新的分配。欧盟部长理事会的投票权是在"组"的基础上确定的，即按照人口总体上的相似度将成员国划分为若干组。尼斯会议认为应在欧盟部长理事会的加权投票制度中对各国的票数重新分配，包括根据《阿姆斯特丹议定书》对那些失去提名第 2 名欧盟委员会成员资格的国家进行补偿。尼斯会议主要考虑了以下两种平衡机制：1）简单的重新平衡。对于现在的成员国和新成员国均给予新的加权票；2）双重多数制，即除了加权票的重新平衡之外，引入一致机制，保障有效多数票代表欧盟人口的足够比例。《尼斯条约》规定在《欧洲共同体条约》框架下作出的决定应当获得多数成员国的支持，如所做决定不是由欧盟委员会建议的，则要求有成员国中 2/3 的多数支持；成员国可以要求核对由多数成员国支持的决定是否同时取得了占欧盟总人口的至少 62% 的人口的支持。鉴于相当一部分人口标准更多地有利于大国，《尼斯条约》作出相应的补偿，规定小国寻求在作出任何决定时可以要求有至少多个成员国的同意。显然，《尼斯条约》试图谋求欧盟内部各支力量之间的平衡，以求尽可能多地照顾到所有欧盟成员国的利益。可以说，正是这种"抑扬并举"、"委曲求全"的思路，限制了欧盟各方最初对尼斯会议的期望，使得《尼斯条约》成为典型的政府间主义博弈的妥协结果，未能出现实质性的进展。

（3）扩大了特定多数原则的使用范围。有效多数表决制度是欧盟部长理事会较为频繁地采用的一种决策形式，它通常与欧盟议会的共同决定程序紧密联系在一起，通常是在给予欧盟议会以"共同立法者"身份的"共同决定"程序中使用。在当时成员国为 15 国的情况下，"有效多数"为总数 87 票中的 62 票。随着欧盟的扩大和欧盟部长理事会成员的增加，客观上要求扩大有效多数表决制适用的范围，以利于在扩大的欧盟中有效地作出决定。为此，《尼斯条约》列出一项单独条款，规定从 2004 年 5 月起，欧盟部长理事会在欧盟委员会提出动议并经欧洲议会咨询之后，采取特定多数表决机制，以逐渐吸收和借鉴《欧洲共同体条约》中第 66 条所规定的（表决）措施。[①]

（4）为推行"强化合作"创造了便利条件。强化合作原本是《阿约》引

---

① *Treaty of Nice*, *Amending The Treaty on European Union*, *The Treaties Stablishing the European Communities and Certain Related Acts* （2001/C 80/01）, Official Journal of the European Communities, 10.3.2001, Sole Article.

进的一项特别规定，该规定允许欧盟的少于成员国总数的成员国集团，利用欧盟的制度，促进其成员之间更加紧密的合作。但实际上，因为该规定要求多数成员国的参与，并且允许任何成员国行使否决权，有关强化合作的规定从未被付诸实施。一些成员国经实践后认为，其原因在于条约规定得过分严格以致无法实施。由于这个规定对强化合作有一定的妨碍作用，尼斯会议决定调整采取强化合作的相关先决条件并理顺各类条件之间的关系，确保强化合作的顺利开展且不会给各类欧洲一体化事业造成冲突。《尼斯条约》规定，政治方面的强化合作不得损害经济方面的单一市场、不能构成贸易壁垒或者扭曲成员国之间的竞争，它只能在其他办法不足以达到既定目标的情况下作为最后手段被运用。《尼斯条约》对强化合作的主要变革调整如下：第一，不论欧盟成员国数目多少，参加强化合作的国家最少应为 8 个；第二，有关成员国加入强化合作的权利规定得到了加强；第三，欧盟可以在执行共同外交与安全政策的决定时采取强化合作，但不得因此而涉及安全和国防事宜；第四，欧盟部长理事会对于强化合作的批准将采取有效多数投票制度，除非在共同外交与安全政策领域内仍然适用否决制，成员国不再可能对强化合作集团的成立进行否决。①

2. 修订了共同外交与安全政策有关欧洲防务的条款

冷战结束后，欧盟所面临的安全环境更为复杂，客观上这就要求欧盟自身必须拥有维护欧洲和平、稳定和安全的相应实力。正如 1998 年欧洲理事会所明确指出的，"欧盟要在国际舞台上拥有发挥一定作用的地位，共同外交与安全政策就必须建设可信赖的军事行动能力"②。《马约》规定共同外交与安全政策将涉及所有与安全有关的问题，包括共同防务政策的最终形成，并可能在一定时候导致共同防务。《阿约》提出应逐渐形成共同防务政策，并增设"彼得斯堡任务"，谋求实施"人道主义和救援任务、维持和平任务、包括缔造和平在内的危机管理中战斗力量的任务"③。这些规定意在使由《马约》建立的共同外交与安全政策更加协调、行动更加有效、效果更为清晰可见。1999 年欧

---

① *Treaty of Nice*, *Amending The Treaty on European Union*, *The TreatiesStablishing the European Communities and Certain Related Acts*（2001/C 80/01）, Official Journal of the European Communities, 10. 3. 2001, Article 27 a-e.

② Sir William Nicoll & Trevor C. Salmon, *Understanding The Euroepan Union*, London, 2001, P. 380.

③ *The Treaty of Amsterdamm*, *Amending the Treaty on European Union*, *The Treaties Establishing The European Communities and Certain Related Acts*, Article J·7（2）.

洲理事会科隆会议各方达成一致意见，声明"将赋予欧盟必要的手段和能力，以承担起欧洲共同安全与防务"，并发表《关于加强欧洲共同安全与防务政策的声明》，对发展相关的军事力量做了框架部署。同年的赫尔辛基会议则主要解决提高军事能力的问题。在此基础上，《尼斯条约》重申确保欧洲安全以及共同外交与安全政策下共同防务的必要发展，并对其他相关条款进行了修改，在第一部分"实质性修订"中删除了涉及西欧联盟的规定。但是，《尼斯条约》规定"将不阻止两个或更多的成员国在双边层次上、在西欧联盟和北约的框架中发展更为紧密的合作，只要这种合作不违背相关的规定"[1]。《尼斯条约》同时为设立在布鲁塞尔的政治和安全委员会确立了法律基础，确认其"在不损害建立欧洲共同体条约第 207 条的情况下，政治和安全委员会将监督共同外交与安全政策所涉领域中的国际形势，并通过在理事会的要求下或出于主动向理事会提出看法而帮助规定政策。它也将在不损害主席国和委员会责任的情况下监督已经达成的政策的执行情况"[2]。

《尼斯条约》主要从机制改革的角度对欧盟进行了相应的调整，但因其调整措施并非实质性的，其功效十分有限。比如，它仅仅将 15 国体制改为 27 国体制，这虽为欧盟的扩大和共同外交与安全政策参与国家数量的增多提供了法律支撑，却并没有采取相应的实质性措施来强化共同外交与安全政策的体制，决策效率也未能得到提高。[3]

（三）《欧盟宪法条约》对欧盟共同外交与安全政策的修订

欧洲一体化的进程，也是各种政治一体化的政治思潮和理论博弈的过程。围绕欧洲以何种联合方式继续发展这一问题，有关方面不断地提出各种方案以

---

① *Treaty of Nice*, *Amending The Treaty on European Union*, *The TreatiesStablishing the European Communities and Certain Related Acts*（2001/C 80/01），Official Journal of the European Communities, 10. 3. 2001, Article 17.

② 转引自朱明权：《欧盟共同外交和安全政策与欧美协调》，文汇出版社 2002 年版，第 146 页。另参见 *Treaty of Nice*, *Amending The Treaty on European Union*, *The TreatiesStablishing the European Communities and Certain Related Acts*（2001/C 80/01），Official Journal of the European Communities, 10. 3. 2001, Article 25.

③ 参见朱明权：《欧盟共同外交和安全政策与欧美协调》，文汇出版社 2002 年版，第 148 页；［比］陈志敏、古斯塔夫·盖拉茨：《欧洲联盟对外政策一体化——不可能的使命?》，时事出版社 2003 年版，第 64 页。

确保欧洲联合的成果。1984 年 2 月，欧洲议会曾经通过一个被称之为《欧共体新宪法》的关于建立欧洲联盟条约的草案，由于欧洲议会当时没有立法权，加之客观条件还不成熟，这一文件被束之高阁。2000 年 5 月德国副总理兼外长菲舍尔在"关于建立欧洲联邦"的演讲中，明确提出要制定一部欧洲宪法。尽管德国关于欧盟建立联邦体制的设想在欧盟内部引起了广泛争议，但该设想中有关制定一部欧洲宪法的倡议得到了法国的赞同。同年 12 月尼斯峰会决定再召开政府间会议商讨制定欧洲宪法事宜，当时的欧盟 15 国决定为缔结一项欧洲宪法条约而努力。这表明欧盟正酝酿一次新的飞跃，要把欧盟一体化推进到一个新的高度。2001 年 12 月在比利时莱肯举行的首脑会议上，欧盟各国领袖决定设立"欧洲未来大会"（The Convention on the Future of Europe，又称制宪大会），会议推选的以德斯坦为主席的制宪筹备委员会于 2002 年提交了首个《欧盟宪法条约》草案。至此，欧盟创设宪法的努力与欧盟宪法草案对共同外交与安全政策进行调整的尝试同步展开。

1. 《欧盟宪法条约》中有关共同外交与安全政策的规定

作为推进欧洲政治一体化这一宏观进程的伟大举措，拟议中的《欧盟宪法条约》的涵盖范围也较为宽广。在欧盟共同外交与安全政策方面，该宪法草案主要针对外交代表提出了新的建设方案。《欧盟宪法条约》提出之前，欧盟的对外工作主要由共同外交与安全政策的高级代表、欧盟委员会对外关系委员和欧盟轮值主席国外长共同承担，欧洲制宪大会认为这种多人共同负责和轮值制度必定不利于欧盟外交政策的延续和有效。为加强外交工作，欧盟在宪法条约草案中写入了有关设立外长的内容，即将高级代表和对外关系委员的工作合二为一，同时在第三国设立欧盟外交代表机构，直接对欧盟外长负责。其主要内容包括：（1）设立欧洲理事会主席和欧盟外交部长，组建欧盟外交部，以保持欧盟对外工作的连续性。作为向欧盟发展提供政治动力的机构，欧洲理事会由欧盟成员国国家元首或政府首脑、欧洲理事会主席和欧盟委员会主席以及新设的欧盟外交部长组成。设立欧盟外交部长是《欧盟宪法条约》的主要创新之一，该草案规定欧盟外长同时担任欧盟委员会副主席，由欧洲理事会以有效多数表决方式选举产生，任期 5 年，负责主持新设立的对外关系理事会，开展欧盟共同外交与安全政策。这种"一人双职"的机制将有助于欧盟的对外政治和经济行动更加连贯一致，也更容易使欧盟的外交立场在国际社会得以表达，因为欧盟外长可以代表欧盟在联合国安理会发言。（2）《欧盟宪法条约》中提出了一项"忠诚条款"，要求各成员国积极并毫无保留地支持欧盟共同外交与安全政策，这有助于各成员国在外交上用"同一个声音说话"，可使欧盟在外交上扮演更为重要的角色。（3）宪法条约草案还在第三部分第五编中对欧盟对外政策的行动措施做了相关界定，其中包括共同外交与安全政策、共同商业政策、发展合作、与第三国合作和人道主义援助、限制性措施、国际协定等，在一定程度上简要地说明了共同外交与安全政策和其他对外行动措施之间的关系，同时也表明该政策的主要特性在于政治和安全方面，而不是欧盟对外关系的全部。①

对于设立欧盟外交部长这一最重要的制度创新，欧洲许多国家的研究人员表明了积极支持的态度。法国国际关系研究所欧洲问题专家马克西姆·勒费布尔认为，《欧盟宪法条约》"以令人满意的方式"解决了欧盟决策机制、即权力分配问题。宪法条约对欧盟机构设置的改变，特别是欧盟外交部长这一职务的设立，将增强欧盟在国际舞台上的政治地位。法国国际关系与战略研究所专家法比奥·利伯蒂也指出，宪法条约规定欧盟将拥有法人代表，欧盟将有权与国际组织签署协议或条约，标志着欧洲政治一体化的深入；而欧洲理事会主席和欧盟外交部长这两个职务的设立，意味着欧盟机构设置的重大突破；在共同防务政策方面，宪法条约规定的"永久结构性合作"条款为若干核心国家在该领域继续寻求突破提供了支持。② 欧盟此举意在提升国际地位，在尽可能多的领域"用一个声音说话"。出于同样的目的，《欧盟宪法条约》草案还规定："欧盟在第三国和国际组织的代表团（使馆）将代表欧盟。这些代表团将在欧盟外长的指挥下运作，并与欧盟成员国的驻外使团密切合作。"

2. 欧盟制宪进程受挫与《里斯本条约》的诞生

经过长期而艰苦的谈判，欧盟各国首脑于 2004 年 10 月签署了《欧盟宪法条约》，未料在 2005 年 5—6 月间，《欧盟宪法条约》被法国和荷兰的全民公决相继否决。法国与荷兰的否决在欧洲引起了多米诺骨牌效应，首先是英国搁

---

① 有关欧盟对外行动的相关内容，参见［比］陈志敏、古斯塔夫·盖拉茨：《欧洲联盟对外政策一体化——不可能的使命？》，时事出版社 2003 年版，第 403 页。

② 有关这些评论的具体阐述，详见网络报道 http://www.china.com.cn/international/zhuanti/eurogroup/txt/2004 – 10/30/content_5692571.htm。

置了原定的公投计划，紧接着在计划举行公投的卢森堡、葡萄牙、丹麦、捷克等国，反对该条约的人数呈明显的上升趋势。即使是另一核心国家德国，对宪法条约的支持率也从原来的59%降低到42%。这样，本意在于加强欧洲一体化公民基础的宪法条约，却戏剧性地遭到了基层公民的强烈抵制。

经过一段时间的冷静思考和一系列的紧急磋商与周旋，欧盟首脑峰会作出了暂停各国对欧宪条约批准程序的决定，并一致同意延长欧宪条约的批准期限。欧盟轮值国当值主席卢森堡首相容克表示，《欧盟宪法条约》是欧洲所能得到的最好的宪法条约，因此没有必要给其准备替代方案，但欧盟各国要共同执行一项"D计划"，即对话（Dialogue）与讨论（Debate）。欧盟首脑作出这一决定，赋予成员国更多的回旋余地，使它们可以选择推迟批准宪法条约，进而降低了条约逼近"死亡门槛"的可能性。但是，很快又有一些欧洲国家宣布，在欧盟宪法的前景明朗之前，不会批准该部宪法，欧盟宪法危机由此爆发。

欧盟制宪引发的严重危机表明，依靠行政力量推动"欧洲共和国"的建设已成为强弩之末，而欧盟希望通过《欧盟宪法条约》来推动共同外交与安全政策发展的计划也遭受沉重打击。为推动欧盟制宪进程复苏，欧盟非正式首脑会议于2007年10月19日在葡萄牙首都里斯本通过《里斯本条约》，取代已经宣告失败的《欧盟宪法条约》。

《里斯本条约》堪称《欧盟宪法条约》的简化版，其主要内容为：（1）设立常任欧盟理事会主席职位，取消目前每半年轮换一次的欧盟主席国轮替机制。主席任期2年半，可以连任。将"欧盟共同外交与安全政策高级代表"和欧盟委员会负责外交的委员这两个职权交叉的职务合并，统归为"欧盟外交与安全政策高级代表"一职，由高级代表全面负责欧盟对外政策。（2）将更多政策领域划归到以"有效多数表决制"决策的范围，以简化决策过程。司法、内政等敏感领域的一些政策也将以"有效多数制"表决，成员国不再能"一票否决"。但在税收、外交和防务等事关成员国核心主权的领域，仍采取一致通过原则。（3）重新调整各成员国在"有效多数表决制"下的加权票数，这一工作在2014年至2017年间逐步实行。（4）以"双重多数表决制"取代目前的"有效多数表决制"，即有关决议必须至少同时获得55%的成员国和65%的欧盟人口的赞同才算通过。新表决制将在2014年开始实施，到2017

年之前的 3 年为过渡期。（5）从 2014 年起，欧盟委员会的委员人数将从现有的 27 名减至 18 名，委员会主席的作用将加强。（6）欧洲议会的权力将增强。此外，议会的议席数将从 2007 年的 785 位减至 750 位，一些国家所占议席数将根据其人口数量作出调整。（7）成员国议会将在欧盟决策过程中发挥更大作用。例如，如果一项欧盟立法草案遭到 1/3 成员国议会的反对，将返回欧盟委员会重新考虑。（8）新条约将确认"欧盟基本权利宪章"对各成员国的法律约束力。不过，英国获得部分"豁免"，以免其国内的社会权利和《劳工法》等与宪章有抵触的法规被判定为非法。①

《里斯本条约》是为挽救已经被部分国家否决的《欧盟宪法条约》而提出的，其改革措施较之旧版宪法条约有了很大的进步，同时该条约要求只有得到欧盟所有 27 个成员国的批准才可生效。2008 年 6 月 12 日，在已有 18 个成员国批准的前提下，爱尔兰的全民公决否决了这一条约，使得宪法进程再次受阻。而部分欧盟新成员国的态度进一步体现了制宪进程的艰难，比如捷克总统克劳斯表示："爱尔兰否决《里斯本条约》是自由和理智战胜人为精英工程和欧洲官僚主义的胜利。"②

欧盟宪法危机充分暴露出这样一个令人思考的问题，即欧洲一体化事业缺乏对冷战后新出现的国际格局的适应能力。长期以来，欧洲的政治精英们仅仅是就一体化而谈一体化，只关注到一体化进程内部的各个方面，却没有认识到为一体化重建合法性，以构建新的价值信念基础的重要性，因而在引导欧洲一体化发展时缺乏足够的远见卓识。正如现实所揭示的，没有坚实民众基础的一体化就没有真正的前进动力，而要赢得民众的广泛支持，必须经历一个曲折漫长的过程。面对经济全球化的巨大挑战，只有进行有效的改革才能使一体化获得生机。为此，政治精英和民众都必须有为改革作出牺牲的精神，否则一体化没有成功的希望。唯有如此，一体化才有可能得到持续而健康的发展。

作为一部纲领性的法案，《欧盟宪法条约》及其改进版《里斯本条约》将迄今规范联盟活动的各种法令、规章系统化与法制化，肯定与巩固了一体化的

---

① 有关《里斯本条约》的具体内容，参见欧盟官方网站 http：//europa. eu/lisbon_ treaty/glance/index_ en. htm。

② 《爱尔兰人给〈里斯本条约〉"死亡一击"》，2008 年 6 月 14 日中国新闻网，参见 http：//www. chinanews. com. cn/gj/oz/news/2008/06 −14/1281859. shtml。

成果，并且制定了一系列保证扩大后的联盟有效运转的机制改革措施。如果条约生效，欧盟成员国将更紧密地结合在一起，欧盟将呈现出某些国家特征，并大大提升自身的国际竞争力，对共同外交与安全政策的发展也会起到实质性的推动作用。就目前来看，《欧盟宪法条约》以及《里斯本条约》虽然遭遇挫折，但其所系的欧洲政治一体化进程不可逆转，因为这一进程给欧洲带来了巨大的政治、经济和安全利益，而这种利益的提升将继续推动欧洲政治一体化向前发展。

三、欧盟共同外交与安全政策机制分析

欧盟共同外交与安全政策的目标决定了这一机制的潜在运作范围非常广泛，将"涵盖有关外交和安全政策的所有方面"。欧盟将通过建立成员国之间的系统合作及在成员国具有共同重要利益的领域执行联合行动来逐渐实现这些目标。目前欧盟共同外交与安全政策仍处于尚未成熟的阶段，但它的确立毕竟标志着欧洲政治一体化在新的历史条件下已取得重要进展，反映了冷战结束后欧洲安全结构重新调整的现实需要及欧洲一体化深化的迫切需要，将对欧盟及其成员国的对外政策产生直接的影响。总体来看，欧盟共同外交与安全政策是一个特别的机制，具有较为全面的功能，能够在最大限度上协调欧盟国家超国家主义与政府间主义之间的观念竞争，也能够在一定程度上协调欧盟各成员国与欧盟之间的利益，此外，还可以有效地把握欧洲对外关系发展的态势。不过，也应该看到，欧盟共同外交与安全政策本身也是一个过程性的"发展中"政策。其间，各国内部必须协调政府与各种政治势力的关系，同时也必须排除来自其他机构的干扰因素。[①]

（一）欧盟共同外交与安全政策的决策主体

从《阿约》开始，欧盟共同外交与安全政策的决策机制也经历了较长的发展历程。决策主体逐渐丰富，且各决策主体的功能与职责都有了明确的规

---

① John Peterson and Helene Sjursen（ed.），*A Common Foreign Policy for Europe*，*Competing Visions of the CFSP*，London and New York：Routledge，1998，the introduction part. X.

定。在这一决策机制中，决策主体均有明确的定位与分工，具体表述如下：

1. 欧洲理事会

欧洲理事会是欧盟的最高决策机构，也是负责欧盟共同外交与安全政策的最高机构。根据《阿约》，欧洲理事会有权制定包括防务内容在内的欧盟共同外交与安全政策的原则和基本指导方针，决定联盟在成员国具有重大共同利益的领域需要执行的共同战略。共同战略由欧盟理事会向欧洲理事会提出建议，欧洲理事会以全体一致通过方式作出决定。同时，欧洲理事会可就欧盟共同外交与安全政策发表特别重要声明。

2. 欧盟理事会

欧盟理事会，尤其是外长理事会是和欧盟共同外交与安全政策关系最为密切的核心机构之一。理事会之下有多个机构与共同外交和安全政策相关联，其中包括：（1）理事会主席。理事会主席代表联盟处理欧盟共同外交与安全政策领域的事务；负责关于欧盟共同外交与安全政策决议的实施，在国际组织和国际会议中表达联盟的立场；向欧洲议会定期通报有关发展情况；在紧急情况下召集理事会特别会议；在理事会授权下与一国或者多国以及国际组织为缔结协定而进行谈判。（2）欧盟共同外交与安全政策高级代表。《阿约》规定高级代表应协助理事会处理欧盟共同外交与安全政策领域的事务，特别是为通过制定、实施和准备政策决定作出贡献，在适当的时候应理事会主席的要求代表理事会同第三方进行政治对话。（3）政策规划与早期预警小组。主要任务包括监督和分析欧盟共同外交与安全政策的相关发展情况；提供对联盟外交与安全利益的评价并鉴明欧盟共同外交与安全政策未来将要重视的领域；对那些以后可能对联盟外交与安全政策有重要反响的事态或者情势，包括潜在的政治危机，提供定期的评价和早期预警；应理事会或者理事会主席的要求或出自本身的动议，拟出一些有争议的政策选择报告，这些报告可由理事会主席负责对理事会的政策制定形成影响，它们可包括对欧盟共同外交与安全政策的分析，推荐意见和战略。（4）常设代表委员会。由成员国大使级代表组成，负责筹备理事会的工作，并执行理事会指派的任务。该委员会一周一次为理事会和决策做准备，其中包括与欧盟共同外交与安全政策有关的内容。（5）政治委员会。政治委员会由成员国外交部政治司司长组成，负责筹备理事会会议，完成理事会交付的任务，监督欧盟共同外交与安全政策的执行，并指导和监督专门工作小组的工作。它的另一职能是保持成员国政府间接触的连续性并使之跟上时代的发展。[1]

　　根据《阿约》的规定，欧盟理事会负责在具有重大共同利益的领域执行欧盟的共同战略。欧盟理事会的会议在理事会轮值主席所在国召开，理事会每年召开至少两次会议，通常在 6 月和 12 月举行，定期讨论欧盟认为重大的政治与发展问题。在实施一项共同战略之时，欧盟理事会通过有效的表决机制来批准行动、决议和确定共同立场。在进行决策的过程中，如果某成员国认为某项决议与本国的重要政策相冲突，可以提请欧盟理事会复议。遇到这种情况时，欧盟理事会则要充当仲裁者的角色来组织复议，但复议的结果仍然需要进行表决，须得到一致通过才能形成最后决议。有关外交与安全的决议一旦形成，由综合事务委员会负责执行。综合事务委员会受常驻代表委员会领导，常驻代表一般都是各个成员国驻欧盟的大使，同时也是综合事务委员会的委员。综合事务委员会对决议的执行情况由政治委员会负责监督，政治委员会负责密切关注国际形势的发展，并把对国际形势的看法与意见形成书面材料提交综合事务委员会。总之，理事会应该在欧洲理事会确定的基本指导方针基础上，作出制定和实施共同外交与安全政策所必要的决定，它将负责确立共同立场、采取共同行动和向欧洲理事会推荐共同战略等，并以共同行动和共同立场来执行之。理事会应在必要时任命处理特定政策问题的特别代表。在欧盟共同外交与安全政策下，理事会应该以全体一致同意方式通过决议，在某些特定情势下，可以特定多数同意方式议决。

3. 共同外交与安全政策高级代表

　　欧盟指派高级代表负责共同外交与安全政策的执行。根据《阿约》修订的《欧盟条约》第 26 条规定，高级代表仍然是辅助性的，在属于共同外交与安全政策领域的事务中协助理事会，特别是帮助其制定、准备和执行理事会决定。必要时，在主席国的要求下可以代表理事会与第三方进行政治对话。此外，高级代表还可以对政策规划和早期预警小组实施领导职责。首位高级代表是曾任西班牙外交部长以及原北约秘书长的索拉纳。尽管目前各项条约赋予高

---

　　[1] Piening, Christopher, *Global Europe: the European Union in World Affairs.* Colorado and London: Lynne Rienner Publishers, p. 36.

级代表的职责相当有限，但是索拉纳的政治经历、技巧和个人影响力，使这一职位成为对欧盟共同外交与安全政策有着举足轻重的影响的重要角色。具体到高级代表的职权，他所领导下的政策规划和预警小组在更名为政策小组后，所负责的事务更具综合性，包括监督和分析有关欧盟共同外交与安全政策的事态发展，对其进行评估；界定未来需由共同外交与安全政策关注的领域；对可能影响欧盟外交与安全政策的国际事态及时进行评估和预警；帮助理事会分析和采取决策。①

4. 欧盟委员会

作为欧盟的超国家机构，欧盟委员会几乎垄断了欧盟立法的动议权，并负责贯彻和执行欧盟法规。但是在共同外交与安全政策领域，委员会的职权是经由一系列条约和法规所赋予的。委员会下属的对外关系总司是负责欧盟共同外交与安全政策的特定机构，此外，贸易总司、扩大总司、发展总司、欧洲援助合作办公室和人道主义援助办公室也可以对欧盟共同外交与安全政策施加一定的影响。委员会代表的是欧盟超国家的利益，其作用在于提出有关政策和法律建议，帮助实施欧盟的政策，监督对欧盟法律的遵守，在理事会里调解成员国的利益并在对外关系方面代表欧盟。《阿约》规定，委员会应充分参与欧盟共同外交与安全政策领域中的工作，应理事会要求，委员会应向理事会提交与欧盟共同外交与安全政策有关的任何适宜建议，以确保共同行动的实施。委员会可将与欧盟共同外交与安全政策有关的任何问题提交理事会并提出建议；委员会还可参与理事会主席负责的事务，适当协助理事会主席在理事会授权下为对外缔结协定而进行谈判，并可要求理事会主席在特殊情况下召集理事会特别会议。此外，委员会需定期向欧洲议会通报联盟外交与安全政策的发展情况。

5. 欧洲议会

欧洲议会在最初的《巴黎条约》和《罗马条约》中称为大会，该机构从1962年开始自称欧洲议会，《单一欧洲法令》首次正式确认了这一名称。但是，无论作为大会，还是欧洲议会，它都不拥有国家议会那种广泛的立法权，因而其权利无法与成员国的议会相比，而主要是监督和咨询性的。总体来看，

---

① *The Treaty of Amsterdamm, Amending the Treaty on European Union, The Treaties Establishing The European Communities and Certain Related Acts*, Article J·8, J·16.

经过一段时间的发展，欧洲议会已经在机制和实践方面增强了欧洲共同外交与安全事务的参与程度，它对欧盟及其成员国的对外政策已经具备了一定的影响力。① 欧洲议会在欧盟共同外交与安全政策的决策过程中享有并执行如下权力：（1）知情权。根据相关规定，轮值主席国、各委员会应该定期向欧洲议会通报有关欧盟共同外交与安全政策的进展情况。（2）咨询权。根据规定，理事会主席应就欧盟共同外交与安全政策的主要方面与基本抉择征询欧洲议会的意见，并应该保证欧洲议会的意见得到应有的考虑。但值得注意的是，欧洲议会的咨询局限在一般的政策方针上，并不涉及具体的政策以及相关决定。（3）欧洲议会可以向理事会提出质询，也可以提出建议。欧洲议会应该就实施共同外交与安全政策进展举行年度辩论。（4）由于共同外交与安全政策的行政预算是从欧共体的预算中列支，欧洲议会可以利用其对欧洲共同体预算的审议权对共同外交与安全政策实施间接性的监督作用。

6. 各种专门工作小组和专家小组

各种专门工作小组和专家小组往往是为了解决某一特定国际问题、寻求某一重大国际事件的对策而挑选各成员国外交部的官员或专家组成的临时性组织，主要任务是调研专门问题并提出可供选择的解决方案。目前协助政治委员会和常设代表委员会工作的专家小组有 20 多个，其中欧洲联络员组已获得特殊的地位并发挥着不可忽视的作用。它协调欧盟的日常共同外交与安全政策事务，准备政治委员会的会议和欧洲理事会的欧盟共同外交与安全政策要点，并可对欧盟共同外交与安全政策的总体组织进行检查与监督。

7. 外交使团

成员国的外交和领事使团、委员会在第三国和国际会议的代表团以及在国际组织中的代表要相互合作，使理事会采取的共同立场和共同措施得到遵守和执行。合作的方式包括交换信息、对情势共同作出评估，以及为实施共同体条约第 8c 条作出努力。《欧洲共同体条约》第 8c 条规定，对于联盟的所有公民来说，如果在某个第三国境内没有本国的外交或领事代表机构，有权在同样的条件下获得任何联盟其他成员国外交或领事代表机构同保护本国侨民一样的保

---

① Schmuck, Otto, "European Parliament", in Werner Weidenfeld and Wolfgang Wessels (ed.), *Europe from A to Z: Guide to European Integration.* Luxembourg: Office for Official Publications of the European Communities, 1997, pp. 132 – 137.

护。至于在国际场合，成员国应在国际组织和国际会议上协调行动并在其中采取共同立场。如果某些成员国没有出席国际组织或国际会议，则参加的成员国应将所有具有共同利益的事情通报给它们。特别是，那些本身为联合国安理会常任理事国的欧盟成员国，在履行其职责时，应当在不妨碍其根据《联合国宪章》规定承担的职责的前提下，保证欧盟的立场与利益得到维护。

8. 成员国

在欧盟共同外交与安全政策的运行机制上，成员国发挥着重要作用。按《阿约》规定，欧盟成员国应本着忠诚和相互团结的精神对欧盟共同外交与安全政策予以积极和无条件的支持。① 任何一个成员国都可以将任何欧盟共同外交与安全政策问题提交给理事会并提出建议。成员国应确保本国政策与欧盟立场相一致并在国际论坛上维护此类共同立场。对于共同行动，成员国也必须给予支持。成员国的驻外机构应相互合作，确保遵循共同立场和共同行动。其中，轮值主席国在成员国中的作用更加突出。根据事先约定的顺序，欧盟成员国每半年轮流担任欧盟的轮值主席国。共同外交与安全政策本质上是一个政府间主义的合作机制，作为各国政府的代表，轮值主席国在欧盟共同外交与安全政策的运作过程中扮演着关键的作用，是推动部长理事会立法和决策过程的重要动力。其中，轮值主席国的权力主要包括：（1）主持欧洲理事会、欧盟理事会会议及其下属所有机构的工作，负责在各个成员国发生分歧时寻求解决途径；（2）在共同外交与安全政策领域中代表联盟；（3）作为轮值主席国，具备一定的特殊的权力，可以对共同外交与安全政策提出动议；（4）负责贯彻联盟的共同外交与安全政策，在国际组织和国际会议中表达欧盟的立场；（5）负责咨询欧洲议会的意见，并将欧盟的共同外交与安全政策决定及时向欧洲议会通报；（6）受欧盟理事会的委托，负责对外开展谈判。谈判结束之后，可以就签署有关国际协定的问题向欧盟理事会提出建议。

9. 政治委员会

政治委员会负责筹备理事会会议，完成理事会交付的任务，监督共同外交与安全政策的执行并指导和监督专门工作小组的工作。对此，《阿约》明确规

---

① *The Treaty of Amsterdamm*, *Amending the Treaty on European Union*, *The Treaties Establishing The European Communities and Certain Related Acts*, Article J·1（2）.

定，政治委员会应追踪共同外交与安全政策领域的国际形势，并通过理事会要求或以其自身的动议向理事会提供意见来对确定的政策作出贡献。在不妨碍理事会主席和委员会职责的前提下，它还应监督既定政策的实施。而《马约》生效以后，常设代表委员会替代了政治委员会的部分职能，政治委员会作为行政当局框架的角色被削弱了。

总之，随着欧洲政治一体化的加深，共同外交与安全政策的决策机制也逐步得以完善，这为欧盟实现其对外政策一体化的目标提供了一定的制度保证。不过，各类决策主体在欧盟中所拥有的影响力不仅存在着明显的差异，同时又受到如成员国民众态度、国家间权重分配等多种因素的影响，这就使得决策机制的实际效用受到很大的限制。

（二）欧盟共同外交与安全政策的政策手段

一项有效的对外政策必须以可行的政策手段作为支撑。如果说欧洲政治合作加强了成员国之间的政策协调，使成员国常常能够用一个声音说话，发展了欧共体国家的政策宣示能力，那么《马约》及其以后的各项改革则是要努力加强联盟的战略规划和共同行动的能力。除了原有的共同声明、政治对话等手段外，有关条约赋予联盟一系列的新的政策手段，比如，共同战略，共同立场和共同行动，而且这些手段可以得到欧洲联盟自主的军事力量和经济力量的支持。[①]

1. 共同战略

共同战略是《阿约》新赋予欧盟的外交手段。共同战略由欧盟理事会向欧洲理事会提议，并由欧洲理事会以全体一致的方式作出决议。共同战略通常规定欧盟与第三国发展关系的目标、手段、行动计划和持续时间。自 1999 年 6 月欧盟推出第一个针对俄罗斯的共同战略以来，欧盟先后制定了 3 个共同战略，后两个分别是针对乌克兰和地中海国家的共同战略。在《阿约》之前，欧洲理事会也可以通过制定原则和一般方针来指导欧盟理事会对第三国的政策。在 1996—1997 年的政府间会议中，法德等国希望将"加强合作"的原则

---

① Tonra, Ben, *The Europeanisation of National Foreign Policy*, *Dutch*, *Danish and Irish Foreign Policy in the European Union*, Ashgate：Burlington, 2001, p. 45.

运用到欧盟共同外交与安全政策领域，扩大特定多数程序的适用范围，但是英国等国对此竭力反对。与此同时，欧盟国家也认识到，外交政策上需要加强欧盟对外政策各个部分之间的协调一致，以充分发挥欧盟的国际影响力。共同战略的出现是各个国家妥协的产物，它一方面排除了英国等国对扩大使用特定多数表决机制的担心，另一方面也有助于实现内部跨支柱决策的一体化。① 欧洲理事会制定的共同战略，将由欧盟理事会根据特定多数表决程序制定共同立场和共同行动来加以实施。

2. 共同立场

《马约》规定，凡"理事会认为必要之时，它应该确定共同立场"。共同立场是构筑欧盟共同外交与安全政策的根本要素。立场不同，统一行动就无从谈起。② 按照《阿约》第 15 条规定，理事会应该确定共同立场。至此，《马约》中对理事会有关共同立场的限制得以删除，共同立场成为欧盟外交中一个便利的手段。同时，针对《马约》未能明确共同立场适用范围的缺陷，《阿约》明确规定，"共同立场应提出联盟对某项特别的涉及区域性或主体性的事项所采取的解决方法。"该规定在一定程度上将共同立场和共同行动区分开来，部分消除了《阿约》之前欧盟在使用这两种外交手段的过程中无所适从的局面。③ 欧盟的共同立场就其内容来看，可以分成三大类，第一类是对第三国实施制裁的决定，第二类是对第三国政策的决定，第三类是确定联盟对特定国际问题的政策的决定。如 1994 年欧盟一致采取的对波黑共和国内塞族控制区的经济制裁，以及 1998 年对安盟（安哥拉）的一致制裁决定等。此外，欧盟也自行采取了一些国际制裁，如 1995 年冻结对尼日利亚的援助。为了促进该目标的达成，共同立场也常常包含具体的行动。正是由于共同立场常常伴有具体的措施来加以支持，共同立场成为欧盟较为有利的工具，从而与纯粹宣示性的声明和宣言区别开来。但是，正是因为这一点，也使得某些共同立场看起来与共同行动毫无二致。如果要作出一些区别的话，可以说，共同立场所涉及

---

① Spencer, Claire, *The EU and Common Strategies: the Revealing Case of the Mediterranean*, European Foreign Affairs Review, 2001, No. 6, pp. 31 – 32.

② Tonra, Ben, *The Europeanisation of National Foreign Policy, Dutch, Danish and Irish Foreign Policy in the European Union.*, Ashgate: Burlington, 2001, p. 44.

③ ［比］陈志敏、古斯塔夫·盖拉茨：《欧洲联盟对外政策一体化——不可能的使命?》，时事出版社 2003 年版，第 213 页。

的主要是各个成员国需要在国内采取的管制行动，是对法律或者法规的调整，比如，改变与第三国的经济和财政关系，实行武器禁运等，而共同行动所涉及的更多是利用欧盟资源在第三国开展的操作性行动。①

3. 共同行动

和有关共同立场的规定相比，《马约》和《阿约》对共同行动的规定略显详细一些。《马约》版的《欧洲联盟条约》第 J·3 条规定："理事会根据欧洲理事会的基本指导方针，决定那些适合采取共同行动的事项。当理事会在通过某项共同行动的原则时，理事会应确定此项行动的特定范围和联盟采取此项行动所要达到的一般及特别目标，以及完成此项行动的手段、程序和条件。"为了使共同行动的定义更加明确，使用手段更加便利，经《阿约》修订的《欧洲联盟条约》第 J·4 条规定："理事会制定共同行动方案，方案中应提出能证明联盟采取军事行动必要性的具体情况。"如此，《阿约》便取消了理事会在采取共同行动应依据欧洲理事会已有总方针的限制性规定，并且更加明确地把共同行动定义为针对特定情势的操作性行动。拉姆西斯·韦瑟（Ramses A. Wessel）的一项统计显示，从 1993 年 11 月《马约》正式生效到 1998 年底，欧盟共作出了 72 项有关共同行动的决定。在 1999—2001 年 3 年间，欧盟又增加了 60 项有关共同行动的决定。和共同立场相比，共同行动在《阿约》生效后并没有出现显著的增长。共同行动可以在共同战略的指导下采取，也可以在共同战略缺位的情况下由理事会执行，而且在上述两种情况下采纳的共同行动将依据不同的决策程序。共同行动一旦被制定，成员国就有义务将它付诸实施，并不得采取与该行动相互抵触的任何行动。即使制定共同行动的情势发生了变化，成员国也只有等到理事会作出新的决定后，才可以免受该共同行动的约束。

4. 国际协定

《马约》建立了欧洲联盟，却没有赋予它独立的国际法人资格，也没有就欧盟对外缔结国际协定的问题作出规定。随着欧盟在共同外交与安全政策领域不断作出决定并采取相关行动，它对国际关系所产生的影响也呈上升趋势。同

---

① ［比］陈志敏、古斯塔夫·盖拉茨：《欧洲联盟对外政策一体化——不可能的使命?》，时事出版社 2003 年版，第 214 页。

时，随着国际社会在若干问题的解决上对欧盟的依赖程度日渐加大，欧盟在世界上也承担了相当分量的国际责任。作为一个事实上的国际行为主体，欧盟需要取得与其行为体相对应的缔约权，更需要界定它与其他国际行为体相互之间的权力配合与分享程度。在《阿约》和《尼斯条约》谈判中，一些国家提出要赋予欧盟国际法人资格，并具有缔约权，但是该项动议未能成功实现。从实际效果来看，虽然《阿约》所增加的有关缔结国际协定的第 24 条没有明确规定欧盟的国际法人地位，但与此前各项条约相比，《阿约》仍然有所发展。该条约规定："当为了实施本条约规定而需要和一个或者多个国家或者国际组织订立协定时，理事会可以根据全体一致的原则授权轮值主席国，或在必要时依靠委员会的协助启动对外谈判。这类协定将由理事会按照主席国的推荐依据全体一致的原则缔结。如果一个成员国在理事会的代表声明该协定必须满足该国宪法程序的要求，该协定将对该成员国不具有约束力。理事会的其他成员可以同意该协定对它们临时生效。"从条文的表述来看，《阿约》及其后的《尼斯条约》都对欧盟缔约方的地位持模棱两可的态度。而且，《阿约》所附的一项声明还规定，"该条款的规定以及由它们所产生的任何协议都不意味着权限从成员国向欧盟的任何转移。"也就是说，成员国一方面想要赋予欧盟缔约权，但是又不想让欧盟具备法人资格。在一定程度上，这是部分成员国"鸵鸟政策"的表现。事实上，一旦欧盟与欧盟外其他国家和国际组织订立协议，欧盟势必将成为缔约方，并成为事实上的国际法人，承担起相应的责任和权利。通过国际协定的方式，欧盟可以将政治与经济手段联合应用，以达到最大的国际影响效果。[①]《尼斯条约》增加了两个新的规定：如国际协议的缔结是为了实施欧盟的共同立场或者共同行动，则协议的缔结采用特定多数程序；缔结的国际协定对联盟的机构具有约束力。

5. 共同声明

"声明"用于表达欧洲联盟对第三国或者国际问题的立场、要求和期待，是欧洲政治合作时期使用最为频繁的政策手段。《马约》签署的 1992 年一年中，欧共体国家就发表声明 110 项，平均每 3 天发表 1 项。此后，虽然欧盟的

---

① Smith, Haze, *European Union Foreign Policy, what it is and what it does*, Virginia: Pluto Press, 2002, p. 117.

几个主要条约没有将"声明"明文规定为政策手段，但是欧盟依然像以往那样继续广泛使用"共同声明"，其使用的频率甚至高过以往任何一个时期。2001年，欧盟发表了186项声明，频率提高到每2天1项。根据1995年6月欧盟理事会就理事会工作方式问题通过的一项文件，两个或者两个以上的成员国可就发表一项声明提出倡议。随后，各成员国可以在政治委员会内部讨论决定，或者通过保密通讯网讨论决定，也可以在欧盟理事会或者欧洲理事会讨论决定，前两者所产生的声明称为"主席国代表欧盟发表的声明"，后者称为"欧洲联盟声明"。然后，声明通过新闻公报对外发布，并由理事会秘书处进行散发通报。[①] 声明表达欧盟对第三国或者某一个国际问题的立场或者看法，和有些内容较为宽松的共同立场有着相似之处。不过，从总体来看，声明只是一种政策方向而不包含具体的行动，往往是要求后续的共同立场和共同行动对其加以落实；发表声明的主要用意是表达欧盟的看法，对特定的事态发展进行谴责或者赞赏。一旦某项声明得到发表，即意味着该声明的目标得到实现。因此，虽然共同声明缺少法律基础，但这并不能妨碍共同声明成为欧盟推行共同外交与安全政策的一种主要方式。

6. 政治对话

政治对话是欧共体成员国作为一个整体与第三方（包括国家、地区以及相关国际组织等）之间开展的一种机制化的外交接触方式。[②] 对话机制分为4个级别：（1）首脑级。这一级别的政治对话是最高层次的对话形式。它由欧盟轮值主席国的国家元首或者政府首脑、欧盟委员会主席和欧盟共同外交与安全政策高级代表组成，对话的对象是与欧盟具有重大利害关系的国家和地区，对话的重点具有全面性、政治性的特点。（2）外长级。外长级别的对话包括三种形式，分别是轮值主席国的外长，前任、现任和后任轮值主席国外长或者全体成员国外长与第三方的对话。（3）政治司级。除了少数集团对集团的对话外，欧盟的大部分对话都是在政治司长之间展开的，因而它构成了对话的

① Ramses A. Wessel, *The European Union's Foreign and Security Policy*: *A Legal Institutional Perspective*, The huge and Boston: Kluwer Law International, 1999, p. 111.

② Monar, Jorg, "Political Dialogue with Third Countries and Regional Political Groupings: the Fifteen as an Attractive Interlocutor", in Elfriede Regelsberger, Philippe de Schoutheete（ed）, *Foreign Policy of the European Union. From EPC to CFSP and Beyond.* Boulder: Lynne Rienner, 1997, pp. 263 – 274.

核心。这一级别的对话要求每一届轮值主席国至少与第三方举行一次会晤。（4）高官或者专家级。这一级别的政治对话通常由各成员国或者欧盟委员会中的有关专家组成的代表团来进行。总体来看，政治对话机制既满足了欧盟成员国通过与第三方建立高层对话寻求集体身份的需求，也回应了第三方希望与欧盟建立正式联系的愿望，因而成为欧盟与其他国家或地区进行沟通的良好形式。

（三）欧盟共同外交与安全政策机制的性质

从有关欧洲一体化的国际关系理论出发，不少西方学者把共同外交与安全政策看作是一种多边主义的机制。按照罗伯特·基欧汉的解释，多边主义的正式内容可以概括为"在由三个或是多个国家组成的集团中通过特定安排或机制协调国家政策的做法"。据此，欧盟共同外交与安全政策可理解为欧盟成员国协调外交政策的一种机制化形式，这种多边主义的政府间合作机制体现在如下几个方面：（1）在欧洲政治合作基础上产生的欧盟共同外交与安全政策仍处于欧洲共同体的法律框架之外，而具有超国家性质的欧盟委员会只是与之相联系，并非处于欧盟的核心领导地位。（2）尽管欧盟共同外交与安全政策在《马约》中被正式列为欧盟的第二支柱，但支柱体系形成的出发点仍然是要保持外交事务与内外安全事务合作的政府间合作主义结构，为整个欧盟建立一个综合的框架体系。

共同外交与安全政策之下的欧盟成员国在其各自的外交与安全领域依然保持着相当的独立性，各成员国的外交和安全政策并未因欧盟共同外交与安全政策的确立而消失。也就是说，这一支柱并没有改变各成员国的外交和安全政策的特性。例如，有些成员国家依然是中立国家或者不结盟国家，相当数量的成员国同时也是北约的成员国，因此，这一支柱也没有取代每个成员国自己的防务体系。正如欧盟共同外交与安全政策高级代表索拉纳的发言人克利斯蒂娜·加拉奇及其他官员反复强调的那样，欧盟追求的是一种共同的外交和安全政策，而不是单一的外交和安全政策。因此，欧盟共同外交与安全政策的建立，实际上是欧洲探索共同外交关系过程中的一个手段，它是一种根据特定阶段所作出的政策安排，而绝不是要建立一个终极政策以取代现有成员国家的独自外交政策以及欧洲范围内其他国际行为体的对外政策。当然，共同外交与安全政策所涉及的范围宽广，本身体系宏大，也不能简单地把它看作是一个权宜之计。如前所述，它是一个着眼于长远的制度安排，而其期限的长短，则取决于欧洲一体化进程自身的速度以及安排是否得当。

共同外交与安全政策的基本属性是政府间主义。这一政策安排在外交、安全和防务方面所获得的所有权力都是由各个成员国授予的；政府间主义的欧洲理事会和欧盟理事会显然是这一支柱的核心决策机构，控制着这一合作，而一体化的欧盟委员会的权力受到很大限制，要比在共同体支柱中小得多。在这一支柱中，一致通过仍然是最基本的表决原则，即每个成员国的立场都不能被否决。至今，共同外交与安全政策的内容和程度还停留在"共同"立场和"共同"行动方面。也就是说，成员国的意愿是该政策绝大部分内容的唯一基础。正因为如此，目前的欧盟共同外交与安全政策高级代表索拉纳也很现实地看待自己的工作。他认为欧盟并不是一个国家，因此不能照搬和使用适用于国家的机制、方法和规则。他于 2004 年 6 月公开表示："欧盟不是一个国家，而是一个由各国组成的团体，一个非常复杂而庞杂的机构，欧盟 25 个成员国应拥有自己共同的外交和安全政策。"[1]

作为一种特殊的政府间多边主义的安排，欧盟共同外交与安全政策本身还面临着一种权力机制的挑战。超国家权力与国家主权之间的博弈，一直是欧洲一体化过程中一个不能排除的问题，而一体化程度最高的欧洲共同体所体现出来的权力博弈更具有鲜明的代表性。从本质上来说，一体化的内在要求是逐渐地将个体的权限与职能转移到一个具有更高权限的核心个体中去，并且逐渐以群体的权力代替个体权力，这个过程的最基本要求是国家主权的让渡。经过几十年的一体化过程，欧盟成员国部分经济领域的主权已经转交给欧洲共同体等相关机构，而相关领域的政治主权也在此基础上发生了一定的变化。当然，这种转移和让渡以成员国的自愿为前提，而且这种转移不是简单地由成员国向另外的国家或者核心个体转移，而是在一体化的机制下形成了一个由成员国集体行使权力的机制。欧盟共同外交与安全政策的"共同"特性，体现在它的扩展程度以各国一致同意程度为极限。[2] 尽管如此，超国家权力与国家主权间的

①　引自华翼网报道，《欧洲离共同外交政策还很远》，http：//news. chinesewings. com/cgi-bin/site/i. cgi? id＝2004073100452758。

②　Smith，Haze，*European Union Foreign Policy*，*what it is and what it does*，Virginia：Pluto Press，2002，p. 65.

博弈仍然不能避免。各成员国的基本立足点依然是尽量减少向欧盟或者欧共体转移国家主权，以保证自身的独立性和行动权力。各成员国之间政治、经济和社会的不平衡，使得它们在一体化过程中有较为强烈的维护国家主权、历史传统和民主特性的倾向。但是，各国的国家战略又在客观上要求它们进一步依赖于相互依存的国际关系，以便为实现长期利益目标而进一步将部分国家主权转移让渡给欧盟。

欧盟成员国深刻认识到，要真正适应当前国际舞台上的各种挑战，就必须采取共同对外行动，这将有利于各成员国提高自身的国际地位和影响。但是，多数成员国又不愿将这个核心领域的国家主权完全让渡或转移给一个超国家性质的机构，这就阻止了具备超国家性质的一体化模式在外交与安全领域的形成。而外交本身所具有的对信息处理机密性、决策反应的快速化、国家利益的敏感性和认识偏见等若干特殊要求，又使得以共同方式运作对外政策的体系异常复杂，因而成为最难以推行一体化措施的领域之一。从这个意义上讲，欧洲各国外交政策的协调统一，是介于各国外交朝向欧洲化的向心力和朝向国家控制的离心力之间的一个权力博弈过程。在这个充满紧张与争执的过程中，它每取得一步进展，都需经过错综复杂的相互妥协。

总之，《马约》和《阿约》使得欧洲政治一体化迈入了一个新的发展阶段，且广泛涉及外交、安全、防务、民政和司法等传统国家主权的范围。但即便如此，国家主权与超国家权力之间的平衡依然难以实现，从而导致各国参与一体化过程呈现明显的程度差异。在欧盟共同外交与安全政策的体制中，政府间主义占据主导地位，相比之下超国家权力所占的比重几乎微不足道。实质上，国家权力依然是决定民族国家乃至欧盟对外政策的核心要素。而欧盟扩大后，成员国之间的利益协调难度也同时增大。所有这些因素综合在一起，将使得欧盟共同外交与安全政策难以顺利实现其预定的理想目标。

欧盟共同外交与安全政策的性质，也决定了其制度安排上的缺陷。欧洲的一体化虽然已达到世界范围内地区一体化的最高水平，但在体制上依旧存在诸多不足，欧盟共同外交与安全政策领域也存在同样的问题。其体制上的缺陷在于，欧盟共同外交与安全政策的一部分运作机制存在于具有超国家特色的共同体体系以及欧盟委员会内部，另一部分则存在于政府间主义主导的欧盟理事会以及欧洲理事会之中。这种跨部门、多层次的运作给共同外交与安全政策的整体运行带来了一定的困难。欧盟若要应对它所处的国际环境带来的压力，就必须建立一套精简而有效的运行机制，有效地调集可供使用的资源。但是，欧盟共同外交与安全政策所依赖的运行机制依然面临着各部门间相互分权、相互制约的现实。而最大的一个制度性缺陷则在于欧共体对外运行机制与欧盟共同外交与安全政策的运行机制尚不能完全融合，这也就使欧盟内部的各个机制之间无法充分协调和取长补短。并且，改革这样的权力结构实属不易，因为共同体机制不可能在短期内将欧盟共同外交与安全政策纳入其中。此外，决策效率低下也是困扰共同外交与安全政策的一大因素。目前欧盟共同外交与安全政策的决策主体是理事会，虽然"特定多数表决机制"的场合与次数正在增多，但实际上协议一致仍然居于支配地位。在欧盟内，这种决策方式虽然有利于求得妥协与合作，却牺牲了效率。正是由于存在以上不足，欧盟在最需要体现其整体性和发挥集体力量的地方经常显得笨拙而效率低下。

四、欧盟共同外交与安全政策的实践与作用

欧盟共同外交与安全政策自诞生以来，特别是经《阿约》修订以来，已经经历了诸多国际事务的挑战与考验。尽管在应对这些国际事务的过程中，欧盟共同外交与安全政策暴露出了许多缺点与不足，但从实际效果来看，这些挑战和考验也给共同外交与安全政策提供了完善的机会与发展的动力。

（一）欧盟共同外交与安全政策和冷战后国际危机管理

欧洲一体化的发展起源于二战后欧洲所面临的内外交困局面，而当外部环境对欧洲尤其不利时，则可激发欧洲一体化的重大进展。正是在这个意义上，有学者指出，"欧洲一体化的一个重要特点是，这种一体化只有在发生重大外部事件和出现严重挑战的情况下才会有大的甚至是突破性的进展。"[1]

冷战结束后，国际社会总体呈现和平态势，但各类国际危机频频发生，欧盟必须采用共同外交与安全政策加以应对，以确保欧洲利益并彰显其国际影响力。而从另一方面来看，国际危机的复杂和严峻程度，也在促使欧盟对其共同

---

① 刘秀文、埃米尔·J. 科什纳：《欧洲联盟政策及政策过程研究》，法律出版社 2003 年版，第452 页。

外交与安全政策加以改革和完善，不断强化其执行能力。因此，欧盟管理国际危机的过程，也是改善和提高其对外行为能力的一种有益尝试和检验过程。

1997 发生在亚洲的东南亚金融危机堪称冷战后世界上的一大经济事件。虽然东南亚金融危机发生地点在亚洲，但对于欧盟及其刚走上发展道路不久的共同外交与安全政策来说，也产生了一定的影响。尤其是在经济外交方面，欧盟国家已经意识到东亚地区经济高速增长背后的风险，不约而同地采取了谨慎的金融政策，并借此机会扭转了对亚洲的合作政策。金融危机发生之前，东盟5.4 亿的总人口当时已经超过了美国或者欧盟，一些成员国的经济发展速度也堪与中国相媲美。因此，对欧盟而言，东盟本是一个值得注意的经济合作伙伴。而且，也正是由于亚洲地区的经济高速增长，加之新加坡领导人的提议，欧亚双方开始采取尝试性的合作，欧亚会议的雏形开始在欧亚领导人之间逐步形成。但是，东南亚金融危机的爆发，使得欧洲以及其他西方国家决然地放弃了初现端倪的双边合作。所以，本可以成为东盟理想合作伙伴的欧盟，在这次金融危机之后就开始对东南亚采取冷落旁观的态度。对此，弗莱堡大学东南亚研究专家于兰根·吕兰德教授说："在亚洲金融危机之后，欧盟就改变了合作线路，更多地转向了中国和印度，把它们视为经济发展的希望和优先的合作伙伴"。尽管欧盟 2001 年通过了一份亚洲文件，其中也包括对东盟的合作条文，但是，自从东南亚金融危机之后，"东南亚和东盟对欧盟的政治与经济意义大大减少了。"[①] 从这一次危机管理的过程来看，欧盟一体化中政治与经济发展不平衡的局面，也是直接导致欧盟未能采用共同外交与安全政策有效应对亚洲金融危机的主要原因。在欧盟内部，对外经济关系的调整权力，主要归属于共同体，而若从政治层面去应对这一波及全世界的金融危机，共同外交与安全政策还缺乏相应的政策手段以及支持这些手段的经济实力。因此可以说，亚洲金融危机所折射出的，不仅仅是共同外交与安全政策的经济实力手段的缺乏，更是政府间主义主导下的共同外交与安全政策在欧盟对外关系中的尴尬地位。

科索沃战争是冷战后发生在欧洲范围内的一件重大国际事件。从整体上来

---

① Hans-Jrgen Mayer：《东盟：各实力集团夹缝中的 40 年》；转引自星岛寰球网报道，http：//www. singtaonet. com：82/pol_op/200708/t20070809_593918. html。

看，科索沃战争堪称欧盟共同外交与安全政策自产生以来所面临的第一次挑战与检验。科索沃战争前夕，欧盟共同外交与安全政策主要表现在欧洲所参与的对科索沃冲突双方的外交斡旋和调解活动之中，具体内容为三大部分。其一是对屠杀事件的谴责。1999年1月16日，在科索沃南部发生了45名科索沃阿族人被屠杀事件，当时担任欧盟轮值主席国的德国外长菲舍尔代表欧盟说，"必须要查清这次行动的元凶，国际社会不接受这种对平民的野蛮迫害和屠杀"。其二是欧盟派代表参加调停科索沃冲突的6国联络小组，该小组提出了解决科索沃冲突的基本原则。其三是由欧洲人主持了对科索沃问题解决方式有重要影响的朗布依埃会议。这一次，欧盟成为调停此次国际危机的主要角色。但是，欧盟的调解并未能阻止战争的发生，这突出地显示了欧盟共同外交与安全政策指导之下的欧洲共同对外行动能力的低下。科索沃战争爆发后，大多数欧洲国家对空袭南联盟表示了支持。除了法国、德国、意大利和英国之外，比利时、荷兰、西班牙和葡萄牙等欧盟国家还直接派兵参加了科索沃战争。尽管欧盟共同外交与安全政策在科索沃战争中发挥了一定的作用，但是，整个战争过程中欧盟各成员国无法就重大政治立场采取共同立场的分裂做法，依然使得这一政策的各种软肋和缺点暴露无遗。结果，在科索沃战争中，欧洲盟国完全失去了战争的支配权，任凭美国对南联盟狂轰滥炸，北约内部也对此争吵不休，这些都深深刺激了欧盟国家。更重要的是，科索沃战争使欧盟意识到欧洲建设的当务之急是克服欧盟能力建设中的软肋。为此，欧盟各国在科隆会议上决定建立欧洲自己的防务机制，争取在欧洲安全事务中的发言权。可见，来自国际危机的压力，客观上可成为欧盟共同外交与安全政策发展的促进因素。

2001年"9·11"事件发生后，世界安全的主要威胁来源主要集中在恐怖主义袭击之上。作为西方安全联合体的主要成员，欧盟国家也遭受到多次恐怖主义的袭击。因此，在受到由美国领导的北约安全使命发生转变以及自身安全遭受恐怖主义袭击的双重压力之下，欧盟共同外交与安全政策也适应客观形势需求，将对外关系的重点放在了自身防务以及对外安全合作等事务上。"9·11"事件后，欧盟与美国迅速加强了反恐合作，并有了自己的反恐战略。欧盟负责司法、自由和安全事务的副主席弗拉蒂尼曾就欧盟反恐问题致信美国国土安全部长切尔托夫和美国司法部长冈萨雷斯，重申欧盟将继续与美国进行反恐合作。弗拉蒂尼在信中说，"9·11"事件发生以来，欧盟与美国一直密切合作，并肩与恐怖主义作战，事实证明这是极其必要的。欧盟将继续在信息共享、边界安全和打击互联网上的恐怖主义等方面加强与美国的合作。① 但从实践情况来看，欧盟在防止恐怖分子煽动激进情绪、扩充力量方面的成就仍显不足，在防止恐怖主义分子获得炸药、保护重要基础设施及确保交通运输安全等方面也缺乏有效的措施。

在 2003 年美国发动伊拉克战争前后，欧盟出于推行共同外交与安全政策的需要，希望以"一个声音"对外，以便在重大国际事务中独立地发挥积极作用。但欧盟各成员国的立场大相径庭，使得欧盟的共同立场难以形成。以英国为首的亲美派和西班牙、意大利等国不仅坚定地支持美国出兵伊拉克，而且自己也派兵助战；而以法国、德国为首的反战派则坚决反对美国出兵，法国还一再威胁要在安理会使用否决权。因此，欧盟无法协调分歧，更无法形成统一的立场，共同外交与安全政策再次遭遇重大挑战。2003 年 3 月 24 日美英发动伊拉克战争后，欧盟内部的裂痕继续扩大，以英国、西班牙和意大利等国为首的一些欧盟成员国坚决支持美国的对伊战争，法、德、比等国则坚决反对未经联合国授权而进行这场战争。美国乘机对欧洲进行分化瓦解，给它们分别贴上了"新欧洲"、"老欧洲"的标签，并对后者大加指责。为形成欧盟的共同立场，反对伊拉克战争的部分国家曾作出各种努力，试图降低这场战争对欧盟共同外交与安全政策的分裂性影响。

国际危机是一种特殊状态，在危机环境中的各种国际力量均面临着严峻挑战和考验，必须迅捷而适当地加以应对。作为一个"国家群"的欧盟，它在这方面遭遇的困难远远大于国家行为体。对于欧盟而言，它不可能在短时间内对种类繁多的国际危机创立出一套行之有效的危机管理模式。尽管如此，欧盟在国际危机管理方面依然采取了相应的应对措施。一方面，欧盟与俄罗斯、美国等国家增强了合作，以应对全球范围内的危机和挑战；另一方面，欧盟还有选择地针对欧洲范围的国际危机创设了相关部门和管理机制。比如，2002 年欧盟理事会的总务及对外关系理事会通过了推进民事—军事协调的行动计划，该计划要求欧盟理事会秘书长、共同外交与安全政策的高级代表以及各成员国驻布鲁塞尔大使必须参加相关会商活动。该计划还指导成立了危机反应协调小组，并对欧

---

① http://news.cnwest.com/content/2006-09/11/content_300697.htm.

盟各部门、成员国外交及民事部门的官员进行了联合危机管理培训。①

目前，国际危机对欧盟的严峻挑战依然存在，而危机管理所暴露出来的各种问题也颇为严重。可以说，正是因为协调各成员国的利益立场耗费了太多的精力和时间，欧盟危机管理的对外决策效率才一直低下，甚至内部争执直接导致外部决策难以实现。但正如前文所述，外部挑战也是促进政治一体化的重要因素。

（二）共同外交与安全政策下的欧盟对外关系的调整与发展

虽然欧盟共同外交与安全政策至今仍然存在诸多需要改进的方面，但总体来说，它对欧盟实现"用一个声音说话"的目标已经起到一定的积极促进作用，这种作用在改进欧盟的国际地位，尤其是提升欧盟作为美国、俄罗斯等重要国际行为体的交往对象的地位方面显得尤为重要。

1. 欧盟共同外交与安全政策与欧美关系的调整

由于推行共同外交与安全政策已有 10 余年的历史，欧洲固有的历史观念与价值观念的影响范围变得更加广泛，并使得欧盟各国向共同外交与安全政策立场靠近、外交政策逐渐趋向"欧洲化"的可能性日渐增强，这对整合欧洲力量、调整美欧关系和提高对美国博弈力度起到了积极的促进作用。

一方面，欧盟继续保持欧美之间的战略盟友关系。由于美国总体上维持了大西洋同盟框架而且没有明显反对欧盟共同外交与安全政策的存在和发展，特别是欧洲对美国的安全依赖仍然存在，因而欧盟极力促进欧美关系稳步发展。在 1990 年双方签订的《泛大西洋宣言》的基础上，1995 年，双方在马德里举行美国—欧盟首脑会议，签署了《新泛大西洋日程》，包括《美国—欧盟联合行动计划》，确定双方将在"建立跨大西洋桥梁"、"促进世界贸易的扩大和更紧密的经济关系"、"促进世界范围内的和平和稳定、民主和发展"、"对付全球性挑战" 4 个方面采取联合行动。此后，虽然双方在科索沃战争等问题上产生分歧，但不久发生的"9·11"事件再次使欧盟总体上保持了与美国的合作态势。另一方面，欧盟共同外交与安全政策的出台，是为欧盟最终成为多极世

① 吴白乙：《欧盟的国际危机管理转变与理论视角》，载《世界经济与政治》2007 年第 9 期，第 45 页。

界中的"一极"而服务的，因此，它对欧美关系的影响还体现在平衡欧美关系，突出欧盟的国际影响力这一方面。甚至可以说，这一政策在保持欧美战略盟友关系的前提下，在提升欧盟对美国的独立地位这一方面的作用是显而易见的。比如，欧洲各国一致认为冷战后美国所推行的单边主义政策对欧洲造成了严重的损害。因此，在面对《赫尔姆斯·伯顿法案》制裁的时候，欧洲各国齐心协力地共同应对，最终使得美国放弃了制裁意图。又如，欧洲各国在转基因食品贸易方面，坚持以消费者安全为首要目标，保持对美国立场的协调一致，最终影响了相当数量的跨国公司和国家，形成了针对美国的群体压力，并创造了良好的全球消费环境。还应进一步看到，在当今高级政治逐渐向低级政治转变，一系列事关人类生命与健康的国际关系议题占据国际事务重要地位的环境下，欧盟共同外交与安全政策已经在相当程度上引导了国际事务的走向，对美国的领导地位提出了挑战，形成了具有挑战性的政治影响力。琼斯伯格曾经以量化的方式对欧盟共同外交与安全政策自创建以来对美国所产生的政治影响作了统计与分析，其中列举了 72 个共同外交与安全政策举措，其时间范围限定为 1990 年到 1999 年，基本上涵盖了从欧洲政治合作到共同外交与安全政策的两个发展阶段。琼斯伯格根据程度大小将政治影响力分成四类，第一类为"零影响力"，其中包括 7 个案例，占总体的 10%；第二类为"微弱影响力"，其中包括 10 个案例，占总体的 14%；第三类为"中等影响力"，其中包括 25 个案例，占总体的 35%；第四类为"重大影响力"，包含 30 个案例，占总体的 42%。这些案例的内容与影响程度，揭示出一个不可忽视的事实——美欧在非常紧密的程度上建立起了政治关系，而其内容之广泛，几乎涵盖了世界上任何政治地域或者功能领域的相关问题。而欧盟共同外交与安全政策对美国所产生的重大影响已经占据到欧美关系全部内容的近 1/2 的比例。[①]

　　如今，无论是处理外交事务，还是解决贸易争端，抑或协同一道对付所谓的"邪恶"国家，以及在提供人道主义援助以及发展支持等方面，欧洲都是美国必须与之密切配合的伙伴。[②] 而美国在处理推动相关地区的和平进程和解

---

① Ginsberg, Roy H. *The European Union in International Politics*, Rowman & Littlefield Publishers, Inc. 2001, p. 181.

② Ginsberg, Roy H. *The European Union in International Politics*, Rowman & Littlefield Publishers, Inc. 2001, p. 187.

决政治争端时，也必须对欧洲的倡议以及行为给予关注。这些都充分说明，在欧洲经济实力不断强大、共同外交与安全政策的意志与行动能力也逐渐增强的前提下，欧美之间的关系正经历着从美强欧弱的"特殊关系"向平等合作的"正常关系"的调整过程。

2. 欧盟共同外交与安全政策和欧俄关系的发展

俄罗斯与欧盟之间在经济上的相互依赖，是影响两者关系的关键所在。仅仅从资源方面看，欧洲各国对俄罗斯都有极大的需求。一体化的欧洲所辖人口众多，意味着对自然资源的需求量也十分庞大。按照欧盟提供的数据，欧盟现在所需要的能源有50%以上需要进口，今后的20年到30年内，这个数字可能上升到70%—90%。就石油方面来说，除了丹麦和英国是净出口国以外，其他国家都依赖进口。可见，欧洲发展与稳定的根源在于资源的充分供给。而在石油、天然气等战略资源供给方面，俄罗斯是主要的供应者之一。欧盟强大的经济实力和雄厚的科技力量对于俄罗斯的经济转型也意义重大。有学者指出："欧洲之于俄罗斯，不仅是鼓舞力量之源、科技之源、减免债务之源，而且是文明之源、资金之源、国家振兴之源。"总体来说，欧盟的市场、资本与技术是推动俄罗斯经济改革的有力杠杆，而俄罗斯丰富的能源与巨大的市场潜力对于欧盟日益显示其重要性。[①] 欧洲与俄罗斯之间的经济相互依赖，使得两者之间的合作可能大大增加。特别要看到，欧洲将俄罗斯作为重要的国际力量，通过经济外交不断增强与俄罗斯的双边关系，这对俄罗斯国际经济地位的提高以及欧盟—俄罗斯关系的改善无疑是具有积极意义的。比如，2006年前，美国为俄罗斯加入世界贸易组织设置了层层障碍，在欧盟的斡旋下，2006年八国峰会上美国则明确表示支持俄罗斯加入世界贸易组织。同样是由于欧盟方面的支持，俄罗斯在与美国争夺里海石油输出线路上获得了有利的地位。

在国际政治层面，欧盟也需要借助俄罗斯的重要国际地位，以增强其共同外交与安全政策的影响力。一方面，欧盟当前的政治影响与经济影响之间存在较大差距，近期内欧盟的政治影响力难以迅速扩大，而经济实力对政治影响力的支持与扩充过程又相对缓慢。在这种情况下，对欧盟来说，加强与俄罗斯等重要国际政治力量之间的合作，便是快速构建多极世界的一条捷径。特别是在

---

① 范军、刘军：《90年代以来的俄欧关系》，载《俄罗斯研究》2003年第4期，第13页。

维护正在被美国破坏的联合国的威信和国际法准则方面，欧俄之间的合作既能迅速地填补国际政治权力的真空，同时又能对美国形成抵制态势。因此，欧俄合作对于欧盟实现成为世界一极的目标是不可缺少的必要条件①。另外，欧盟要实现共同外交与安全政策所追求的维护地区和国际安全的目标，也离不开俄罗斯的安全合作。可见，俄欧合作对于欧盟国家的经济发展、社会稳定以及共同外交与安全政策的根本目标的实现，都有着重要的意义。而欧俄关系改善的上述重要意义，使欧盟决定和俄罗斯建立长期稳定的伙伴关系。1999 年 6 月在德国科隆举行的欧盟首脑会议上，正式通过了欧盟《对俄罗斯共同战略》。该战略指出，俄罗斯将成为未来欧洲大陆的重要组成部分，欧盟希望加强与俄罗斯在各个领域的合作并为俄罗斯的民主和市场经济建设提供帮助。共同战略还表示，欧盟各国将在对俄政策上紧密合作，致力于与俄罗斯保持长期的政治和安全政策对话，加强双方公民之间的联系和往来。这是经《阿约》确定的欧洲共同外交与安全政策新机制第一次应用于欧盟以外的国家。同时，欧盟与俄罗斯之间建立了一系列的会晤和磋商机制，比如半年一次的欧俄峰会和外交部长、国防部长定期会晤制度，欧盟军事委员会（European Union Military Committee；EUMC）主席和俄罗斯国防部高级代表定期磋商机制，俄罗斯常驻欧盟代表每月同欧盟政治和安全委员会成员的定期会晤机制等，都是欧俄双方关系趋向稳定的表现和保证。10 多年来，由于欧盟成员国对俄罗斯采取的一致外交立场，欧俄关系取得了显著的发展。

欧亚大陆是国际政治的重心，西欧国家和俄罗斯在其中扮演着重要的角色。就欧盟共同外交与安全政策而言，其成功十分需要俄罗斯的支持，而其推动下的欧俄关系发展，则从战略层面上消除了欧亚大陆的不利因素，为该地区的和平共处打下了基础，有利于世界局势的稳定，也有利于欧洲和俄罗斯在国际社会中的地位提升。

3. 欧盟共同外交与安全政策和欧盟—地中海伙伴关系的发展

地中海位于欧洲、亚洲、非洲三大洲之间，面积约 250 万平方公里，周边有 17 个国家。地中海是沟通大西洋和印度洋的主要通道，西面经直布罗陀海峡通向大西洋，东北以达达尼尔海峡、马尔马拉海峡和博斯普鲁斯海峡连接黑

---

① 罗志刚：《欧美竞争与欧俄合作》，载《武汉大学学报》2005 年第 2 期，第 180 页。

海，东南则经过苏伊士运河出红海，可抵达印度洋，具有非常重要的战略地位。前英国首相丘吉尔曾把地中海比喻为欧洲"柔软的下腹部"。[①]

由于在欧盟极力拓展自身国际空间的时代，地中海地区对欧盟的政治、经济、安全等各项利益方面的影响更不可忽视，[②] 早在 1995 年 11 月，欧盟 15 个成员国就和地中海地区的 12 个国家和地区（几乎包括所有地中海地区的国家和地区：摩洛哥、阿尔及利亚、突尼斯、埃及、以色列、约旦、巴勒斯坦当局、黎巴嫩、叙利亚、土耳其、塞浦路斯和马耳他）签署了《巴塞罗纳宣言》。该《宣言》旨在建立一个和平并共同繁荣的地区，促进民众之间的相互了解。随后，双方又出台了一项新的欧盟—地中海"和平与稳定纲要"，以加强双方在禁止毒品走私、打击恐怖主义、移民、防止冲突和人权等领域的政治和安全合作。"巴塞罗那进程"是所有欧盟 27 个成员国举行部长级会议的重要论坛，即便在中东和平进程的困难时期也照常举行，足见欧盟国家对地中海地区的共同立场之坚定。欧洲理事会还于 2000 年 6 月通过了《关于地中海地区的共同战略》，这是当前欧盟共同外交与安全政策仅有的三个共同战略之一。[③] 在这一共同战略之下，2003 年，欧盟开始进一步丰富"欧盟邻国政策"内容并深化欧盟与地中海国家的合作框架，特别是努力推进 1995 年于巴塞罗那推出的以促进地区和平、稳定和繁荣为目的的"欧洲—地中海伙伴关系"。伙伴关系面向与欧盟签订有协作协定的地中海沿岸国家、2 个东欧国家（摩尔多瓦、乌克兰）及 3 个南高加索国家（亚美尼亚、格鲁吉亚、阿塞拜疆）展开，旨在通过若干个行动计划，促进包括技术援助、经济财政改革措施和结成姊妹关系等内容的合作框架的发展。特别重要的是，在政治方面，根据双边协定，将继续推进区域问题方面的持续对话、中东和平进程，以及鼓励以色列人和阿拉伯人之间在教育和环境方面的区域合作等。地中海地区的安全与欧洲安全紧密相连，尤其是地中海地区对欧盟的贸易和经济利益有着非常重要的影响。进入 21 世纪后，欧盟与地中海地区的经济贸易关系在双方的努力下逐年

---

① Mohammed Bedjaoui, An Epilogue: Malta and the Mediterranean Quest for Peace, in the Mediterranean Institute, *The Mediterranean In the New Law of the Sea*, Malta, Foundation for Interntainoal Studies, 1987, p. 138.

② Communication from the Commission to The European Parliament and The Council, *Barcelona Process: Union for the Mediterranean*, Brussels, 20/05/08 COM（2008）319（Final）.

③ 朱明权：《欧盟共同外交和安全政策与欧美协调》，文汇出版社 2002 年版，第 261 页。

稳步增长。2000 年至 2006 年，地中海国家向欧盟的出口以平均每年 10% 的速度递增，而欧盟向地中海国家的出口则以每年 4% 的速度递增。2007 年，欧盟针对地中海地区的出口达到 1200 亿欧元，占欧盟总出口的 9.7%，而从地中海地区的进口达到 1070 亿欧元，约占欧盟总进口的 7.5%。[①]

尽管在共同外交与安全政策的机制之下，欧盟和地中海伙伴关系整体较为稳定，但在这一伙伴关系上，欧盟成员国之间仍存在着不谐之音，有关"地中海联盟"计划中的争执就是鲜明的例证。"地中海联盟"是法国总统萨科齐 2007 年 5 月竞选法国总统时提出的构想。根据该构想，地中海沿岸的南欧、北非和部分中东国家和地区将组成一个联盟，埃及、阿尔及利亚、以色列和突尼斯等国都将包括在内，并由此建立一个涵盖南欧、北非和部分中东国家的联盟。但是，"地中海联盟"的成员仅限于地中海沿岸国家，这将使包括德国在内的一些欧盟重要成员国被排斥在外。根据法国的计划，首届联盟领导人由法国人和埃及人担任。而 2008 年 3 月 14 日举行的欧盟春季峰会宣布，地中海联盟计划将涉及 44 个地中海沿岸国家和亚德里亚海沿岸国家。同时，欧盟委员会认为，应根据《里斯本条约》，由全面负责欧盟对外政策的共同外交与安全政策高级代表、欧盟委员会主席和来自地中海南岸国家的代表全权负责地中海联盟的领导工作。

从总体来看，目前欧盟内部出现的意见不一致仅仅是围绕双边合作的技术层面展开的争执，虽可能使未来的地中海联盟计划的实施面临一定的困难，但并不一定会形成实质性的障碍，而欧盟与地中海国家的关系也将会持续向前发展。可以预见，一旦地中海联盟计划得以实施，将成为欧盟共同外交与安全政策的重要组成部分。

4. 欧盟共同外交与安全政策和欧亚—欧中关系的发展

亚洲是当今世界经济增长最快的地区之一，也是欧盟在冷战结束后实施其外交战略的重点地区。1994 年，欧盟发表了《走向亚洲新战略》，表示要更有效地与亚洲国家合作，提出欧盟要与亚洲国家建立一种建设性的稳定和平等的伙伴关系，以"改善欧洲在亚洲的形象"。该战略强调欧盟在亚洲存在的重要性，在同年 12 月举行的欧盟首脑会议上得到批准。此后，欧盟方面更加积极

---

① EU-Mediterranean Trade, Reference：MEMO/08/472, Date：02/07/2008, 欧盟官方网站, http：//europa. eu/rapid/pressReleasesAction. do? reference = MEMO/08/472&format = HTML&aged = 0& language = EN&guiLanguage = en。

地响应了新加坡总理吴作栋提出的召开亚欧首脑会议的提议。1996 年 1 月,欧盟委员会就亚欧会议拟订了战略文件。该文件强调欧洲和亚洲之间应该建立平等的伙伴关系,并加强双方在政治和经济领域的合作,同时促进经济、人力资源和环境等方面的协调发展。1996 年 3 月,欧盟 15 国与亚洲 10 国在泰国的曼谷举行了首届亚欧首脑会议。

首届亚欧首脑会议的主题是"促进发展和建立亚欧新型伙伴关系",这体现出欧盟与亚洲发展中国家开始步入平等与合作关系发展的新阶段。这里所说的建立亚欧新型伙伴关系,意即建立在互相尊重、平等互利、不干涉内政等和平共处诸原则之上的新型伙伴关系。亚欧会议形成的相互尊重、平等互利、求同存异、扩大共识的精神,被舆论界称为"曼谷精神"。它表明,欧洲国家领导人打破了欧洲中心论的陈旧观念,与正在崛起的亚洲建立平等的关系。① 首届亚欧首脑会议发表了《亚欧会议主席声明》,其后的行动使得国际社会普遍对该会议产生了强烈的反响。亚欧会议的开放灵活机制,以及亚欧会议所涵盖的广泛内容,对相关国家形成了强大的吸引力。自从首届亚欧首脑会议召开以来,已有不少亚欧国家要求加入亚欧会议。2006 年 9 月,在芬兰赫尔辛基举行的第六届亚欧首脑会议决定接纳蒙古、印度、巴基斯坦、东盟秘书处、保加利亚和罗马尼亚 6 个新成员,使亚欧会议成员增至 45 个。② 第七届亚欧首脑会议定于 2008 年 10 月在北京举行。

在欧盟共同外交与安全政策的范畴中,对话政策是一个重要的组成部分。从战略角度来讲,两极对峙的消失、欧洲一体化进程的发展以及共同外交与安全政策促进之下欧洲国际地位的提高,特别是欧美关系的结构性调整,使得欧洲国家有更多的精力来协调处理与世界其他地区和国家之间的事务。亚洲是当今世界经济增长速度最快的地区,而国际地位和国际影响日益提高的中国则是这一地区发展的主要推动力之一。因此,中国成为欧盟共同外交与安全政策的战略关注点。从 20 世纪 90 年代开始,欧盟与中国的关系出现了新的格局,双方致力于建设一种独立的、基于平等关系的战略伙伴关系。1995 年,欧盟通过了《有关中欧关系的长期政策》的报告。该报告指出,欧中关系是欧洲对

---

① 唐天日:《亚欧关系史上的里程碑》,载《瞭望》1996 年第 11 期,第 43 页。

② 中华人民共和国外交部网站资料,http://www.fmprc.gov.cn/chn/wjb/zzjg/gjs/gjzzyhy/1132/t411863.htm,亚欧会议简况,2008/02/15。

外关系的基石。1998 年，欧盟又通过了《同中国建立全面伙伴关系》的重要文件，认为与政治、经济权力日益增长的中国接触，并使中国融入国际社会，是欧盟及其伙伴在 21 世纪所面对的最重大的对外政策挑战。此后，在 2001 年《欧盟对中国战略：贯彻 1998 年通报和为了更有效欧盟政策的未来步骤》的基础上，欧盟于 2003 年还进一步通过了《成熟的伙伴关系：欧盟—中国关系中的共同利益与挑战》这一战略性文件。2004 年后，中欧关系进入更为理性的调整时期，尽管双方在经贸、人权和武器解禁三个方面存在争议，但双方建立的中欧对话机制依然为双边关系的稳定发展发挥着重要的推动作用。

在欧盟共同外交与安全政策的框架中，欧盟对华政策已经将中国定位为"欧盟的主要战略伙伴之一"，认为欧中关系是"成熟的伙伴关系"。这种伙伴关系对欧盟和中国来说，都具有重要的国际影响，因为它能促进双边并带动多边的政治经济合作，促进全球稳定、和平与持续发展。双方于 2005 年 12 月开始，通过高层政治战略对话，在多边论坛中就各种双边以及全球问题进行广泛地协商与合作，同意进一步全面推动中欧战略伙伴关系的发展。2006 年欧盟委员会发表的题为《欧盟与中国：更紧密的伙伴、承担更多责任》的对华政策文件指出："欧盟必须有效地应对中国的崛起。同时，为了应对自身的挑战，欧盟必须挖掘与中国伙伴关系的潜力"。这突出地表现了欧盟发展中欧关系的积极立场及其务实性。

当然，欧盟共同外交与安全政策对中国的和平发展也有限制的一面。例如，欧盟至今在解除对华军售禁令方面坚持较为强硬的否定态度，频繁地使用反倾销等手段对中国纺织业、家电制造业进行打击等，这些都在一定程度上对中欧之间的贸易发展造成了损害。不过，比较而言，欧盟共同外交与安全政策对中国与欧盟关系的发展，对世界多极化进程的发展，主要起着积极的推动作用。

欧洲一体化的主要目标之一是用一个"统一的声音"影响世界。在经济一体化已经发展到经济与货币联盟的高级阶段之后，政治一体化已成为欧盟实现其目标的关键步骤，而共同外交与安全政策正是欧洲政治联盟的核心环节。由于多方面的原因，目前共同外交与安全政策仍处于较低的发展阶段，但是随着欧盟及其成员国的不断探索和努力，共同外交与安全政策的机制将逐步完善，其效率将逐步提高。可以肯定，共同外交与安全政策必然为欧盟成为多极世界中的一支重要力量发挥更大的作用。

第五章　欧盟司法与内务合作

随着欧洲一体化的发展，欧洲一体化范围逐渐扩大到司法与内务领域。1992 年 2 月 7 日正式签署的《马约》，明确地将司法与内务合作规定为欧盟的第三支柱。此后，在欧盟框架内，司法与内务合作得到了较大的发展。司法与内务一般是指主权国家在一国范围内独立进行的民事、行政、刑事司法以及民政事务方面的管理，属于传统的国家主权的绝对领域，一般由各国内务部、司法部或民政部具体执行管理。[①] 一般而言，欧盟司法与内务合作领域主要包括欧盟成员国之间的移民政策合作、避难政策合作、边界管理合作、海关合作，警务合作以及民事与刑事领域的司法合作等。

通过多年的发展，欧盟司法与内务合作形成了诸多鲜明的特点和特有的运行机制，越来越显示出对欧洲一体化发展及成员国的共同利益的重要意义。这一点从根本上决定了成员国在全球化背景下将作出更大努力，以继续推进司法与内务合作。

一、欧盟司法与内务合作的发展进程

早在 20 世纪 70 年代，西欧国家便开始进行司法与内务合作方面的探索。由于司法与内务合作密切关系到各国的国家利益和国家主权，属于政府间主义所概括的"高级政治"范畴，合作进展相当缓慢。长期以来，西欧国家在共同体框架以外开展司法与内务合作。直到《马约》签订以后，欧盟将司法与内务合作纳入其组织框架之中，并将其列为第三支柱，欧盟司法与内务合作才

---

① 李世安、刘丽云等：《欧洲一体化史》，河北人民出版社 2003 年版，第 338 页。

得以较快发展。1997 年，由于欧盟成员国和欧盟委员会的共同努力，《阿约》得以签署。此后，欧盟司法与内务合作得到进一步的发展。

同欧洲一体化其他领域一样，欧盟司法与内务合作的发展也表现出明显的阶段性特点。根据合作范围和合作深度的差异，欧盟司法与内务合作的发展大体可以分为如下三个阶段：

（一）欧共体时期成员国的司法与内务合作尝试

《马约》签署之前，共同体成员国就已在司法与内务合作方面进行了一些初步探索，其成果主要体现为特莱维小组（TREVI Group）的成立和《申根协定》、《单一欧洲法令》、《都柏林避难公约》（Dublin Convention on Asylum）以及《对外边界公约》（External Frontiers Convention）的签订等。而且，1949 年成立的欧洲委员会为推进区域司法与内务合作作出了努力。截至 2001 年 11 月，由其主持制定的刑事司法合作方面的协定、公约已达 25 部。①

1. 特莱维小组

20 世纪 70 年代，随着欧共体成员国之间的人员、商品、服务和资本流动规模加快，跨境事务迅速增多，跨国犯罪和国际恐怖主义也呈蔓延之势。面对这种新的共同威胁，成员国决定在内部安全领域开展非正式合作，而特莱维小组（TREVI Group）就成为一个交换情报和商讨对付欧洲恐怖主义的论坛。起初，这种合作是通过 1972 年部长理事会设立的蓬皮杜小组（Pompidou Group）在打击毒品贸易方面进行合作来体现的，而后转到欧洲政治合作框架中进行。②

---

① 成立后，欧洲委员会已经签署的协议、公约包括：《欧洲引渡公约》（European Convention on Extradition）（1957 年），《欧洲刑事司法协助公约》（European Convention on Mutual Assistance in Criminal Matters）（1959 年），《关于刑事判决国际效力的欧洲公约》（European Convention on the International Validity of Criminal Judgments）（1970 年），《欧洲刑事诉讼移管公约》（European Convention on the Transfer to Proceedings in Criminal Matters）（1972 年），《欧洲引渡附加议定书》（Additional Protocol to the European Convention on Extradition）（1975 年），《惩治恐怖主义的欧洲公约》（European Convention on the Suppression of Terrorism）（1977 年），《关于提供外国法资料的欧洲公约的附加议定书》（Additional Protocol to the European Convention on Information on Foreign Law）（1978 年），《欧洲引渡公约第二附加议定书》（Second Additional Protocol to the European Convention on the Extradition）（1978 年），《移交被判刑人公约》（Convention on the Transfer of Sentenced persons）（1983 年），《移交被判刑人公约附加议定书》（Additional Protocol of the Convention on the Transfer of Sentenced Persons）（1997 年），等等。参见赵秉志：《欧盟刑事司法协助研究暨相关文献中英文本》，中国人民公安大学出版社 2003 年版，第 32—512 页。

② Hellen Wallace and William Wallace（eds.），Policy-making in the European Union，Oxford：Oxford University Press，2000，p. 494.

1975 年，在欧洲政治合作的带动下，来自于各成员国司法与内务部门的高级官员共同决定成立特莱维小组，以在欧共体成员国之间开始警务与司法方面的合作。① 在欧共体/欧盟司法与内务合作发展进程中，特莱维小组的成立是欧洲带一体化性质的司法与内务合作的起点。1976 年 6 月 29 日，成员国政府在一项决议中声明特莱维小组的目标是：在反对恐怖主义方面开展合作，交流恐怖主义组织及警察组织的培训与设备等方面的情报，特别是开展反恐行动的战略协调。②

随着合作的深入，特莱维小组逐渐发展成为一个有着 3 个层次的权力结构和分管 3 种事务的组织。与部长理事会相似，特莱维小组在几个不同的层次上进行运作：最高层次是部长会议，每 6 个月举行 1 次；其次是高官会议，任务是为部长会议筹备议事日程，并监督下一级工作小组的工作；最低层次的是工作小组，任务是负责处理各国间反恐合作的事务，如让各成员国分享有关恐怖主义组织的情报等。特莱维小组在这 3 个层次上的运作为各成员国将来在其他领域的事务，包括打击毒品贩卖、非法移民等方面的合作打下了基础。③

为深入开展合作，特莱维小组本身也逐步设立下属机构，以专门负责某方面的合作事务。1977 年，成立了第一小组和第二小组。第一小组主要负责反恐、交换情报以及航空安全，核控制和跨国运输方面的事务。第二小组主要负责成员国在警务组织、技术和装备方面的合作。1985 年，成立了第三小组，主要负责成员国在打击跨国犯罪，如毒品交易、武器走私等方面的合作。1988 年，欧洲理事会决定再成立一个协调小组，以处理有关国家和部门针对跨国犯罪、国际恐怖主义等问题而提出的意见和建议。在 1990 年都柏林特莱维部长会议上，各成员国部长协议成立欧洲毒品情报机构（European Drugs Intelligence Unit）。该机构在 20 世纪 90 年代发展为欧洲刑事警察组织（Europol）。

特莱维小组还只是一个非正式的政治合作组织。它在欧共体框架以外开展活动，基本不受欧共体委员会、欧洲议会和欧洲法院等共同体超国家机构的直

---

① John Benyon, "Policing the European Union: the Changing Basis of Cooperation on Law Enforcement", in *International Affairs*, No. 3, 1994, pp. 508 – 509.

② 方长平：《欧盟司法与内务合作：动力、机制与问题》，载《欧洲》2000 年第 6 期，第 54 页。

③ John Van Qudenaren, *Uniting Europe: European Integration and the Post-Cold War World*, Lanham: Rowman & Littlefield, 2000, p. 207.

接影响。所以，有学者认为，作为欧共体成员国之间开展警务合作的第一个平台，于1976年开始运作的特莱维小组还只是一个欧共体国家内政和司法部长为反对国际恐怖主义、毒品贸易的一个非正式组织。① 从实际效果来看，受限于组织的论坛性质，特莱维小组也在一定程度上脱离了各成员国警务工作的实际需要，因此遭到来自成员国内部的批评和指责。尽管存在各种不足，但特莱维小组还是为共同体国家提供了一个主要是警务合作的平台，并使各成员国进行了有一定成效的合作。更重要的是，通过特莱维小组的成立、运行和发展，各成员国比以往更清楚地认识到它们在司法与内务合作领域具有共同利益。特莱维小组松散的合作模式，使得各成员国在警务这个涉及敏感国家主权的领域内逐渐建立和增强了相互信任。

2. 《申根协定》和《单一欧洲法令》

尽管1957年签署的《罗马条约》确立了在成员国之间实现人员、服务、商品和资本自由流通的目标，但由于20世纪70年代各成员国经济"滞胀"局面的出现，它们纷纷倒向保护主义，通过维持和设立各种非关税壁垒阻碍人员、服务、商品和资本自由流通的实现。这样，整个欧共体地区也因此成为发达国家和地区中经济发展最为缓慢的地区。为改善这种局面，欧共体各国积极寻找走出困境的方法，力求采取新的措施以完成统一市场的目标。

（1）《申根协定》

由于主权问题的敏感性和复杂性，在当时的欧共体12国内同步实现人员、服务、商品和资本自由流通（简称"四大自由"），特别是人员的自由流通并不现实。在这种情况下，一些国家，特别是积极推动欧洲一体化深入发展的国家率先采取了联合行动。1984年7月，法国和德国就逐步消除双方对共同边界的控制达成协议。1985年6月，法国、联邦德国、比利时、荷兰和卢森堡在卢森堡小镇申根签署了关于逐渐取消共同边界检查的协定，即《申根协定》。其主要内容包括：签署国间相互开放边境，包括在协定签字国之间不再对公民进行边境检查；外国人一旦获准进入"申根领土"内，可在协定签字国领土上自由通行；设立警察合作与司法互助制度；建立申根信息系统，共享

---

① ［德］维尔纳·魏登费尔纳、沃尔夫冈·韦塞尔斯编：《欧洲联盟与欧洲一体化手册》，赖金志等译，中国轻工业出版社2001年版，第412页。

有关各类非法分子信息的档案库等。

1990 年 6 月，西班牙、葡萄牙、意大利和希腊也签署了《申根协定》。同月，9 个签字国又签署了包含 100 多项条款的《申根公约》（*Shengen Agreement*）。该公约对签字国领土实行内部开放后，在警务、海关和司法等方面的合作作了具体规定。此外，法国、联邦德国、比利时、荷兰和卢森堡等国还签署了关于协调移民和避难政策，加强警务和司法合作和建立共同信息档案中心等方面的具体条约。《申根协定》原定于 1992 年 1 月 1 日生效，但由于签字国间的分歧和准备不足的原因，该协定没有按时生效。1994 年 12 月 22 日，《申根协定》执行委员会在德国波恩召开会议，确定 1995 年 3 月 26 日为《申根协定》的"不可逆转的最后生效期"。《申根协定》按时生效后，德国、法国、西班牙、葡萄牙、荷兰、比利时和卢森堡等 7 国相互取消了对人员和商品的边境检查。1996 年 12 月，瑞典、芬兰、丹麦、挪威、冰岛 5 国正式签署了加入《申根协定》的协议。芬兰和丹麦作为欧盟的成员国，在协议签署后立即成为《申根协定》的正式成员国，非欧盟成员国的挪威和冰岛只是作为联系成员国的身份加入《申根协定》。至此，欧盟国家中只剩英国和爱尔兰置身该协定之外。

1998 年 4 月 1 日，意大利与奥地利、意大利与法国、奥地利与德国之间的边界已完全开放，标志着奥地利和意大利两国也开始全面实施《申根协定》。至此，参加该协定的各国间终于实现了全面的边界开放。2001 年 3 月 25 日，《申根协定》开始在北欧 5 国（瑞典、芬兰、丹麦、挪威和冰岛）生效。[1] 2007 年，非欧盟国家瑞士和 2004 年正式入盟的 10 个中东欧国家（捷克、爱沙尼亚、匈牙利、拉脱维亚、立陶宛、马耳他、波兰、斯洛伐克、斯洛文尼亚和塞浦路斯）也加入了《申根协定》。

《申根协定》所确定的是在欧共体机制框架之外的政府间合作模式，但其目的却在于深化欧共体国家的边境管理工作。[2] 除要求在签字国间取消边境控制之外，《申根协定》还要求签字国在打击非法移民、毒品交易、武器走私、国际犯罪和国际恐怖主义等方面开展警务合作。《申根协定》的签署和实施，

---

[1] See http：//news. xinhuanet. com/ziliao/2005 – 06/06/content – 3050913. htm.

[2] John Van Qudenaren, *Uniting Europe*：*European Integration and the Post-Cold War World*, Lanham：Rowman & Littlefield, 2000, p. 208.

对共同体司法与内务合作的发展，甚至对整个欧洲一体化进程都有很大的推动作用。《申根协定》通常被看做是欧洲一体化的重要激励措施。签字国都认为，这些合作是共同体设计外部边境管理模式、警务工作和其他一些措施的一次重要尝试。[①]

2005 年 6 月 2 日，欧盟 25 国内政和司法部长在小镇申根举行仪式，纪念《申根协定》签署 20 周年。仪式上，欧盟轮值主席国卢森堡司法大臣吕克·弗里登（Luc Frieden）发表讲话指出，《申根协定》给欧洲人民的生活带来了极大的便利，也增强了欧盟成员国之间的团结与信任。实践证明，欧盟单个国家无法处理好有组织犯罪、跨国毒品交易和非法移民等问题，只有各国密切合作才能给欧洲人民带来《申根协定》所代表的"自由、安全和法制"。欧盟委员会副主席弗拉蒂尼（Frattini）在讲话中肯定地指出，《申根协定》实现了欧盟成员国之间的人员自由流动，是欧洲一体化进程中的一个里程碑，其宗旨是《申根协定》各成员国之间的"团结、信任和透明"。

（2）《单一欧洲法令》

1986 年，欧共体 12 国签署了《单一欧洲法令》，其内容广泛涉及政治、经济、货币、贸易和社会政策等领域，最主要目的是为了重新给欧共体统一大市场的最终建立注入动力，通过对欧共体原有条约的补充和修改从法律制度上保证统一大市场的如期实现。为实施人口自由流动政策，《单一欧洲法令》以"成员国关于人口自由流动政策的政治声明"的形式要求，各成员国必须在不损害共同体权益的前提下相互合作，尤其在涉及第三方国家侨民进入、流动和定居的问题时更应加强合作。合作还应包括打击恐怖主义、制止犯罪与贩毒、打击贩卖艺术品和文物的违法贸易活动。[②] 在法令的效力方面，《单一欧洲法令》要求成员国按照要求执行法令，并把法令转化为各成员国的国内法律。

《单一欧洲法令》的签署和实施，使欧共体成员国在移民、警务和司法等方面的合作有所发展。这一文件和《申根协定》以及后来签订的《申根公约》一起构成日后《马约》中有关司法与内务合作条款的来源和基础。它们既为《马约》的司法与内务合作提供了合作的议程，也为《马约》有关司法与内务

---

① European Commission, *A White Paper*, *Living in An Area of Freedom*, *Security and Justice*, Brussels, 2000, see http: //europe. eu. int.

② 参见管新平、何志平：《欧盟概况》，华南理工大学出版社 2003 年版，第 43 页。

合作领域的谈判准备了必要的技术和组织条件。1989 年，在《单一欧洲法令》的基础上，欧共体 12 个成员国在法国的斯特拉斯堡举行会议，除英国以外的其余 11 个国家签署和通过了《欧共体劳动者基本社会权利宪章》，并将其列为《单一欧洲法令》在社会政策领域里的合作内容。

（3）《都柏林避难公约》和《对外边界公约》

自 20 世纪 50 年代以来，欧共体成员国普遍实行宽松的移民政策，引发了以西欧为目的地的大规模移民运动。良好的社会经济条件，宽松的移民政策，加上东欧剧变、冷战结束、南联盟内战等地区和全球政治形势的急剧变化，引发了全球性的以欧盟国家为主要目的地的移民浪潮。结果，在欧共体/欧盟国家长期存在着数量庞大的外来移民。而且，移民增长趋势还有增无减。据统计，到 20 世纪 90 年代，已有 1410 万外国人居住在欧共体 12 国。[①]

大量的移民在欧盟各成员国引起了诸如医疗、就业、教育、人权、治安、社会保障、社会救助等多方面的问题，对各成员国现有的社会机制和结构产生了很大压力，也给欧盟治理提出了严峻的挑战。在此情形之下，欧盟各成员国必须在移民政策方面进行合作以缓解和解决移民问题。

面对愈演愈烈的移民浪潮，欧洲各国一直都在寻找缓解和解决的办法。1986 年，特莱维部长会议决定成立一个特别小组来处理外来移民问题。移民问题特别小组（Ad Hoc Group on Immigration）的活动主要体现在它所促成的在移民问题方面达成的两个政府间公约上。第一个公约是欧共体 12 国于 1990 年 6 月达成的《都柏林避难公约》。该公约为各成员国接受避难申请设定了标准。公约规定，应按照 1950 年的《欧洲人权公约》（*European Convention for the Protection of Human Rights and Fundamental Freedoms*）和 1951 年的《难民地位公约》（*Convention Relating to the Status of Refugees*）的条款，对申请避难者所提的要求作出保证；一个成员国接纳避难者的决定将被其他成员国接受。第二个公约是 1991 年 7 月签署的《对外边界公约》（*Convention on the Crossing of EC External Borders*, also known as *the External Frontiers Convention*）。它采用了与《申根协定》一样的合作模式，而覆盖的范围是所有欧共体成员国。该公

---

① John Van Qudenaren：*Uniting Europe*：*European Integration and the Post-Cold War World*, Lanham：Rowman & Littlefield, 2000, p. 210.

约列出一份国家名单，具体规定了哪些国家的公民进入欧共体范围需要或不需要签证。这项条款成为后来欧盟成员国签证和边界合作领域的一项重要内容。然而，无论是对《都柏林公约》，还是对《对外边界公约》，各成员国不是努力地尽快使之生效，而是采取了敷衍拖拉的态度。由于英国拒绝融入欧共体的边界控制体系，《对外边界公约》最终未能生效。出于对自身安全的担忧，爱尔兰和英国也对《都柏林避难公约》持拒绝态度。直到 1997 年，《都柏林避难公约》才正式生效。①

综上所述，《马约》签署之前，欧共体成员国在司法与内务合作领域曾作出一些积极的尝试。它们通过特莱维小组尝试在警务方面进行合作，通过《申根协定》和《单一欧洲法令》促进人员在签字国间的自由流动，并结合《都柏林避难公约》等形式在避难、移民以及边界管理等方面进行了政策协调。但在这一时期，欧共体超国家机构在司法与内务合作方面还没有正式发挥主导作用。各成员国是合作的唯一主体，达成的所有协议都是政府间性质的，只能是在全体成员国同意的情况下才能通过。实际上，除《申根协定》以外，尽管在《马约》之前各成员国间达成的协议达 10 部之多，但最终生效的重要条约也仅有《罗马条约》和《都柏林避难公约》。公约的生效和实施完全取决于各成员国的意志。而且，在这些纯粹政府间性质的合作中，只是在需要维护共同体法的情况下，欧共体委员会才能以观察员的身份参加一些会议，欧洲议会也极少被要求发表意见。

总体而言，这一时期的司法与内务合作还处于萌芽时期，合作组织形式游离于欧共体框架之外，纯粹是政府间性质的，没有形成统一的决策机制和有力的实施措施。但是，成员国在司法与内务合作领域所进行的有益尝试为以后这种合作的发展创造了必要的有利条件。

（二）《马约》和司法与内务合作的正式确立

在欧盟司法与内务合作的发展道路上，《马约》占有重要的历史地位。它正式规定了欧盟司法与内务合作的基本内容和形式，标志着欧盟层次上的司法

---

① John Van Qudenaren, *Uniting Europe：European Integration and the Post-Cold War World*, Lanham：Rowman & Littlefield, 2000, pp. 209–210.

与内务合作阶段的真正开始。

在司法与内务合作领域，《马约》带来了三个方面的突破性进展。第一，《马约》赞同欧洲理事会早先达成的协议，将人权和基本自由等方面的内容纳入到条约框架中。《马约》声称，如同《欧洲人权公约》和各成员国间共同的宪法传统一样，欧盟将保护人的基本权利作为共同体法律的基本原则；第二，《马约》确立了"欧盟公民"身份（EU Citizenship）；第三，《马约》将司法与内务合作列为欧盟的第三支柱。如同第二支柱一样，欧盟第三支柱的设立是妥协的结果：一方面，各成员国需要在司法与内务方面进行更密切和更有效的超国家性质的合作，在《单一欧洲法令》消除了边界控制后，更需如此；另一方面，成员国，如英国等国家，又想竭力维护各自的国家主权。所以，在体制安排上，欧盟司法与内务合作如同第二支柱一样地采取了政府间性质的合作模式，即各成员国是在保住它们最终决定权的前提下，来推动司法与内务合作的发展的。①

具体而言，《马约》对司法与内务合作的推动主要表现在确立欧洲公民身份、将司法与内务合作列为欧盟第三支柱和设立欧洲刑事警察组织（Europol）这三个方面。

1. 欧洲公民身份

"公民"是指具有一个国家的国籍，根据该国家的法律规范享有权利和承担义务的自然人。② 早在 1974 年，欧共体成员国巴黎首脑会议就提出过"欧洲公民"的概念。1979 年，欧洲议会直接选举以后，欧共体"民主赤字"问题变得日益突出，对欧洲各国公民生活的不利影响也日益明显。这样，"欧洲公民"身份问题便直接摆在了各国政府的议事日程上。1981 年，欧共体成员国就使用共同体护照达成一致意见，共同体护照也于 1985 年开始使用。在1984 年的枫丹白露首脑会议上，欧洲理事会同意成立专门委员会研究"人民的欧洲"（People's Europe）的理念。第二年，研究委员会向欧洲理事会提交了名为《公民的欧洲》（*Citizen's Europe*）的报告。该报告的一些建议后来被欧盟采纳。

---

① John Van Qudenaren, *Uniting Europe：European Integration and the Post-Cold War World*, Lanham：Rowman & Littlefield, 2000, pp. 209 – 213.

② See http：//www. hongen. com/proedu/flxy/flssl/fd/mf051201. htm.

冷战结束后，欧盟对欧洲公民身份问题表示进一步高度关注。《马约》在第一篇中就指出，本条约标志着在欧洲人民之间建立更为密切的联盟进入了一个新的阶段，制定一切决定将尽可能地与公民联系起来。联盟的任务是，以团结一致的方式，整合成员国及它们的人民间的联系。通过欧盟公民身份的引入，加强对各成员国公民的权利和利益的保护。

《马约》规定了联盟公民的权利和义务，主要包括：具有成员国国籍的每一个人都是联盟的公民；在本条约以及为实施本条约而采取的措施规定的限度和条件范围内，联盟公民有权在成员国领土内自由流动和居住；在其不是国民的成员国居住的联盟公民，在其所居住的成员国内，同那个国家的国民一样享有选举权和符合规定的被选举权；联盟公民在其是国民的成员国没有驻第三国代表的第三国领土上，可受到任何成员国外交或领事机构的保护，就如同保护该国自己的国民一样；联盟公民都有依据有关条款向欧洲议会请愿的权利；联盟公民都可以向有关调查官员提起诉讼。[①]

《马约》明确指出，欧盟公民身份只是公民作为各自成员国公民身份的补充，不在任何意义上取代原成员国国籍的身份，承认公民取得何种国籍完全服从于各成员国的国内法律。尽管在严格的意义上，欧洲公民这一概念在法律上还不能完全成立，但《马约》所规定的欧盟公民各项权利和义务得到成员国的普遍认可。欧盟公民概念的提出和法制化，有利于增强各国公民的欧洲意识，也加强了欧盟司法与内务合作的思想和法理基础。

2. 欧盟第三支柱

《马约》对司法与内务合作发展的最重要贡献，就是明确将司法与内务合作列为欧盟的第三支柱，与作为第一支柱的经济与货币联盟和作为第二支柱的共同外交与安全政策相并列，从而将司法与内务合作正式纳入欧盟框架之中。

《马约》在第六篇K.1条规定了司法与内务合作中各成员国间具有共同利益的九大领域，即避难政策、对外边界管理、移民政策、毒品控制、打击国际诈骗、民事司法合作、刑事司法合作、海关合作和警务合作。除了这九大合作领域之外，《马约》还特别提到一个政策领域——签证政策。《马约》将签证政策归属到第一支柱，置于欧盟超国家机构的决策机制之下。条约中有一个条

---

① See http：//www.europa.eu.int/abc/obj/treaties/en/entocol.htm.

款是这样规定的：根据委员会的提案，由理事会批准一份名单，以确定哪些国家的公民在跨越欧盟外部边界时需要签证，而哪些国家公民不需要。从 1996 年开始，在签证领域，理事会实行多数表决制。这项条款的重要性不仅仅在于它有助于统一各国签证政策，更重要的是它为在第一支柱内处理司法与内务合作事务开创了先例。①

为了推进司法与内务合作，并考虑到这种合作与成员国国家利益和国家主权密切相关，《马约》仿照第二支柱建立了一套政府间性质的决策机制。核心决策机构是司法与内务部长理事会。部长理事会就上述九大合作领域互通情报，并彼此磋商以协调行动。部长理事会下设委员会，由各成员国的高级官员组成，任务是为部长理事会的磋商和决策做准备工作。《马约》还特别指出了成员国在第三支柱内合作的三种方式：（1）采取共同立场；（2）采取共同行动；（3）为特定目的在全体成员国间或部分成员国间签署公约。此前签署的条约，如《都柏林避难公约》、《对外边界公约》等，都为在第三支柱下开展合作奠定了良好的基础。②

根据《马约》的规定，欧盟超国家机构也必须参与司法与内务合作。具体而言，在六大合作领域，即避难政策、对外边界管理、移民政策、毒品控制、打击国际诈骗和民事司法合作中，由欧盟委员会和各成员国一起共享立法动议权。而在刑事司法合作、海关合作和警务合作这三大领域中，只有成员国才拥有对部长理事会的立法动议权。总体上讲，在司法与内务合作领域中，欧盟委员会还只是充当"配角"。欧洲议会的权力也很小。根据《马约》规定，欧盟委员会和理事会主席应定期向欧洲议会通报司法与内务合作领域的当前进展情况，应就重要活动与欧洲议会协商，并保证慎重考虑欧洲议会的意见。欧洲议会也有权力向理事会提出问题和建议，并对司法与内务合作的进展进行年度辩论。③

尽管司法与内务合作被列为欧盟的第三支柱，但各成员国可自愿决定是否

---

① John Van Qudenaren, *Uniting Europe: European Integration and the Post-Cold War World*, Lanham: Rowman & Littlefield, 2000, p. 215.

② John Van Qudenaren, *Uniting Europe: European Integration and the Post-Cold War World*, Lanham: Rowman & Littlefield, 2000, p. 215.

③ Steve Peers, *EU Justice and Home Affairs Law*, Harlow: Pearson Education Limited, 2000, p. 17.

接受有关决定的约束。《马约》还进一步声称，只要有 2/3 的签字国同意，条约的实施措施就可获得通过。签字国可以赋予欧洲法院以通过条约的司法解释权。通过这种方式，政府间性质的欧洲理事会也被纳入政府间性质更强的欧盟第三支柱之中。相对于经济一体化领域的第一支柱而言，第三支柱的这种安排更为松散，但它却走出了欧盟层次上的司法与内务合作的关键性一步。

3. 欧洲刑事警察组织 （European Police Office；Europol）

欧洲各国的警务合作开始于 20 世纪 70 年代的特莱维小组时期。随着跨地区、跨境犯罪活动的增多，各国迫切需要通过更高级别的机构和更完善的组织来扩大和深化警务合作。1991 年，西欧国家依据特莱维小组的程序成立了欧洲刑警合作组织特别工作小组 （Ad Hoc Working Group on Europol），以筹划成立欧洲刑事警察组织的准备工作。后来，各成员国在《马约》中就成立欧洲刑事警察组织的计划和方案初步达成一致。欧洲理事会也通过了将未来成立的欧洲刑事警察组织总部设在海牙的决定。1993 年，各国决定成立欧洲反毒署（European Drugs Unit）。1994 年，欧洲反毒署正式运转，其任务主要是收集和分析从各成员国警察部门传来的有关毒品交易的信息。1998 年 6 月 1 日，欧盟 15 个成员国批准了《欧洲刑事警察组织公约》（*Europol Convention*），该公约于 1998 年 10 月 1 日生效。根据公约的规定，欧洲刑事警察组织于 1999 年 7 月 1 日起开始全面工作。

《欧洲刑事警察组织公约》是在《马约》第 31 条，即警察与刑事司法合作条款的基础上缔结而成的。该公约规定，欧洲刑事警察组织具有独立的法律人格，能够根据各成员国国内法享有广泛适用于法人的权利能力和行为能力。欧洲刑事警察组织的宗旨是，为实现有效预防和打击严重的跨国犯罪行为而加强欧盟各成员国刑事警察机关的相互合作。为实现这一宗旨，欧洲刑事警察组织的主要职能就是对非法移民、贩卖人口、毒品交易等犯罪活动予以预防和打击。

欧洲刑事警察组织建立了较完善的信息系统，以促进信息交换，提升各成员国信息利用率，进而提高打击犯罪的效率；还建立了较为完整的组织体系，包括内部职能部门及与成员国联系部门。为了确保机构履行其职责而不发生偏差，欧洲刑事警察组织除了要接受欧盟机构和各成员国的监督之外，还建有内部的监督机制。

应该注意的是，由于欧盟司法与内务合作采取的是政府间性质的决策机制，欧盟公民身份在严格的法律意义上还不能完全成立，普通犯罪问题仍属于各成员国的管辖范围，欧洲刑事警察组织不具有执行刑事调查的权力，还只能算作是一种跨国协调机制，其工作必须通过各成员国政府来开展。

由上述可见，《马约》的签署标志着欧盟层次上的司法与内务合作正式开始，但无论是从合作范围上看，还是从合作模式上分析，司法与内务合作仍被置于政府间性质的合作框架之中。

（三）《阿约》和欧盟司法与内务合作的初步发展

《马约》生效以后，为了改变第三支柱进展缓慢的状况和应对即将面临的欧盟东扩带来的挑战，欧盟成员国作出新的努力，推动司法与内务合作实现了初步发展。

1. 《阿约》对欧盟司法与内务合作机制的改革

在《马约》的基础上，1997 年签署、1999 年生效的《阿约》对欧盟司法与内务合作进行了改革和深化。从内容上分析，《阿约》主要是通过对《马约》有关条款的增删和改写以及以采取附件的形式对《马约》进行了改革。在司法与内务合作领域，《阿约》的改革和深化主要体现在以下几个方面：

首先，《阿约》为欧盟司法与内务合作提出了新的目标。《阿约》提出：联盟是一个自由、安全和正义的区域，应维持和发展这个联盟。在联盟内不仅要保证人员的自由流动，还要在边界控制、避难、移民以及预防和打击犯罪方面采取适当措施。[①]《阿约》所规定的把联盟作为一个"自由、安全与正义的区域来加以维持和发展"的目标，是与建立统一大市场、促进经济和社会团结、建立货币联盟及共同外交与安全政策享有同等地位的。[②]

其次，《阿约》对司法与内务合作机制作了重大调整，引入了超国家性质的合作模式。《阿约》规定，将有关人口自由流动的事务和有关民事领域的司法合作事务从《马约》中的第三支柱转移到欧盟的第一支柱中来。这是《阿约》给欧盟司法与内务合作带来的一个重大变化，是欧盟改革和深化司法与

---

① 欧共体官方出版局编：《欧洲联盟条约》，苏明忠译，国际文化出版公司 1999 年版，第 210 页。
② ［德］贝娅特·科勒—科赫、托马斯·康策尔曼、米歇勒·克诺特：《欧洲一体化与欧盟治理》，顾俊礼等译，中国社会科学出版社 2004 年版，第 131 页。

内务合作的重要步骤。这也表明，欧共体的超国家性质的决策机制适用于有关人口自由流动事务和民事司法合作事务。为了消除成员国的疑虑和实现改革的平稳过渡，《阿约》为这个重大的改革措施设立了一个 5 年过渡期。在过渡期内，对于这部分事务，欧盟委员会和各成员国共享立法动议权，欧洲议会仅具有协议权，欧洲法院的权力也还受到很大制约。成员国以全体一致的方式通过决议。在过渡期结束后，欧盟委员会独享立法动议权，欧盟委员会可以以特定多数的表决方式和欧洲议会共同作出决策。① 转移到第一支柱下的事务适用于共同体的决策程序，从而实现该部分事务的高度一体化。

再次，《阿约》以议定书的形式将《申根协定》纳入欧盟司法与内务合作领域之中。《申根协定》相应成为"申根条款"，根据其内容，分别将被置于共同体支柱和警务合作与刑事司法合作当中。其中与避难政策、移民政策和民事司法合作有关的事务依其所属范围适用于共同体决策机制，涉及警务合作和刑事司法合作的事务则适用于《阿约》第六篇《警务合作与刑事司法合作》的决策机制，而不再适用于欧盟以外的机构和程序。由于英国和爱尔兰没有参与《申根协定》，丹麦也对《申根协定》作了特殊安排，而挪威和冰岛这两个非欧盟国家却参加了《申根协定》，结果造成了欧盟司法与内务合作方面决策的复杂化局面。与申根条款相关的事务分为两部分，即与人员自由流动相关的事务和涉及欧盟安全的事务。参与申根条约的欧盟国家可以参加所有事务的决策，而非欧盟成员国则不能参加涉及欧盟安全事务的决策。

最后，在有关警务与刑事司法合作领域事务的决策和处理上，欧盟超国家机构的地位和作用有所加强。在该领域，《阿约》赋予欧盟委员会以与各成员国共享立法动议权的权力，欧洲法院对该部分条款的解释权得以增强，欧洲议会的权力也有所扩大。《阿约》规定，司法与内务部长理事会在制定有关警务与刑事司法合作的 K 条第二款 (2)、(3) 或 (4) 所指的决定之前应同欧洲议会进行磋商，欧洲议会在理事会所规定的不少于 3 个月的期限内提出意见。如果欧洲议会在此期限内没有提出意见，司法与内务部长理事会可以作出决定。②

---

① John Van Qudenaren, *Uniting Europe: European Integration and the Post-Cold War World*, Lanham: Rowman & Littlefield, 2000, p. 219.

② 欧共体官方出版局编：《欧洲联盟条约》，苏明忠译，国际文化出版公司1999年版，第223页。

对于司法与内务合作而言，《阿约》最重要的意义就在于，它使超国家性质的决策模式适用于司法与内务合作的某些领域，从而使得欧盟在司法与内务合作领域中纯粹的政府间性质的合作模式有所改变。但由于欧盟委员会、欧洲议会和欧洲法院等共同体超国家机构在这一领域中的权力仍然相当有限，警务合作与刑事司法合作仍处于原《马约》规定的第三支柱的合作模式之下，欧盟司法与内务合作基本上还没有超出政府间性质的合作框架。

2. 欧盟司法与内务合作的初步发展

在《阿约》的推动下，欧盟司法与内务合作取得了一定的进展。1998 年，在维也纳首脑会议上，欧盟决定制订一个行动计划，为实现《阿约》所提出的"自由、安全与正义的区域"的目标而采取适当的措施。[①] 1999 年，欧盟在芬兰坦佩雷召开首次关于司法与内务合作的特别首脑会议，进一步强调"实现自由、安全与正义的区域的目标"现在和将来都始终处于欧盟政治议程的优先地位。[②] 在坦佩雷会议上，成员国首脑在三方面达成一致意见。第一，决定逐步建立共同体的移民和避难政策体系，设立某种形式的基金，以便在发生大量移民涌入的情况下提供临时保护；第二，扩大欧洲刑事警察组织的权限，建立成员国警察局局长协调机制，为各国检查机构的合作和刑事侦察提供方便；第三，确立司法普遍适用原则，促进各成员国立法趋同和判决相互承认，增加公民对各国司法制度的了解，简化罪犯引渡程序。[③] 坦佩雷首脑会议进一步深化了欧盟司法与内务合作。

2000 年通过的《尼斯条约》对欧盟的决策机制进行了改革。这一条约将有效多数表决制的适用范围扩大到 35 个，涉及人口自由流动等领域。为促进成员国在刑事司法方面的合作，尼斯会议还决定成立欧洲刑事司法合作组织（Eurojust）。该组织配合欧洲刑事警察组织对有组织的跨国犯罪予以预防和打击。"9·11"事件发生后不久，欧盟就在打击国际恐怖主义方面加强了合作。欧盟 15 国还公布了恐怖主义组织的黑名单，通过了同意逮捕令，并通过欧洲刑事警察组织在华盛顿设立联络处的组织形式与美国在反恐方面进行跨区域合作。

---

① See http：//ue. eu. int/ejn/data/vol-a/l-programmes-de-travail-plans-d-action/13844en. html.

② See http：//eu-ropa. eu. int/council/off. conclu/otc99-de-htm.

③ 参见周弘主编：《1999—2000 年欧洲发展报告》，社会科学文献出版社 2001 年版，第 100—101 页。

2002 年，欧盟首脑会议就打击非法移民的措施达成一致。2003 年，在欧洲理事会萨洛尼卡会议上，欧盟 15 个成员国又通过了新的保护边界措施，包括设立协调成员国行动的欧洲办事处，组建共同体的边界卫队等。

综上所述，从 20 世纪 70 年代以特莱维小组形式开展的初步警务合作，到《马约》将司法与内务合作明确列为欧盟的第三支柱，再到《阿约》的重大改革，欧盟司法与内务合作经历了一个从尝试到初步发展的过程，这也是它从共同体体制外合作、从欧洲一体化的边缘政策，逐步向欧洲一体化中心领域靠拢的过程。相对于欧洲一体化其他领域而言，欧盟司法与内务合作的发展历程更明显地体现出欧洲一体化超越经济领域迈向敏感的政治领域的趋势，体现出欧洲一体化全方位推进、不断深入的发展趋势。

二、欧盟司法与内务合作的动因

欧洲一体化成功启动后，共同体成员国就不断寻求在更为宽广的政策领域实现整合，以期同时推进经济一体化和政治一体化。就司法与内务合作这一欧盟重要的功能性政策领域[①]而言，其发端和发展应从整个经济全球化和欧洲一体化的宏观背景来加以审视。

（一）深入推进欧洲一体化的需要

到 20 世纪 90 年代初，欧洲一体化已经取得了显著成果：欧共体确立了共同农业政策等一系列政策领域；成立了关税同盟；建立了自身的财政来源体系；《罗马条约》为共同市场所规定的四大流动自由的目标已初步实现；各成员国在共同市场的建设中根据欧共体法协调本国立法，欧洲议会实现了直接选举[②]；《申根协定》及其实施公约已使得部分成员国之间取消了边境限制；统一大市场的建设已经全面启动。虽然经济—货币联盟的建立以及欧洲政治合作仍然进展缓慢，但欧洲在司法与内务领域的一体化却在这时候被提上日程并引起广泛关注。其主要原因之一在于，作为一项跨越民族国家体系之上的复杂系

---

① 参见刘文秀：《欧盟的政策领域分类与政策性质》，载《欧洲》2000 年第 6 期，第 60—61 页。
② 杨豫：《欧洲政治一体化的进程：历史的回顾》，载《欧洲》2002 年第 5 期，第 3 页。

统工程，欧洲一体化的各个领域之间有着密切的关联，这势必导致一体化在经济政治领域的成果扩散到其他政策领域。因此，欧盟在《马约》中提出发展司法与内务领域的紧密合作并非偶然。可以说，这一举措是欧共体一体化发展的内在必然要求，是欧共体其他领域的一体化推动了欧盟在司法与内务领域的紧密合作[1]。

这种一体化进程的扩散效应也可以通过以小约瑟夫·奈等人为代表的新功能主义"外溢说"（spill over）来解释。该理论认为，由功能上的相互依赖或目标上的内在联系所产生的不平衡，迫使政治行为者们重新定义他们的共同目标[2]，从而引起"溢出"现象，导致一体化从原有领域向其他相关领域发展，一体化必然会走向扩大和深化。而如果欧洲仅在某些领域实行一体化，而不在其他相关领域发展一体化，即忽视一体化的"溢出"效应，势必将引发整个欧盟一体化结构的不平衡，这就为在欧盟框架内加强司法内务与合作提供了强大的现实动力[3]。

因此，加强成员国之间在司法与内务领域的合作，乃是促进欧盟整体利益、深入推进欧洲一体化进程的本质要求，是一体化发展到一定阶段的必然产物。

（二）应对欧洲新安全形势的必然选择

进入全球化时代以来，随着信息、交通和通讯技术突飞猛进的发展，人类社会原有的地理空间界限被打破。在此基础上，资本、商品和技术在全球范围内的自由流通和配置使得整个世界联结成为一个更为密切的整体。全球化使得全球相互依赖增强，同时也给跨国交往带来了许多前所未有的不确定因素。这样，日益突出的非传统安全问题成为各个国家安全考量中的重要变量。

欧洲一向是世界安全的敏感地区，全球化浪潮随着欧洲一体化的深入而更加深刻地影响着这块大陆。对任何欧盟成员国而言，虽然不存在大规模武装入

---

[1]　方长平：《欧盟司法与内务合作：动力、机制与问题》，载《欧洲》2000 年第 6 期，第 54 页。

[2]　Robert Keohane & Stanley Hoffmann（ed.），*The New European Community Decision-making and Institutional Change*，Colorado：Westview Press，1991. p. 19.

[3]　Jörg Monar，"Justice and Home Affairs"，in *Journal of Common Market Studies*. Vol. 36，1998，p. 138.

侵的现实威胁，但欧洲仍然面临着多种多样的、隐蔽的而且是难以预测的新威胁①。

1. 恐怖主义

1968 年后的 20 余年间，欧洲曾一度成为全球恐怖主义的重灾区，西欧发生的恐怖事件数量占世界的 32.9%②，而 1972 年慕尼黑奥运会惨案、1978 年绑架和杀害意大利总理莫罗案以及 1988 年洛克比空难等更是在人类灾难史上书写下凝重的一笔。20 世纪 90 年代初两极对抗的冷战格局结束后，欧洲安全形势发生了巨大的变化。其中，恐怖主义的威胁明显加剧：英国"爱尔兰共和军"、西班牙"巴斯克民族与自由组织"（简称"埃塔"）、法国科西嘉分离运动等老牌的本土恐怖组织仍相当活跃，其极端民族主义、极左或极右意识形态主张仍很坚决。正如索拉纳所指出：恐怖主义使生命处于危险之中，它不惜以很大的代价，寻求破坏我们社会的开放和宽容，它已经对整个欧洲构成了日益严重的战略威胁。因此，可以说，恐怖主义将是欧盟在 21 世纪面临的最为严峻的安全问题之一，能否应对这一威胁关系着欧洲未来的整体利益。

2. 大规模武器扩散

近些年来，虽然国际条约机制和出口管制措施已经大大减缓了大规模杀伤性武器的扩散，但是，生物技术、化学工艺、核技术和导弹技术的非正常传播以及放射性物质和军品的非法交易无疑增加了许多新的不稳定因素，而最让人担忧的情况莫过于恐怖组织获得这些大规模杀伤性武器，进而可能把欧洲推向日益严重的危险边缘。

3. 非法移民

随着经济全球化和区域一体化的发展，地中海南岸国家以及中东欧转型国家与欧洲发达国家之间的经济社会差距进一步拉大，越来越多的人甘愿冒险前往富裕的欧洲国家寻找出路，移民迁出区持久的地区冲突和种族矛盾加

---

① Javier Solana. *A Secure Europe in a Better World*，［Z/OL］. Paper presented to the Thessaloniki European Council，12 December 2003，URL，http：//ue. eu. int/pressdate/EN/reports/76255. pdf.

② European Parliament. Committee on Civil Liberties and Internal Affairs (Viviane Reding)，*Report on Combating Terrorism in the European Union* ［J］. European Parliament Session Documents (EP A4 –0368/96)，Luxembourg，1996.

剧了这一势头。而欧盟国家在司法与内务领域缺乏协调、对涉及非法移民的有组织犯罪活动难以展开有效的联合打击，这也在客观上助长了非法移民现象。地中海地区和巴尔干半岛成为欧洲非法移民的主要来源地。不可否认，在人口老龄化、劳动力日益匮乏的欧洲，移民运动给欧洲社会经济带来了不少生机和活力。但是，非法移民的大量涌入也在一定程度上影响了欧洲社会的正常生活方式，如挤占福利份额、抢夺就业机会、滋生街头犯罪等，而由种族、宗教和文化差异所激发的社会矛盾更是不容小觑。与此同时，欧洲人对外来移民的消极态度也日趋明显，欧洲种族歧视及排外现象观察所（EUMC）2002 年 3 月 15 日在维也纳公布的一项调研报告显示，逾半数欧盟居民希望限制欧盟 25 个成员国里的移民。在这种大背景下，欧洲原生的新法西斯主义和种族主义也日渐活跃[1]，极大地煽起了欧盟国家内部的反移民情绪狂潮，并引发大规模暴力事件甚至社会动荡。这就表明，非法移民问题及与其相伴相生的反移民浪潮，已经构成危及欧洲社会安全与稳定的潜在威胁。

4. 有组织犯罪

欧洲是有组织犯罪的首要目标，这种威胁有着重要的外部渊源。跨境贩毒、贩卖妇女、非法移民和非法军火贸易占据了集团犯罪活动的大部分，而且还与恐怖主义相联系，破坏了法治和社会秩序。有数据显示：欧洲 90% 的海洛因来自于阿富汗罂粟种植，大部分毒品由巴尔干半岛的犯罪网络经手转销往欧洲各地。此外，这些犯罪集团还必须为世界范围内 20 万—70 万被迫从事色情服务的女性受害者负责。海盗犯罪同样是一项值得进一步关注的有组织犯罪行为[2]。对于西欧国家来说，欧盟东扩进程中可能失控的大规模移民潮和跨国犯罪活动也是不得不深为忧虑的安全威胁。

除了以上主要威胁之外，欧洲社会新的安全环境还受制于其他很多因素，有西方学者就此作出了归纳（见表 5 – 1）。

---

① Emil J. Kirchner, "Security Threats and Institutional Response: The European Context", in *Asia Europe Journal*, No. 3, 2005, pp. 179 – 180.

② Javier Solana. *A Secure Europe in a Better World* [Z/OL], Paper presented to the Thessaloniki European Council, 12 December 2003, URL, http://ue.eu.int/pressdate/EN/reports/76255.pdf.

表 5 - 1　威胁欧洲安全空间的安全问题分类表①

		威　胁　目　标	
		国　家	社　会
威胁来源	国　家	针对国家的互联网攻击核攻击	宏观经济的不稳定环境破坏（具体的）
	非国家行为主体	种族歧视主义 针对国家的互联网攻击 网络恐怖主义 针对社会的恶意破坏 分裂国家的恐怖主义	核攻击 移民压力 生化武器攻击 经济犯罪 麻醉品交易 环境破坏（普遍的） 网络恐怖主义/对商业机构的恶意破坏

从整体上看，后冷战时代的社会环境是一个边界日益开放的环境，其中内部安全和外部安全紧密相连，不可分割。对于欧盟这样一个一体化达到相当程度的地区共同体而言，将以上这些不同的问题要素——恐怖主义、大规模杀伤性武器扩散、政府体系的弱化以及有组织犯罪等——结合起来可以发现，欧洲的确正面临着一股非常紧迫的威胁②。现代欧洲工业国家面对非传统威胁存在着很大的脆弱性，也预示着一个新的欧洲安全议程即将出现。因此，在欧洲新的安全形势下，欧盟加强第三支柱的建设进程显得十分必要。

（三）寻求构建自由、安全、司法的欧洲共同空间

欧洲一体化的历史进程蕴涵着人本意识、基督教精神、规则理念和现代工业文明的混合特质，诸种特质相互激荡，共同构成了一体化的精神内核。首先，欧洲是现代民族国家的发源地，国家理念长久以来都十分牢固，国家尊严和国家荣誉往往被推崇至极。但是，国家理念并不是绝对的、排他的，在欧洲这块充满了思维张力的大陆，自近代以来日渐勃兴的欧洲观念和欧洲意识更是在宏观层面上打开了封闭的国家体系。这种超越国家理念之上的价值趋向映射在安全的现实考虑上，就体现为对整个欧洲共同安全空间的关注。其次，"规则取向"

---

① Emil Kirchner and James Sperling, "The New Security Threats in Europe: Theory and Evidence", in *European Foreign Affairs Review*, No. 7, 2002, pp. 43 - 45.

② Javier Solana. *A Secure Europe in a Better World* [Z/OL], Paper presented to the Thessaloniki European Council, 12 December 2003, URL, http: //ue. eu. int/pressdate/EN/reports/76255. pdf.

（rule-oriented）理念也是欧洲一体化精神的重要组成部分之一。现存世界两大法系（大陆法系和海洋法系）在欧洲根深蒂固且影响深远，私法的权利平等理念和公法的正义效力一道构成了欧洲源远流长的法治传统。从 1648 年威斯特伐利亚和会到 19 世纪的"欧洲协调"体制，欧洲层面的法制空间在演进中逐渐确立了程序化的协商和条约机制，从而树立了以国际会议和国际法（包括为数众多的国际仲裁和国际法院的司法实践）来协调彼此冲突、谋求实现和平的传统。最后，欧洲政治文化传统长久以来还一直浸润着人权、自由和平等的理念，随着欧洲统一思想的勃兴，人权、自由以及平等的欧洲化也日益成为其重要内涵。总之，战后欧洲一体化正是一种全欧共享自由、安全与法治理念的现实反映，而这些理念业已随着各种制度创新和资源全欧性配置而上升为国家意志，进而被内化为整个欧盟的意志和政策取向。《马约》第 2 条明确表示，要把联盟作为"一个自由、安全与司法的区域来加以维持和发展"。这一目标与建立统一大市场、促进经济和社会团结，建立货币联盟以及共同外交与安全政策享有同等地位①。

在《马约》的基础上，《阿约》进一步将建立一个自由、安全和正义的区域作为欧盟发展目标之一，并规定了司法与内务合作的任务，即在欧盟区域保证公民的权利，反对歧视，实现平等；逐步统一移民、避难和签证政策，实现区域内的人员自由流动；打击各种跨国犯罪活动，实行警务与司法合作。1999年欧盟坦佩雷首脑会议还对自由、安全和正义的区域下过定义。按照这种定义，自由主要不是指为防止国家干预的自由，而是指在由国家有关部门授权创造的一定条件下，所有的人都可以要求在安全与司法框架下享有包含在整个联盟内的自由流动权在内的自由。这个设想符合各国公民经常表达的愿望，并将对他们的日常生活产生直接的影响。②

总之，基于长久以来在欧洲历史演进过程中所塑造的共同理念，伴随着联盟延续性的政策宣示和实践，在欧洲范围内建立一个"自由、安全与司法的区域"已经成为欧盟的一项具有政治优先性的议程③。作为一个建立在法治框

---

① ［德］贝娅特·科勒—科赫、托马斯·康策尔曼、米歇勒·克诺特：《欧洲一体化与欧洲治理》，顾俊礼等译，中国社会科学出版社 2004 年版，第 131 页。

② 1999 年 10 月 15—16 日欧盟坦佩雷首脑会议主席结论第 2、5、6、7 点，参见［德］贝娅特·科勒—科赫、托马斯·康策尔曼、米歇勒·克诺特著：《欧洲一体化与欧盟治理》，顾俊礼等译，中国社会科学出版社 2004 年版，第 132 页。

③ Jörg Monar, "Justice and Home Affairs", in *Journal of Common Market Studies*. Vol. 36, 1998, p.138.

架和条约机制基础之上的共同体①，欧盟必须为实现这一战略目标而在各个政策领域都有建设性的作为，而启动欧盟司法与内务合作进程自然是其中不可或缺的关键环节。

（四）回应社会和民意要求

欧洲是人本主义的家园。自文艺复兴以来，公民个体和市民社会在社会政治生活中就一直占据着重要地位，人本主义已经深深地融入欧洲的政治文化传统之中。欧洲人不但主张人本意识和强调自身人权的保障，而且还一直将实现更广泛的人权、自由和平等视为己任。

1991年6月，欧盟首脑会议在卢森堡通过《人权宣言》，把尊重民主和人权作为欧共体和第三国签订协议的"基本组成部分"；1994年欧盟又在年度预算中增加了题为"欧洲民主和保护人权倡议"的新内容，为欧盟委员会提供财政手段，以促进发展中国家、中东欧、前苏联和前南斯拉夫地区的法制、民主政府和市民社会建设②。这些都表明，在欧洲这块充满了思维张力的大陆，人的观念和人的价值在欧洲发展战略考虑中一直占有重要地位。

欧盟的建设说到底是欧洲人民的联合，各成员国对一体化的立场和态度很大程度上取决于本国的民意。因此，欧盟能否寻找到并解决好普通公民所关心的重要问题，显示出"更加贴近公民的姿态"，将直接影响到欧洲一体化的进程。现在，欧盟不仅对本地区的稳定和共同发展十分重视，而且也表现出要努力保障具有更深层次人权、福利和社会意义上的个人安全。例如，2003年的《欧洲安全战略》就对作为个体的人的安全给予了充分关注，文件中多次提及新的威胁对人道主义、社会结构和人民福祉已经造成和可能造成的灾难性后果，甚至注意到"生活在异国的年轻人的异化和疏远倾向"③。而欧盟要有效地满足社会安全和人民福祉的需要，就必须借助于司法与内务领域的合作。人

---

① Per M. Martinsen, "*The Security and Defence Policy（ESDP）—A Strategy Culture in the Making?*", Paper prepared for the ECPR Conference, Europe and Global security Margurg, September, 2003, p. 8, http://www.essex.ac.uk/ecpr/events/generalconference/marhurg/papers/17/1/Martinsen.pdf.

② Renate Dwan, *Building Security in Europe's New Borderlands-subregional cooperation in the wide Europe.* Armonk, N.Y.: M.E.Sharp, 1999, pp. 33 - 34.

③ Javier Solana, *A Secure Europe in a Better World*, [Z/OL], Paper presented to the Thessaloniki European Council, 12 December 2003, URL, http://ue.eu.int/pressdate/EN/reports/76255.pdf.

员自由流动所带来的"难民、移民和有组织犯罪对安定、繁荣的影响"以及就业问题是各国政府面临的两大难题，也是当前欧洲市民社会所最为关切的两大问题。[①] 不能想象，欧盟可以在放弃司法与内务合作的情况下来解决这两大难题。

可以说，作为一体化成果的最终受益者，欧洲普通民众对于自由与安全的需求恰恰构成了支撑欧盟推进司法内务合作的坚实社会基础，这种来自于欧洲市民社会的原动力对欧盟第三支柱的酝酿和发展起到了巨大的推动作用。

综上所述，在欧洲经济一体化取得的巨大成就基础之上，为全面推进欧洲一体化，维护欧洲整体利益，欧盟必须在全球化和新的安全形势下朝着司法与内务合作方向迈出实际步伐，而来自欧洲民众和市民社会的需要和支持为这一进程的发展奠定了坚实的社会基础。正是在这些因素的共同作用之下，欧盟司法与内务合作开始启动，并实现了初步发展。

三、欧盟司法与内务合作的领域

欧盟司法与内务合作的内容是由《马约》确定下来的。《马约》将欧盟司法与内务合作的内容具体规定为各成员国间具有共同利益的九大领域。为了论述上的方便，本节将欧盟司法与内务合作的内容归并为以下几个方面分别予以介绍。

（一）移民与避难政策

欧洲已成为一个移民大陆，每年大约有100万移民进入欧盟国家，并有约50万非法移民进入欧盟各成员国。这两个数字大约是美国的2倍。据国际移民组织（International Organization for Migration）估计，在东扩之前，欧盟有近1300万的移民，约占欧盟人口总数的4%。[②] 大量的移民在欧盟各成员国引起了诸如医疗、就业、教育、人权、治安、社会保障、社会救助等多方面的问题，对各成员国现有的社会机制和结构带来了很大压力，给欧盟治理提出了严

---

① 李世安、刘丽云等：《欧洲一体化史》，河北人民出版社2003年版，第340页。

② Maria Green Cowels and Desmond Dian（ed.），*Development in the European Union*，New York：Palgrave Macmillan，2004，pp. 161 - 162.

峻的挑战。欧盟各成员国必须进行移民政策合作以改变各自独立的、五花八门的政策现状，以逐步缓解问题。

目前，欧盟移民与避难政策的基本内容包括：协调移民和避难申请标准与程序；保障移民与避难人员的基本权利；打击非法移民。

1. 协调各成员国移民和避难申请标准与程序

除规定移民政策的适用对象外，《阿约》在《欧共体法》（EC Law）部分规定了理事会采取的实施移民政策的措施适用涉及范围，即进入和居住共同体的条件；成员国签署长期签证和居住许可的程序标准，其中包括因为家庭团聚而申请签证的人。①

为了协调各成员国的避难政策，欧盟甚至重新审议了关于难民的定义。根据《阿约》中的《欧共体条约》第四篇第63条款的规定，欧盟可以决定：承认非欧盟公民作为难民或避难申请人身份的最低共同标准；把避难申请人及难民均衡分配到各个成员国的措施；非欧盟公民进入欧盟及在欧盟停留的共同标准。2005年9月，欧盟通过决议确立了建立统一的移民和避难政策的目标。

2. 保障移民与避难人员的基本权利

具有价值联盟特征的欧盟非常注重对移民与避难人员基本权利的保护。《马约》第 K. 2 条规定，遵照1950年通过的《欧洲人权公约》和1951年7月28日通过的有关难民身份的《日内瓦公约》保证移民和避难人员的基本权利，并要求成员国提供对遭受政治迫害的人员的保护。《欧洲人权公约》保护的基本权利包括：生命权，免受酷刑；禁止奴隶制和强迫劳动；人身自由和安全权；公正审判权；免受刑事立法溯及既往的权利；受保护的实体权利；结婚权和有效补救权等②。

为保护欧盟公民和保障移民与避难人员的基本权利，欧盟还于1996年通过了《欧洲社会宪章》，于2000年在尼斯会议上通过了《欧洲联盟基本权利宪章》。在欧盟层面，确保人权实施的机构是欧盟理事会、欧洲议会和欧盟委员会，以及位于卢森堡的欧洲法院。除此以外，还有在欧盟人权法律保护机制中起着链接或桥梁作用的欧洲督察专员。③ 这样，在欧盟便存在着分别以《欧

---

① Steve Peers, *EU Justice and Home Affairs Law*, Harlow: Pearson Education Limited, 2000, p. 99.
② 参见朱晓青：《欧洲人权法律保护机制研究》，法律出版社2003年版，第68—79页。
③ 朱晓青：《欧洲人权法律保护机制研究》，法律出版社2003年版，第241页。

洲人权公约》和《欧洲联盟基本权利宪章》为核心的两种人权保护机制。欧盟各成员国都要接受这两种人权法律保护机制的约束。在保护欧盟公民和移民以及避难人权的基本权利方面，这两种人权法律保护机制是相互补充的，强化了欧盟对人权的保护。

3. 打击非法移民

在欧盟范围内，存在着数量庞大的非法移民。据欧洲统计局公布的统计数据，目前欧盟共有 300 多万的非法移民，而且每年还要新增 50 万的非法移民。[1] 这些非法移民普遍经济收入低下且不稳定，政治权利没有保障，社会生活比较悲惨。大量的非法移民对欧盟及各成员国国内的政治、经济和社会正常秩序造成了很大压力。因此，欧盟一直都致力于打击非法移民。

在签署《阿约》之前，欧盟打击非法移民的政策包括：对非法居留者的认定和检查政策；对非法移民的驱逐政策；与第三国磋商人员相互进入政策；交换情报政策等。[2] 为加强对非法移民的打击，《阿约》赋予理事会以采取包括遣返在内的各种打击非法移民和非法居留者的措施的权力。此后，欧盟各成员国在欧盟外部边界统一开展联合巡逻，建立移民联络官网络，成立边境安全行动中心，加强反偷渡合作。除上述措施以外，欧盟还通过加强与非法移民流出国和地区的合作来制止非法移民。

（二）人员自由流动和边界管理政策

《单一欧洲法令》规定了 1992 年底为消除人员、商品、资本和劳务在签字国间自由流动的最后期限。《马约》和《阿约》也进一步致力于促进联盟内的"四大自由流通"。为了保障"四大自由流通"的顺利实施和打击各种形式的跨国犯罪活动以及各种破坏成员国内部秩序的行为，欧盟需要协调成员国各自不同的边境管理政策。《马约》规定，欧盟委员会有权决定其公民通过欧盟成员国外部边界时必须持有签证的第三国的名单。

《申根协定》并入《阿约》并生效后，申根国家的公民可以在申根领土上自由流通。被允许进入申根领土的外国公民也可以在申根领土上自由流动。申

---

① See http：//www. xxz. govcn/news/31565. html.

② Steve Peers, *EU Justice and Home Affairs Law*, Harlow：Pearson Education Limited, 2000, p. 94.

根国家之间的边界被称为内部边界。申根国家与非申根国家的边界被称之为外部边界。① 建立申根信息系统，加强对人口自由流动的有关信息收集和管理。

2002 年，欧盟委员会呼吁建立外部边界管理机构，以协调各成员国的对外边界管理政策。同年，该建议得到了理事会的批准。但随后建立起来的这一外部边界管理机构在促进成员国对外边界管理合作方面并未取得令欧盟和成员国满意的成果。2002 年，理事会还实施了对外边界管理的行动计划，其成果主要体现在一体化风险分析系统（Common Integrated Risk Analysis Model；CIR-AM）和对外边界警卫培训项目上。一体化风险分析系统是一套信息处理系统，主要分析和评估在各成员国采取共同行动的情况下，外部边界管理所面临的风险。边界警卫培训项目内容有 8 个方面，主要涉及边界警卫工作中的具体方法，信息技术和犯罪学等。为加强边界管理方面的合作，欧盟还在德国、芬兰等国家设立了边界管理中心。②

自四大"自由流通"实现以来，非法移民各种形式的犯罪，如毒品交易、武器走私、恐怖主义等日渐猖獗，使欧盟的外部边界管理面临着巨大的压力。东扩之后，欧盟东部边界管理的压力急剧增大。为了保障欧洲一体化的成果，欧盟积极寻求措施来加强对外边界管理。2005 年 5 月，欧盟成立了外部边境管理署（European Agency for the Management of Operational Cooperation at the External Borders of the Member States of the European Union；FRONTEX）。这是具有独立法人资格的共同体机构，负责人是执行主席（Executive Director），由管理委员会（Management Board）任命，任期 5 年。由各成员国各指派一名代表，欧盟委员会指派两名代表组成管理委员会。委员任期 4 年，可连任一届。外部边境管理委员会的宗旨是推进欧盟外部边界管理一体化。其主要任务是：（1）促进成员国在外部边界管理方面的合作；（2）开发一体化风险评估系统，并对总体和局部领域进行风险评估；（3）通过为各成员国边境警卫人员规范统一的培训标准和培训内容、举办各种论坛和对相关机构的官员进行培训等方

① 由于作为欧盟成员国的英国和爱尔兰没有参加《申根协定》，丹麦也对《申根协定》作了特殊安排，而作为非欧盟成员国的挪威和冰岛这两个非欧盟国家却参加了《申根协定》，所以申根条款所讲的内部边界和外部边界与欧盟的内部边界和外部边界是有些不同的。

② Jörg Monar, Justice and Home Affairs, in Lee Miles, (ed.), *The European Union: Annual Review 2003/2004*, Oxford: Blackwell Publishing Ltd., 2004, pp. 122 – 125.

式帮助成员国培养边境警卫人员；（4）加强对外部边界管理控制和监督的研究工作；（5）在联合遣返行动中，对成员国提供必要的支持，收集有关在成员国中非法居留的第三国公民的信息等。另外，成员国可以在外部边境管理署框架外开展合作，但必须向外部边境管理署汇报相关的合作情况。①

2006 年 7 月 19 日，欧盟委员会表示准备成立一支快速反应边境警察部队。欧盟委员会负责司法事务的副主席佛朗哥·弗拉蒂尼（Franco Frattini）说："我们打算在欧盟外部边境管理署管辖下，成立一支约 250 至 300 人的常设部队，其成员来自欧盟各国。"若有紧急情况发生，这支部队应当能在 10 天内部署到位。根据欧盟委员会计划，这支边境警察部队将有权检查过境者的旅行证件，搜查过境车辆，出海巡逻，阻止非法越境和盘问移民等。

（三）海关合作

海关联盟是欧盟的一个重要基石，也是其单一市场功能发挥的一个必要因素。只有在有关外部边界的共同规则得以无差别地应用时，单一市场的功能才能有效地发挥。这就意味着欧盟 27 个海关当局必须犹如单一机构一样地行事。

欧盟对来自第三国的商品实行统一的海关税则和统一的海关税率。欧盟海关管辖的地区范围基本上包括了 27 国的领土范围②，欧盟 27 国被视为单一的市场，成员国之间的商品流通已不再被视为进口或出口，而被称之为输入和输出。这些共同的规则业已超越海关联盟本身——实行共同关税的范围，甚至已经延伸到有关贸易政策的方方面面，比如偏好性贸易、健康和环境控制、共同农业和渔业政策，以及通过非关税措施和对外关系政策举措保护经济利益等③。

如今，在经济全球化的冲击下，从确保欧盟经济在全球竞争中的优势地位这一目标来看，欧盟海关管理也面临着新的挑战。WTO 框架下贸易自由化的价值取向及其政策博弈为欧盟海关管理提供了新的机遇，但在多哈回合陷入僵

---

① European Agency for the Management of Operational Cooperation at the External Borders of the Member States of the European Union, see http：//europa. eu/scadpius/leg/en/lvb/l33216. htm.

② 但不包括：1. 法国的海外领地：瓦利斯和富士那群岛、法属波利尼西亚、新喀里多尼亚、法属南极领地、马约特岛和圣一皮埃尔一米克隆群岛；2. 丹麦的法罗群岛和格陵兰岛；3. 西班牙的休达和梅利拉；4. 意大利的利维涅和康飘纳；5. 德国的赫尔高兰德和布辛格。

③ http：//ec. europa. eu/taxation_customs/customs/policy_issues/customs_strategy/index_en. htm.

局、全球贸易走势不甚明晰的情况下，各种问题就更加难以解决。一方面，海关管理当局在对贸易施加必要控制的同时，还必须确保货物和服务贸易的自由流动；另一方面，还需要保障联盟公民的健康和安全。为了实现各种需求之间的平衡，其控制手段必须现代化，同时各个管理部门之间的合作亟待加强。比如，海关信息系统加强电子信息之间的交换，可为广泛应用技术提供更多的贸易操作等。除此之外，欧盟自身及其他发展变化也对海关联盟的发展提出了很多新的要求：欧盟东扩、欧盟与第三国贸易争端的增多以及相应外贸管制措施的施行、商业欺诈等有组织犯罪在欧洲范围内的扩散等，这些都使得海关在促进贸易便利化、保护联盟金融利益方面需要肩负更大的责任。最后，欧洲一体化背景下的海关合作也需要海关发挥更加建设性的作用，特别是在对欧洲社会以及欧洲公民利益的保护上，海关管理程序和待遇标准应趋同一致。

2001 年欧盟委员会发布的欧盟海关联盟战略为建立现代海关制度以应对上述挑战提供了一系列框架性举措[1]。而对于海关在现时代扮演的角色，欧盟海关战略也做出了界定：海关在当今世界促进贸易便利化和保护共同体及其公民的利益方面占有独一无二的地位；海关部门在与国际贸易相关的各个领域都负有实施共同体政策的责任；在打击商业欺诈、恐怖主义和有组织犯罪方面处在最前沿。为了实现上述角色定位和使命，欧盟海关当局采取了一系列举措[2]：在力促海关法规简明和富于理性的同时，充分考虑信息技术的发展；加强相关法规的运用，并促进全体成员国之间的合作；通过海关与公司之间的更紧密联系，提升对贸易者的服务品质；加强对海关关员以及贸易者的培训；促进海关合作及推进全球层面的贸易及海关程序简便化。

东扩后，欧盟海关的职责进一步发生变化。2005 年 7 月，欧盟成员国海关管理当局首脑会议就欧盟海关的职责发布了一项联合声明。[3] 声明指出：海关应需通过外部边境管理和确保供应链安全以对保护社会利益以及促进全球贸易便利化承担责任。欧盟将来几年在海关领域的战略目标包括：为国际贸易的发展提供一个基于透明、稳定和合理的规则之上的制度框架；为共同体及其成

---

① See COM (2001) 51, http：//europa. eu/scadplus/leg/en/lvb/l11014. htm.

② 具体可参见 *Council Resolution of 30 May 2001 concerning a strategy for the Customs Union*, Council Resolution of 2 October 2003 concerning a strategy for customs cooperation。

③ http：//ec. europa. eu/taxation_customs/customs/policy_issues/customs_strategy/index_en. htm.

员国提供必要的资源；保护欧洲社会免受不公正贸易侵扰，捍卫共同体的金融、商业、健康以及环境利益。为实现该战略目标并履行法定职责，各国海关当局承诺：确保联盟公民的安全；保护共同体及其成员国的金融利益；在支持合法商业活动的同时，确保共同体免受不公正和非法贸易侵扰；通过方便快捷的电子海关环境所支撑的现代化工作程序，增强欧洲商业的竞争力。

（四）警务合作

《马约》第 30 条规定了"在警察合作范围的共同行动"，包括：权责机构，主要是警察、海关、成员国其他犯罪追诉机关在预防揭发及侦查犯罪行为方面进行的合作；相关资料的收集、储存、处理、分析与交换；在教育、培训、联络官的交流、派遣和使用装备以及有关犯罪技术研究等方面的合作等。《阿约》签订后，为实现把欧盟建设成为一个自由、安全和公正的区域的目标，欧盟加快了警务合作的步伐。目前，欧盟框架内的警务合作主要包括以下四种组织与合作形式。

1. 欧洲警察局局长工作组（European Police Chief Task Force）

欧洲警察局局长工作组第一次会议于 2000 年 4 月举行。此后，工作组经常举行会议，为欧洲警察事务和实践提供该层次的情报交流机会。欧盟创立欧洲警察局局长工作组的目的是，在欧盟内部不同国家的不同执法机构之间培养个人的、非正式的联系，以便交流信息，促进不同国家和地区警察机关或其他执法机构之间的主动密切合作。欧盟认为，欧洲警察局长工作组这种欧盟内部执法机构间的高级别的非正式联系，会有助于成员国和地区警察部门在长期打击各种犯罪活动中进行自觉的和密切的合作。[①]

2. 欧洲警察维和部队（the European Police Peacekeeping Force）

2000 年 1 月，欧盟理事会授权欧盟机构组建一支由非军事人员组成的国际维和部队，以帮助处理危机、预防欧盟境外国家发生的冲突。该部队人员来自欧盟成员国警察部队中享有军人地位的宪兵、警察等人员。为此，欧盟已在各成员国中征召了 5000 多名警官。其中，1400 人可以在 30 天内实现快速部

---

① Building Personal Links between Police Chiefs across the EU, see http：//ec. europa. eu/justice_home/fsj/police/chief/fsj_police_task_force_en. htm.

署。为了保证欧洲警察维和部队的质量，各成员国提供的人员素质要求达到良好的标准。这些人还得在欧洲警察学院的扶助下接受各种培训。训练内容涵盖危机管理和法律规范等各个方面。欧洲警察部队现已参与到地区危机管理之中，并在其中扮演着预防冲突和调解冲突的角色。①

3. 欧洲警察学院（the European Police College；CEPOL）

2000 年 12 月 22 日，欧盟理事会通过了《组建欧洲警察学院的决定》。该决定第 6 条第 1 款规定了欧洲警察学院的目标，即帮助各成员国培训高级警官、解决在预防、打击犯罪和维护法律秩序与公共安全方面所面临的问题，特别是促成各成员国在对跨境犯罪方面采取共同预防和打击措施。第 6 条第 2 款规定的欧洲警察学院的主要职能是：增进各成员国对彼此的国家警察体制、结构和欧洲刑事警察组织以及欧盟内部跨境警务合作的了解；加强各成员国警官对相关国际文件，特别是欧盟内部警务合作文件的了解；为成员国警官提供关于如何保障民主和进行安全防范，特别是关于辩护权等方面的培训；促进与其他警察机构的合作②。

4. 欧洲刑事警察组织（the European Police Office；Europol）

1998 年 10 月 1 日，欧盟各成员国最终缔结的《关于建立欧洲刑事警察组织公约》（Convention on Establish of a European Police Office）正式生效。根据该公约的规定，欧洲刑事警察组织于 1999 年 7 月 1 日起全面开展工作。该组织对欧盟司法与内务部长理事会负责，但具有独立的法律人格，能够根据各成员国的国内法享有广泛适用于法人的权利并承担相应的义务。③ 根据《关于建立欧洲刑事警察组织公约》的有关规定，该组织要完成的基本任务包括：促进各成员国间的情报交流；收集、整理和分析信息和情报；通过各成员国国家中心局通报与它们有关的情报和犯罪信息；协助成员国开展犯罪侦查活动；建立并维护一个用于收集和处理情报的计算机系统。还应承担的工作包括：帮助各成员国提高警察部门的侦查水平，向它们提供侦查建议；向成员国提供重要情报和准备一般性报告。除此之外，在管理委员会设定的权限内，欧洲刑事警

---

① New Peacekeeping Force Staffed by Officers from across EU, see http：//eu. europa. eu/justice_home/fsj/police/peacekeeping/fsj_police_peacekeeping_en. htm.

② Council Decision of 22 December 2000；Establishing a European Police College, see http：//www. cepol. net/intranet/plaatjes/pictemp176544. pdf.

③ On European Police Office, see http：//europa. eu/agencies/pol_agencies/europol/index_en. htm.

察组织还得在以下领域通过建议和研究报告等形式向成员国提供帮助：成员国警员的培训；各成员国警察部门的组织与装备；犯罪预防措施；刑侦技术；法庭的鉴定技术和程序。①

欧洲刑事警察组织总部设在海牙，其组织体系由内部职能部门和与成员国的联络机构构成。内部职能部门主要是管理委员会，由主席、副主席和职员组成；与成员国的联络机构包括国家中心局（National Unit）和联络官。②

除上述四种主要组织形式以外，欧盟警务合作还有其他一些合作形式。例如，1997 年，欧盟理事会通过了一个打击有组织犯罪的行动计划。为了贯彻该行动计划，欧盟出台了《关于负责打击有组织犯罪的人员交流、培训与合作方案（1998—2002）》（Programs of Exchanges, Training and Cooperation for Persons Responsible for Action to Combat Organized Crime (falcone) (1998—2002)）。③ 欧盟还建立了针对有组织犯罪的欧洲犯罪预防网络（European crime prevention network）。④ 诸如此类的合作还有很多。总之，欧盟警务合作已在各个预防和打击犯罪领域以不同的形式展开。

（五）民事和刑事司法合作

欧盟民事和刑事司法合作进程发端于《马约》的签订。随着欧盟第三支柱的确立，欧盟民事和刑事司法合作也得到迅猛发展。

欧盟民事和刑事司法合作的具体形式包括司法协助（Mutual Assistance），司法合作（cooperation），刑事司法的视同（assimilation）、协调（harmonisation）和统一（integration）等多个层面的合作与协调（coordination）。这些不同层面的合作形式都是顺应欧洲一体化进程的客观需要而先后出现的，但其发展又是错综复杂、相互交错的⑤。

欧盟成立前，欧共体国家间的民事和刑事司法合作并没有被纳入欧共体体

---

① Convention on Establish of a European Police Office, see http://www.europol.eu.int/index.asp?page = legalconv#TITLE%201.

② Convention on Establish of a European Police Office, see http://www.europol.eu.int/index.asp?page = legalconv#TITLE%201.

③ see http://europa.eu.int/scadplus/leg/en/lvb/l33044.htm.

④ see http://europa.eu.int/scadplus/leg/en/lvb/l33133.htm.

⑤ 何家弘主编：《刑事司法大趋势——以欧盟刑事一体化为视角》，中国检察出版社 2005 年版，第 32 页。

系之中。欧盟成立后，刑事案件的警察与司法合作被纳入欧盟体系之内。随着整个欧洲一体化进程不断发展，欧盟民事和刑事司法合作作为一种政府间的合作形式，也开始导入若干通过一体化形成的超国家法律体系因素[1]。

在民事和刑事司法合作方面，由于欧洲理事会和欧盟委员会签订了一系列公约、条约和协定，欧盟各国之间的有形疆界被取消；引渡程序被简化，并建立了全新的缉捕制度；有关成员国法院判决的承认和跨境执行问题也有了明晰的规定；通过欧洲刑事警察组织、欧洲刑事司法组织和欧洲司法协作网等业已建立了欧盟国家间的资料和信息交换系统等；2004 年 1 月 1 日欧盟还在内部实行了统一的逮捕令制度。这些都是欧盟民事和刑事司法合作取得的巨大成就。而且，从合作的深度来讲，民事和刑事司法合作已经逐步成为欧盟结构的一部分，并开始渗透到宪政领域。

总体而论，欧盟司法与内务合作的范围相当广泛，内容十分复杂，这就为欧盟提出了一个建立有效合作机制的艰巨任务。而要完成这一任务，欧盟成员国必须长期作出共同努力。

四、欧盟司法与内务合作的组织基础与决策机制

作为当今世界最具影响和活力的区域一体化组织，欧盟业已进入全方位的整合阶段，其治理结构的机制化、政策领域的多维性、政策过程的程序性以及层级的复杂性，都使得它呈现出越来越浓厚的超国家特色和后现代特征。但是，整个欧洲一体化可以说是始终处在超国家主义与政府间主义之间的一项混合进程。司法独立和不干涉内政是国家主权独立的重要标志，因此欧盟各国对司法和内务领域的合作保持着比较敏感的态度[2]。当前，欧盟第三支柱的政策机制已经有了很大改进。不过，从整体上看，这一支柱仍然主要是在政府间合作的框架下不断发展的，其组织基础和决策机制都带有浓厚的民族国家政策取向性，超国家主义的主张只占有非主导性的权重[3]。

---

[1]　Jörg Monar, "Justice and Home Affairs", *Journal of Common Market Studies*. Vol. 36，1998，p. 139.

[2]　方长平：《欧盟司法与内务合作：动力、机制与问题》，载《欧洲》2000 年第 6 期，第 55 页。

[3]　Helen Wallace and William Wallace（ed.），*Policy-making in the European Union*，Oxford：Oxford University Press，2000，p. 500.

（一）欧盟司法与内务合作的组织基础

如前所述，欧盟 50 多年来的发展已经在贸易、关税、统一市场建设、农业以及货币政策领域生成了一系列成熟的制度规范，建立了一整套完备的组织结构体系。这种制度文明的创新无疑是对欧洲近现代政治文明的一大突破，其组织制度的典范作用也随着经济一体化的"溢出"效应逐渐扩散到其他领域。欧盟第三支柱虽然成型时间较晚，但经历了自《马约》以来的发展，业已基本构建了一整套组织机构网络，而且由于司法与内务合作领域的特殊性，其组织机构建设也呈现出独具一格的特征。

1. 欧盟司法与内务部长理事会

欧盟理事会在欧盟机构体系中占有举足轻重的地位，它是欧盟的主要立法和决策机构。理事会由成员国政府部长级代表和委员会的代表组成，成员国政府根据理事会会议讨论事项的性质委派相应部门的代表与会，与会的部长级代表肩负双重使命：一方面它们组成欧盟重要立法机构，履行《罗马条约》所赋予的使命，保证成员国的政策协调，对有关事项做出决定并授权欧盟委员会实施其决定；另一方面，他们又作为各自政府的代表在欧盟决策中反映本国的立场，维护本国的利益[1]。

根据《阿约》的有关规定，欧盟司法与内务部长理事会（JHA Council）为各成员国的合作提供了一个框架，各成员国应在理事会内部就《马约》"第六编"所指领域的事项互通情报并彼此磋商以协调其行动。理事会应利用《马约》"第六编"规定的适当方式和程序制定措施和促进一切有利于联盟目标的合作。理事会应为此目的根据任何成员国或委员会的倡议以一致同意表决方式采取以下行动：制定旨在明确欧盟对某一特别事项的共同立场；通过旨在使各成员国的法律和法规接近一致的框架性决定；通过实现与《马约》"第六编"目标不相抵触的除框架性决定以外的其他任何决定；制定公约并建议各成员国按其各自的宪法规定予以批准[2]。

---

① 林甦、张茂明、罗天虹：《欧盟共同外交和安全政策与中国—欧盟关系》，法律出版社 2002 年版，第 6 页。

② 方长平：《欧盟司法与内务合作：动力、机制与问题》，载《欧洲》2000 年第 6 期，第 56 页。

根据《阿约》第 K. 8 条，欧盟设立由各国有关部门的高级官员组成的"协调委员会"（Coordinating Committee）作为欧盟司法与内务部长理事会的辅助机构。该协调委员会完全参与《马约》"第六编"所指领域的工作，除行使其协调职责外，还应根据理事会的请求就协调委员会自己的倡议向理事会提出意见；在不影响《罗马条约》第 151 条的情况下，负责理事会在第 K. 1 条所指领域的准备工作。根据《马约》，"协调委员会"由 3 个指导小组构成：移民与避难小组；安全、警察和海关合作小组；司法合作小组。在《阿约》将移民和避难问题移植到第一支柱欧共体事务之后，第三支柱只剩下后面两个小组在发挥作用。

由此可见，欧盟司法与内务部长理事会在司法与内务合作政策领域拥有最高决策机构的地位，它既是欧盟的重要机构，同时也是成员国政府间机构。就本质而言，兼有超国家性和政府间组织的性质①。

2. 欧盟委员会及其附属机构

欧盟委员会是对欧盟事务负责的主要机构，它独立于各成员国，代表的是欧盟超国家的共同利益，对外代表欧盟，同时亦是欧盟各项法律和政策的执行机构。"委员会应为共同体的普遍利益，完全独立地履行其职责"②。欧盟委员会的这种职责主要表现在执法、立法、监督三大方面：它拥有广泛的执行权，帮助实施共同体的政策；在条约或理事会授权范围内制定各种立法（包括决定、规则、指令和建议等），在理事会的立法中享有动议权；除此之外，委员会还负责监督对共同体法律的遵守，并有权进行调查和起诉。在一定意义上，代表超国家利益的欧盟委员会就是欧洲的政治管理机构。③

在司法与内务合作事务领域，欧盟委员会的作用在于向理事会提出立法和政策建议，执行欧盟理事会通过的有关司法与内务合作的法律和政策，监督成员国对相关决议和法律的遵守。欧盟委员会通过其常任代表组成的委员会处理欧盟司法与内务合作的有关问题。欧盟常任代表委员会（Committee of Perma-

---

① 赵伯英：《主权观念和欧盟成员国的主权让渡》，载《中共中央党校学报》1999 年第 2 期，第 88 页。

② 欧共体官方出版局：《欧洲共同体条约集》，戴炳然译，复旦大学出版社 1993 年版，第 173 页。

③ ［德］维尔纳·魏登费尔德、沃尔夫冈·韦塞尔斯：《欧洲联盟与欧洲一体化手册》，赖志金等译，中国轻工业出版社 2001 年版，第 107 页。

nent Representatives）可以向理事会发出采取共同行动的倡议；定期向欧洲议会通报有关《马约》"第六编"所指领域工作情况的讨论情况；此外，它还全面参与由各国高级官员组成的协调委员会的工作，并在协调委员会内享有观察员地位①。

3. 欧洲议会

作为欧盟体制中唯一民选超国家机构，欧洲议会也以民意代议机构的身份参与到司法与内务合作领域的工作中。到目前为止，欧洲议会主要是监督和咨询性质的，其职权主要有：咨询权、监督权、审议权、预算权和参与立法权。

欧洲议会在司法与内务合作领域享有特定的咨议地位。欧盟理事会主席与欧盟委员会应向欧洲议会定期通报关于司法与内务合作方面的情况，欧盟部长理事会主席还应就司法与内务合作的主要状况征询欧洲议会的意见，并保证欧洲议会的意见得到应有的考虑。欧洲议会可以向部长理事会提出质询或提交建议，此外，欧洲议会还应每年就实施欧盟司法与内务合作制度方面所取得的进展情况举行一次辩论②。

4. 欧洲司法机构：欧洲法院和欧洲刑事司法组织

欧洲法院是按照西方司法独立的原则建立起来的机构，任何成员或联盟机构不得对其进行渗透。因此，欧洲法院是欧盟的超国家司法机构，不受任何国家利益的影响。它的主要职能在于其对欧共体法律的解释权、司法审查权和仲裁权。根据《马约》第220条的规定，欧洲法院的任务是"在解释和适用本条约的过程中保证法律得到实施"。具体而言，它充当着3个角色：既是欧盟的"宪法法院"，又是"行政法院"和"民事法院"③。欧洲法院对欧盟条约拥有最终解释权，而且其判决与裁决均有法律效力，另外，欧洲法院还有一定的咨询权④。

在欧盟司法与内务合作体系中，《马约》并没有单独条款规定欧洲法院的权限，而《阿约》则在第K.7条具体规定了欧洲法院权力行使的范围和程序。

---

① 方长平：《欧盟司法与内务合作：动力、机制与问题》，载《欧洲》2000年第6期，第55页。

② 邵景春：《欧洲联盟的法律与制度》，人民法院出版社1999年版，第761页。

③ 赵阳：《〈尼斯条约〉对欧洲共同体法院的改革》，载《欧洲法通讯》（第二辑），法律出版社2001年版，第4页。

④ 林甦、张茂明、罗天虹：《欧盟共同外交和安全政策与中国—欧盟关系》，法律出版社2002年版，第8页。

它包括欧洲法院对有关事项①的诉讼适用先决裁定的程序——任何成员国均可在签署《阿约》后发表声明接受欧洲法院依照《阿约》第 1 款所行使的适用先决裁定程序的管辖权（K.7.2）；该条款还规定了欧洲法院不具有审查权的事项范围②（K.7.5）；对框架性决定的合法性审查以及其他合法审查的范围（K.7.6）；对于成员国之间或成员国与委员会之间的有关争端，理事会在规定期限内未能提出解决办法，欧洲法院则有权做出判决③。

欧洲刑事司法组织是为了加强欧盟成员国侦查和起诉重大跨国境犯罪，特别是有组织犯罪的合作而在 2002 年成立的一个组织。由于在欧洲一体化的大局下，迫切需要一个机构来协调各国在侦查起诉方面的信息沟通和协作，1999 年 10 月欧盟理事会坦佩雷会议作出一项决议，在刑事案件的警察与司法合作框架下建立一个欧洲刑事司法组织。该机构首先应当与成员国各级检察机关协作，从而为重大的有组织犯罪的追诉活动提供支持。此外，它还应当与欧洲刑事警察组织进行合作，支持各种刑事侦查活动。欧洲刑事司法组织由欧盟检察官或者法官组成，每个成员国任命 1 人。在 2001 年《尼斯条约》签署后，依据《尼斯条约》修正后的《欧洲联盟条约》第 31 条的规定，欧洲刑事司法组织还应当与欧洲司法协作网紧密合作，以便于委托调查的执行和引渡请求的实施。由此可见，欧洲刑事司法组织在欧盟司法与内务合作领域中也扮演着重要角色。

5. 欧盟次区域司法合作以及司法协作网

欧盟业已建立的关于司法与内务合作的制度，并不妨碍两个或两个以上成员国在司法与内务合作方面建立和发展更为密切的合作关系，但此种合作关系以不损害欧盟的司法与内务合作制度为限④。如今，欧盟各成员国之间业已签订一系列有关引渡、打击毒品犯罪的双边或者多边协议以及一揽子司法协助条

---

① 这里的有关事项包括关于框架性决定的效力和解释，关于旨在对依照本编而制定的公约实施办法的效力解释。参见 Jörg Monar. "Justice and Home Affairs", in *Journal of Common Market Studies.* Vol. 36, 1998, p. 136。

② 包括成员国警察或其他执法部门的效力或规模；成员国在维护法律和秩序以及保护内部安全方面担负其承担的责任等。

③ 何家弘主编：《刑事司法大趋势——以欧盟刑事一体化为视角》，中国检察出版社 2005 年版，第 645—656 页。

④ 邵景春：《欧洲联盟的法律与制度》，人民法院出版社 1999 年版，第 762 页。

约并付诸实施，各种次区域层面的合作（如申根区、荷比卢三国、北欧合作理事会等）也都引入有关司法合作的内容，这就为在欧洲层面建立共同的司法与内务合作网络奠定了良好的基础。

1998 年 6 月 29 日欧盟理事会通过名为《建立欧洲司法协作网的联合行动》文件之后，统一的欧洲司法协作网（European Justice Network；EJN）于 1998 年 9 月 25 日正式建立。经《尼斯条约》修订后的《欧洲联盟条约》第 31 条第 2 款 c 项规定：司法协作网应"有利于欧洲刑事司法组织和欧洲司法协作网的紧密合作，以方便委托调查的执行和引渡请求的实施。"建立欧洲司法协作网的目的，是要创造一种专家网络以保证相互之间法律协助要求的正常实现。它经常满足并积极充当了完成以下任务的媒介：便利成员国间的司法合作，向各成员国的执法者就相互法律协助提供法律和实践信息，并且广泛地、一般性地改进成员国间司法合作的协调。欧洲司法协作网是欧盟第一个有实际组织并能真正运转的司法协作机制。它不是一个集中的机构，而是由各成员国的联系机构以及欧洲委员会的联系机构组成[1]，因此是一个具有非等级性特点的动态机构[2]。

总之，作为最高决策机构的欧盟司法与内务部长理事会，作为政策决议和执行机构的欧盟委员会，以及欧洲层面的立法、警察、审判、检察、司法等机构，共同组成了欧盟粗具雏形的一整套司法与内务合作组织机构体系。这一组织体系在司法与内务合作中发挥着实际的建设性作用。

（二）欧盟司法与内务合作的决策机制

根据《马约》第 K1A-K11 条的规定，为实现在欧洲层面上建成一个欧盟公民享有更高水平安全和司法环境的目的，欧盟各成员国应当在不妨碍共同体权力的前提下，将下述领域视作具有共同利益的事务，并展开相应的合作：即避难政策；控制管理从第三国跨越外部边界入境的人；移民政策及对第三国国民的政策，包括居民、家庭权利、就业以及非法移民；打击吸毒；打击国际诈

---

[1] 何家弘：《刑事司法大趋势——以欧盟刑事一体化为视角》，中国检察出版社 2005 年版，第 44—45 页。

[2] Jörg Monar, "Justice and Home Affairs", in *Journal of Common Market Studies*, Vol. 36, 1998, p. 137.

骗；在民事问题上的司法合作；在刑事问题上的司法合作；海关合作；阻止和打击毒品走私、恐怖主义和其他形式的严重国际犯罪①。

《马约》规定：为实施司法与内务合作，成员国间应建立政府有关部门的合作，应当在部长理事会内相互通报和磋商，以协调它们的行动。对作为在司法与内务合作领域享有最高决策权的欧盟理事会而言，它在议决关于司法与内务合作的问题时，对于程序性事项，通常以简单多数决议；在须特定多数议决事项的场合，须至少有包括 10 个成员国在内的 62 票赞成，方得通过议案；除了程序性事项和须以特定多数议决的事项外，其他决策都应以全体一致议决。

理事会可以依据上述决策原则，在上述前 6 项的事务领域内就任何成员国或欧盟委员会的动议，或者在上述后 3 项事务领域内就任何成员国的动议，视情况作出以下决定：

（1）确定共同立场，并运用适当的形式与程序，促进一切有助于实现欧盟目标的合作。

（2）采取共同行动。如果采取共同行动能比成员国单独行动更好地实现欧盟目标，欧盟理事会可以以特定多数议决采取共同行动。

（3）在不影响欧洲共同体条约第 220 条规定的情况下，理事会可起草相关公约，并建议各成员国根据各自的宪法规定予以批准。

（4）各成员国还应在其所参加的国际组织和所出席的国际会议上，采取相应的共同立场，以维护欧盟关于司法与内务合作的有关制度。

除此之外，欧盟部长理事会亦得以全体一致决议，决定由欧共体预算支付实施司法与内务合作所产生的行政费用，或者决定在适宜之处由成员国根据待决方案支付同类费用。

由上可知，虽然欧盟第三支柱启动较晚且发展比较缓慢，但其组织机构体系已经粗具雏形，各个欧盟机构和各成员国分享着决策、咨询、动议、执行等各项权力，从而在司法与内务合作领域形成了一个层级分明、程序复杂的决策机制框架。

从整体上看，欧盟在司法内务领域的政府间合作性质决定了各成员国政府

---

① 欧共体官方出版局编：《欧洲联盟条约》，苏明忠译，国际文化出版公司 1999 年版，第 121 页。

以"一致同意"为主的决策机制①，辅以特定多数表决机制等其他决策形式。由理事会一致同意到非常有限的"特定多数"投票表决机制，体现出司法与内务合作决策机制取得了一定进展，其民主性在一定程度上得到加强。

但是，决策运行过程中的"民主赤字"问题仍然亟待解决。《马约》在民主和司法控制方面存在的赤字曾经受到广泛批评。在共同司法与内务合作领域，《马约》第四编规定，欧洲议会在5年过渡期内享有决策咨询权；5年过渡期结束后，欧洲议会可以适用"共同决策程序"（co - decision），但这需要理事会一致同意作出决定。至于仍然保留在"第六编"领域内的事务，理事会有义务同欧洲议会保持磋商以制定具有法律约束力的执行公约。但是，这种经过改进的立法手段势必造成司法和内部事务中立法不断增多、欧洲议会仅仅通过微弱的磋商就可以影响立法的后果，其对于改善"民主赤字"问题收效甚微。此外，随着《阿约》的生效，新的一体化领域将自动被置于欧洲法院的司法判决之下。然而，各成员国决定限制对各成员国终审法庭使用先决裁定程序，以限制作为欧盟一体化机构之一的欧洲法院的权力，这同样无益于司法与内务合作的民主化进程。

五、欧盟司法与内务合作的成就、制约
因素及发展趋势

自《马约》生效以来，在欧盟成员国的共同努力下，司法与内务合作在涵盖范围和一体化深度上都已有显著的发展，但也存在着一些制约它进一步发展的深层因素。这些因素将在很大程度上影响司法与内务合作的发展水平，尽管这一领域的合作将会不断得到加强，且具有很大的发展潜力。

（一）欧盟司法与内务合作的成就

对于欧洲一体化进程而言，欧盟司法与内务合作的主要成就在于，它扩大了一体化的领域，使整个一体化进程具有了一定的全方位性。而在政治和社会

---

① Helen Wallace and William Wallace（ed.），*Policy-making in the European Union*，Oxford：Oxford University Press，2000，p. 502.

方面，它促进了一个自由、安全和正义的区域建设。

1. 促进了自由、安全和正义的区域建设

在建立自由、安全和正义区域的目标下，欧盟分别通过以《欧洲人权公约》和《欧洲联盟基本权利宪章》为核心的两套互补的人权保障机制，加强了对人的基本权利的保障。特别是，欧盟在司法与内务合作领域，通过各种形式建立了一套机制，为实现上述目标创造了条件。这方面的努力和意义在于：通过外部边境管理政策和海关合作，成员国可以在欧盟层次上预防和打击各种来自外部的犯罪与威胁；通过欧洲警察局局长工作组、欧洲警察维和部队、欧洲警察学院和欧洲刑事警察组织等形式开展警务合作，预防和打击欧盟范围内的各种犯罪活动，在欧盟层次上维护区域内的秩序与安全；通过共同体法和数量众多的条约、公约等法律文件构成的法律体系，通过欧洲法院和欧洲刑事司法合作组织（Eurojust）等组织开展区域内的司法合作，以统一的司法标准和秩序确保欧盟区域内的公民权利和公共秩序得到维护。

总而言之，欧盟将建立一个自由、安全和正义的区域设定为其发展目标之一，是欧盟司法与内务合作发展到一定程度的必然结果。同时，欧盟司法与内务合作的发展，也在促进被欧盟设定为目标之一的自由、安全和正义的区域建设。

2. 推动了欧洲一体化的全方位发展

司法与内务合作的产生和发展，是欧洲一体化发展到一定程度的必然要求。同时，欧盟司法与内务合作的发展，也推动了欧洲一体化的全方位发展。具体来讲，欧盟司法与内务合作的这种作用突出表现在以下几个方面。

（1）作为欧洲经济一体化和政治一体化发展到一定程度的"外溢"现象，欧盟司法与内务合作的确立和发展，意味着欧洲一体化整体水平得到提高，也充实和完善了欧洲一体化的内容，促进了欧洲一体化的全方位发展。尤其要看到，欧洲政治一体化建设不能缺少司法与内务合作这一强大支柱。

（2）欧盟司法与内务合作的发展，强化了欧盟超国家机构在欧洲一体化事业中的地位和作用。1999年生效的《阿约》的一个重大突破，就是将有关人口自由流动和民事性质司法合作事务转移到欧盟第一支柱之下。这种改变的一个重要意义在于，它将欧盟超国家机构的管辖权限扩大到司法与内务合作这种传统上被视为国家主权绝对管辖的领域之中。同时，为发挥欧盟超国家机构

的整体效用，在司法与内务合作领域，《阿约》赋予欧洲议会与欧洲法院的权限也有明显的扩展。事实上，欧盟超国家机构已经广泛地参与到签证政策、移民政策、外部边境管理、警务合作和司法合作等领域的事务之中。欧盟超国家机构在这些领域中的权力是不断扩大的。相对于各成员国在这些领域中的决策地位而言，欧盟超国家机构的决策地位和作用在不断增强。而代表欧盟整体利益的超国家机构的这种地位和作用的加强，又必然会进一步推动欧洲一体化的全方位发展。

（3）增强了欧洲人的"欧洲意识"和对欧盟机构的政治认同。在当代政治活动中，公民的政治认同发挥着基础性的作用。没有公民的政治认同，一切政治组织和政治活动便无从谈起。司法与内务合作深度涉及欧盟的价值理念，其发展是建立在一定的欧洲公民政治认同的基础上的。另一方面，随着司法与内务合作的进展，特别是超国家机构作用的上升，欧洲人的"欧洲意识"和对欧盟机构的政治认同也得到加强，而这为欧洲一体化事业进一步奠定了坚实的社会基础。

（二）欧盟司法与内务合作发展的制约因素

如前所述，自《马约》以来，欧盟司法与内务合作取得了较大发展。但如同共同外交与安全政策的发展存在障碍一样，司法与内务合作的发展也同样面临着一些制约因素。而且，由于司法与内务合作深度涉及各成员国的国家利益和国家主权，相对来说，更缺乏深厚的历史基础，各成员国在这一领域中面临的困难和制约因素更多。

1. 政府间性质的合作模式导致决策效率低下和政策制定缺乏透明度

《阿约》生效以后，尽管欧盟超国家机构在司法与内务合作中的地位和作用得以强化，但该领域中的最高决策机构仍然是司法与内务部长理事会这一政府间性质的机构，欧盟超国家机构仍处于次要的和辅助性的地位。而且，有关司法与内务合作决策的执行基本上依赖于各成员国政府的相关部门和机构。

占主导地位的政府间性质的合作模式，不仅导致欧盟司法与内务合作领域决策效率和政府执行效果不佳，还带来该领域中政策制定缺乏透明度的问题。到目前为止，司法与内务合作已经成为欧盟各领域中政策制定最为缺乏透明度的领域。其原因是：一方面，司法与内务合作广泛涉及各成员国的国内安全事务，这些事务一向都是由各成员国政府主导的，具有专业性和保密性的传统；另一方面，由于司法与内务合作涉及的问题一般都比较敏感，为避免引起争议对政策制定形成干扰，欧盟司法与内务部长理事会、欧盟委员会和各成员国政府都不愿将司法与内务合作领域中各项政策的制定过程向社会公众公开。

欧盟司法与内务合作领域中政策制定缺乏透明度的主要表现是：与政策制定相关的文件公开程度较低；欧洲议会、大众传媒和社会公众对政策制定过程参与程度很低。虽然《马约》第 K. 6 条和《阿约》第 K. 11 条试图弥补政策制定缺乏透明度问题，但欧洲议会在这一领域得到加强后的权力也仅仅是：接受理事会和委员会的号召，提出问题，与它们磋商，提出意见或建议，等待它们充分考虑等。[1] 理事会经常以涉及重要国家利益、敏感和争议问题为由拒绝公开文件。近年来，尽管欧盟公布的文件数量有所增加，但远不能满足欧洲议会、大众传媒和社会公众的要求。

政府间性质合作模式所导致的决策效率低下和政策制定缺乏透明度的问题，现已成为制约欧盟司法与内务合作进一步深入发展的主要因素。若这个问题长期得不到解决，不仅会引起欧洲公众对欧盟机构官僚化越来越强烈的不满，引发对欧盟机构的信任危机，还会使司法与内务合作的发展与欧共体、共同外交与安全政策的发展不相适应，从而引发欧盟各机构设立和运转的不协调、欧洲一体化各领域发展脱节的严重后果。

2. 政策工具比较软弱

为推进欧盟司法与内务合作，《阿约》对《马约》中规定的政策工具做过一些改进。在《阿约》将人员自由流动和民事司法合作转移到第一支柱之下，该部分事务必须根据共同体的相关法规和程序作出决策和拟定措施之后，政策工具软弱的问题在人员自由流动和民事司法合作事务方面才基本得以解决。在警务合作与刑事司法合作领域中，《阿约》新引入了框架决定（Framework Decision）和决定（Decision）两个政策工具。框架决定旨在使各成员国的法律和规定趋于一致。框架决定对所有成员国都具有约束力，但各成员国有权选择实施框架决定的具体形式与方法。而且，框架决定还没有直

---

① 李世安，刘丽云等：《欧洲一体化史》，河北人民出版社 2003 年版，第 350—351 页。

接实施的效力，因此它在本身执行过程中为成员国谋取国家利益留下了很大的空间。

从总体上看，欧盟司法与内务合作领域中的政策工具是比较软弱的，这已成为制约欧盟司法与内务合作发展的一个重要因素。今后，欧盟要想在这一领域取得重大进展，就必须引入类似于共同体内的更强有力的。并具有直接效力的政策工具。

3. 欧盟东扩带来的内部差异扩大的问题

东扩后，欧盟一直都面临着相当复杂和艰巨的内部整合问题。在司法与内务合作领域，东扩给欧盟带来的主要问题是：由于新入盟的中东欧国家还没有完全完成政治、经济、社会、文化和法律等方面的转型，它们与原成员国之间存在着体制和管理水平的很大差异，这将导致欧盟司法与内务合作方面的决策效率和执行能力进一步减弱，并增加合作发展的困难。欧盟坚决维护司法与内务合作领域已取得的成果，使得新入盟成员国不得不对国内相关体制进行大量修改。这不仅对这些新成员国的国家主权构成严峻挑战，甚至有可能引发这些国家的内部不稳定。而欧盟对新成员国司法与内务管理方面的批评与指责，则会招致这些国家公民的不满，从而恶化各成员国间和成员国与欧盟机构间的关系，使得合作更加困难。例如，根据欧盟有关签证政策和外部边界管理政策，新成员国必须采取与欧盟一致的签证政策，并加强其与非欧盟国家之间的边界控制。这就意味着一些新入盟的中东欧国家必须修改其原有的签证政策和边界管理政策。在加入欧盟之前，根据波兰与俄罗斯和乌克兰之间的协议，俄罗斯和乌克兰公民不需要签证就可以进入波兰境内。入盟以后，波兰必须修改其签证政策和边界管理政策。而波兰对这两方面政策按照欧盟标准的修改，曾引发国内激烈的争论并招来公民对政府的不满。

欧盟司法与内务合作基本上采取的是政府间性质的合作模式。东扩后，成员国数量的增加和相互利益差异的拉大，会降低欧盟在该领域中原本就不高的决策效率和执行能力，从而增大合作的难度。例如，欧盟一直很重视打击洗钱这种经济犯罪。在2001年坦佩雷理事会会议议程上，打击洗钱的议题占有优先位置。实际上，打击洗钱也是欧盟打击有组织犯罪的重要内容。但是，由于担心打击洗钱可能会引起资金流入大幅减少的后果，新成员国不愿同原有成员国一样严格执行打击措施。此外，完全执行欧盟在该问题上的标准和措施，还会大幅度增加新成员国的行政和财政负担。所以，新成员国想方设法地降低或推迟执行欧盟的相关标准和打击措施。①

此外，从欧盟在司法与内务方面的标准来看，新成员国的相关机构还存在着缺乏足够数量的训练有素的执行人员、装备和经费等问题。由于内部政治民主体制的不完善，新成员国各部门中还大量存在着贪污受贿现象，这也大大降低了它们对欧盟决策的执行能力。正因为如此，欧盟原成员国与这些新成员国合作的热情也大大降低。

总之，尽管欧盟司法与内务合作取得很大的发展，但也存在着很多不容忽视的制约发展的因素。可以说，只要这些制约因素还存在，欧盟司法与内务合作就难以实现快速全面的发展。

（三）《里斯本条约》在欧盟司法与内务合作领域的改革

2007年，欧盟各国首脑签署的《里斯本条约》，就欧盟司法与内务合作的内容进行了一系列改革，从而更明确地表明了成员国在这一领域的合作意向的加强。

1. 单独设立《自由、安全和正义区域》部分

《阿约》把司法与内务合作事务分设在第一支柱和第三支柱之下，而为了提高司法与内务合作在欧盟运作中的地位，统一司法与内务合作各具体领域的政策，《里斯本条约》将所有司法与内务合作事务置于统一的建设"自由、安全与正义区域"的框架之中。这种新的安排将大大减少由于分设于不同支柱之下而引起的政策和机制比较模糊、缺乏透明度、缺少协调性和过于复杂的弊病，反映了司法与内务合作各具体领域间的内在联系，有利于克服司法与内务合作发展的不平衡性。将司法与内务合作统一到建设"自由、安全和正义区域"的任务和目标中，不仅加强了司法与内务合作各具体领域政策、管理活动的协调性，而且还有利于将合作的"共同体方法"或"共同体模式"（Community Method）扩展到警务合作和刑事司法合作方面。

---

① Jörg Monar, Maintaining the Justice and Home Affairs Acquis in an Enlarged Europe, in Joanna Apap, (ed.), *Justice and Home Affairs in the EU—Liberty and Security Issues after Enlargement*, Cheltenham: Edward Elgar Publishing Limited, 2004, pp. 39 - 40.

2. 调整决策机制，统一政策工具

《里斯本条约》对欧盟司法与内务合作的决策机制作出了调整，最突出的就是在决策中引入特定多数表决制和共同决策程序（the Co – decision Procedure）。具体来讲，就是在司法与内务部长理事会决策中采用特定多数表决制，欧盟委员会享有动议权，欧洲议会也参与到决策中来。特定多数表决制和共同决策程序将被扩展到以下领域中：处理非欧盟公民签证请求办法和统一签证式样的措施，第三国国民的移民和融入政策，警务合作和刑事司法合作。[①]

《里斯本条约》对欧盟司法与内务合作的政策工具也进行了改革。《阿约》将司法与内务合作的具体领域分别设立在第一支柱和第三支柱下，还特别地为第三支柱设计了框架决定（Framework Decision）、共同立场和公约（Conventions）等政策工具，而第一支柱广泛适用的是条例（Regulation）、指令（Directive）和决定（Decision）等政策工具。鉴于这些政策工具的法律效力不一，也带来了政策工具不统一的问题。《里斯本条约》废除了《阿约》单独为第三支柱设计的政策工具，直接将《阿约》第一支柱的政策工具适用于整个司法与内务合作领域。[②] 这不仅提升了警务合作和刑事司法合作领域政策工具的法律效力，统一了司法与内务合作领域的政策工具，也有助于促进该领域政策制定的透明化和公众对政策的了解。

3. 提升欧盟超国家机构在司法与内务合作领域里的地位和作用

《里斯本条约》规定，欧盟委员会也将享有警务合作和刑事司法合作方面的动议权，欧洲议会可以通过共同决策程序享有参与所有司法与内务合作领域的决策活动的权力。该《条约》还赋予欧洲法院原则上拥有对司法与内务合作领域通过的法案进行评论和解释的权力，从而改变了《阿约》签订后欧洲法院对警务合作和刑事司法合作领域通过的法案没有发表评论和进行解释的权力的状况。总之，在《里斯本条约》中，欧盟超国家机构在司法与内务合作

---

① Sergio Carrera and Florian Geyer, The Reform Treaty & Justice and Home Affairs：Implications for the Common Area of Freedom, Security & Justice, *CEPS Policy Briefs*, No. 141, August 2007, http：// shop. ceps. eu/BookDetail. php? item_ id = 1535.

② Sergio Carrera and Florian Geyer, The Reform Treaty & Justice and Home Affairs：Implications for the Common Area of Freedom, Security & Justice, *CEPS Policy Briefs*, No. 141, August 2007, http：// shop. ceps. eu/BookDetail. php? item_ id = 1535.

领域的权限大为提高，司法与内务合作的超国家性质也明显增强。

值得注意的是，为了加大司法与内务合作政策决策的透明度和对相关执行机构的监督力度，《里斯本条约》强调各成员国国家议会享有对司法与内务合作的参与和监督的权力。在参与决策方面，条约规定加强欧盟委员会与各成员国国家议会之间的互动；在监督方面，条约通过"民主原则条款"（Provisions on Democratic Principles）要求各成员国国家议会参与对司法与内务合作领域通过的各项政策的执行情况和相关机构进行监督，如欧洲刑事警察组织、欧洲司法合作组织等。

4. 《欧盟基本权利宪章》被纳入欧盟法律体系

《里斯本条约》规定，2000年通过的《欧盟基本权利宪章》对所有欧盟机构和成员国都具有直接的法律效力。任何欧盟机构和成员国在制定政策和执行政策之时，都要接受《欧盟基本权利宪章》的约束，不能与其规定相违背。将《欧盟基本权利宪章》纳入欧盟的法律体系，不仅有利于保障公民权利、促进"自由、安全和正义的区域"的建设，还会有利于增强公民对欧盟机构的认同感。同样，在《欧盟基本权利宪章》的约束下，欧盟司法与内务合作的发展也将更加有章可循。

《里斯本条约》虽然在司法与内务合作方面有不少新的改革内容，但充其量也只是"量变"上的进展，并没有根本的突破。的确，《里斯本条约》明显增加了司法与内务合作领域里的超国家因素，提升了合作的超国家性质，但在总体上仍然没有脱离政府间合作的基本框架，成员国的国家利益依然处于首要地位。条约规定，"自由、安全和正义区域"的建设不能与各成员国为担负维护内部法律、秩序和安全的责任而采取的行动相抵触。[①] 司法与内务合作的核心决策机构仍然是司法与内务部长理事会，司法与内务合作领域通过的政策也基本上是靠各成员国政府和相关机构来执行。因此做出决策仍然可适用"辅助性原则"、"比例原则"和"紧急制动机制"等。

欧盟本来计划在2009年1月开始实施《里斯本条约》，现在看来已不可能。因为2008年6月12日爱尔兰公民投票的否决，已使这一条约面临着重大

---

① Lisbon Treaty, http：//www. consilium. europa. eu/cms3 _ fo/showPage. asp? id ＝ 1296&lang ＝ en&mode ＝ g.

危机。但不管怎样，欧盟司法与内务合作的方向不会逆转，各成员国在低层次上的（如技术领域、情报领域等）警务和司法认同、司法协调等方面的合作还会有所发展。只不过由于涉及各成员国敏感的国家主权和国家利益问题的存在，在相当长时期内，欧盟司法与内务合作仍将和共同外交与安全政策一样继续采取政府间合作模式，即不会突破目前政府间性质的合作框架。

第六章　欧洲政治一体化的国际意义

人类发展进程表明，随着世界各国、各地区之间的联系日趋紧密，国家关系和地区性事件具有越来越广泛的甚至全球性的影响。近代以来，民族国家及其相互关系与国际体系一直就有着密切的关联。其表现之一就是民族国家之间关系的种种变化和其他因素"都会改造民族国家的存在与地位，进而对国际体系（秩序）构成新的发展条件或因素"，民族国家"生命的变化也可以促成国际体系的生、老、病、死。"① 就西欧国家而言，它们得益于特定的国际体系获得发展之后，在世界舞台上发挥中心作用长达数百年。但每一时代中，西欧国家都有自己不同的发展特色和文明建树，其对国际体系的作用也很不一样。特别是二战结束以来，西欧国家另辟蹊径，通过一体化道路获得了巨大的发展，使欧洲一体化成为当代欧洲文明的一个最高表现和极其重要的部分，从而以新的形式又一次对世界产生广泛的影响。② 世纪之交，欧洲政治一体化的进程显著加快，其在国际舞台上的重要作用与意义更是日益清晰地呈现出来。

一、实现欧洲统一的"中心杠杆"

政治一体化是国家合作的一种最高形式，已成为欧洲一体化不可分割的重

---

① 郭少棠：《后冷战国际秩序之形成》，香港天地图书有限公司1997年版，第12页。
② 根据一位欧洲问题专家的看法，"欧洲建设始于各种国际组织的建立，这些组织在行动领域、成员国数量、组织结构和工作效率上都极为不同。鉴于各自诞生的历史背景，它们都有存在的理由，但其存在的意义大相径庭。"［德］法布里斯·拉哈：《欧洲一体化如何运作？——分析框架之设想》，载《欧洲研究》2003年第3期，第31页。

要组成部分。诚然，正如战后历史所表明的，欧洲一体化主要体现在经济领域，其主要成就是经济性质的，即使在外交方面，欧共体主要从事的也是经济外交活动。但是，这并不意味着欧洲一体化就只是经济一体化，而没有政治一体化的打算和实际行动。事实上，随着欧洲联合思想的发展，政治一体化问题也在积极考虑之中，并日益成为政治家们追求的一个远大目标。在当时的欧洲联合运动中，军事安全考虑是第一位的，对德国纳粹主义复活和军事进攻的担心，促使战胜国提出欧洲联合的主张，而其他方面的考虑只是加强了这一主张。① 这使人们有理由认为，在当时的情况下，"欧洲的政治家们采取迂回的方法，即通过经济一体化的办法来实现政治一体化。"② 作为达此目标的第一个重大具体步骤，1950 年 5 月，法国外长舒曼提出了组成 6 国（法国、联邦德国、意大利、比利时、荷兰、卢森堡）煤钢共同体的计划，意在以经济合作推动政治合作。舒曼计划的设想是，先"建立一个经济的联合体"，在此基础上形成一体化的外交及国防政策，以"政治的欧洲"为联合的下一步目标。也就是说，舒曼计划远未停留在经济目标层面上，其更深远的目标是推动欧洲政治一体化。在欧洲一体化的开拓者看来，经济一体化应是政治一体化的基础工程。关于这一点，"欧洲统一之父"让·莫内在 1952 年秋就指出："欧洲的联合不能仅限于煤炭和钢铁，……共同体的成立就是组成一个联邦国家的开始，只有当它能真正导致一个政治权力时，它才有意义。"他还说："这样的超国家权力机构（指煤钢共同体）并不是为了仅仅解决经济问题，而是为今后建立欧洲联邦铺平道路。"联邦德国前总理阿登纳也很明确地提出了实现欧洲统一这一目标的途径："目标是要一步一步地实现，首先通过经济一体化，随后政治一体化，最后军事一体化，而达到欧洲的统一。"③ 由此可见，在欧洲一体化的先驱们看来，政治一体化是欧洲一体化更确切地说是欧洲统一的必经之途。而经济一体化可以促进成员国经济利益的相互交融，增强相互依赖和信任感，从而为它们的政治合作创造条件。德国学者指出：事实上的欧洲经济领

---

① Арах М.，*Европейский Союз：В едение политического объединения*，Москва，《Экономика》，1998，с. 51.

② 杜厚文等：《世界经济一体化集团化研究——及关于欧洲经济一体化的特例分析》，中国大百科全书出版社 1997 年版，第 6 页。

③ ［德］康拉德·阿登纳：《阿登纳回忆录》，第 3 卷，上海人民出版社 1975 年版，第 4 页。

域合作"可以成为欧洲各方面进行更紧密的政治合作的第一步，即从功能上说，经济合作是在为实现政治目标而发挥作用。"① 1958—1967 年间担任欧洲经济共同体委员会主席的哈尔斯坦坚持认为，欧洲共同体是一个欧洲经济、社会与政治的联盟，只是欧洲政治联盟形成过程中的一个阶段，共同体委员会具有政治与政策管理职能。他在 1962 年 10 月起草的一个内部文件"委员会第二阶段行动纲领简介"中明确指出："欧洲所谓的经济一体化本质上是一个政治现象。"总之，战后西欧国家首先考虑到的是地区和平与安全问题，这决定了欧洲一体化的政治目标和政治内容，并以欧洲共同体的成立作为"达成欧洲政治统一的功能步骤。"②

在欧洲经济一体化取得明显成就后，西欧国家就向政治一体化目标迈开了步伐。1961 年"富歇计划"即《建立欧洲政治联盟条约草案》的问世，表明西欧国家开始了政治一体化的尝试。20 世纪 70 年代初，欧共体政治合作机制的建立，标志着政治一体化进程实际上真正启动起来。冷战结束后，《马约》将欧共体改名为欧盟，表明西欧国家深化一体化的意图，包括推进政治一体化的意图胜过向东扩大其地理范围的意图。③ 不过，严格来说，东扩也是其政治一体化的组成部分之一。《马约》问世后，处于政治一体化核心地位，并作为政治一体化核心内容和具体体现的是"共同外交与安全政策"，它和"司法与内务合作"同时被确立为欧洲一体化组织即欧盟的两大支柱，这更清楚地表明欧盟的发展方向是建立一个政治实体。显然，欧盟既不能满足于已有的经济一体化成就，也不能只发展经济一体化，而必须同时两条腿走路发展政治一体化，否则，欧洲一体化就是一种非完全意义上的一体化。2000 年 5 月 12 日，德国前外长菲舍尔在洪堡大学发表了题为"从国家联盟到联邦：对欧洲一体化最终形式的思考"的演讲。他认为，如果欧洲人从现实和长远利益考虑，唯一可选择的道路只能是完成本地区的一体化。如果人们故步自封、倒退或停滞不前，将付出惨重、高额的代价。为使新成员国融入欧盟，同时又不能损害

---

① ［德］贝亚特·科勒—科赫、托马斯·康策尔曼、米歇勒·克诺特：《欧洲一体化与欧盟治理》，顾俊礼等译，中国社会科学出版社 2004 年，第 54 页。

② 黄明瑞：《欧洲政治合作之研究》，台湾商务印书馆 1987 年版，第 118 页。

③ Шаклеина Т. А. （Составитеь），*Внешняя политика и безопасность России*. 1991 - 2002，в 4-х томах，Т. 1. Москва，《Российская политическая энциклопедия》，2002，с. 453.

欧盟的基本行动能力，欧洲人"必须为欧洲一体化的大厦添加最后一块砖，这块砖就是政治一体化。"①

政治一体化不仅能深化欧洲一体化进程，丰富其内容，也有利于提高欧洲一体化的整体水平，使之达到一个新的高度。同时，政治一体化有利于欧盟的稳定，因为高度一体化的体系是最稳定的体系。菲舍尔指出，欧洲政治一体化紧系欧盟的命运。他说：目前，在欧洲，"与经济和货币的一体化相比，政治结构和民主结构的一体化尚未出现，这样就产生了一种张力，如果我们不能有效地消除政治一体化的缺陷并最终完成一体化进程，这种张力就可能使欧盟陷入危机。"② 因此，政治一体化和经济一体化同样是欧洲一体化的重要目标和组成部分。经济一体化是欧盟发展的起始阶段，政治一体化是欧盟发展的第二阶段，是欧盟从经济联盟走向政治联盟的阶段。同时还要看到，政治一体化和经济一体化同样是一种深思熟虑的战略、一种手段，一种保障和平和实现欧洲一体化所确定的竞争目标的重要手段。具体一点说，它们的根本目的在于实现欧洲经济上和政治上的统一，为确保欧洲经济和政治生活的长期稳定，提高欧洲在世界上的经济、政治地位建立坚实的基础。事实上，欧洲一体化的结构和进程首先就是出于改造建立在民族国家基础之上的欧洲政治体系，促进各成员国有效解决社会政治不稳定和安全等问题的需要，出于重建西欧内部政治关系，使之朝着正常方向即和平、和谐方向发展的需要。在这个意义上又可以说，欧洲经济一体化和政治一体化都不是欧盟国家的最终目标。早在 1972 年，欧共体主要成员国的政治家们就认为，欧洲政治合作或是欧洲统一政策中的中心杠杆，或是今后欧洲合作的最适当的模式。③

二、深入推进经济一体化的强大保证

在国际关系中，经济和政治始终是密不可分的，纯经济或纯政治的事务是

---

① 曹卫东编：《欧洲为何需要一部宪法》，中国人民大学出版社 2004 年版，第 4 页。
② 曹卫东编：《欧洲为何需要一部宪法》，中国人民大学出版社 2004 年版，第 67 页。
③ Арах М., *Европейский Союз : В едение политического объединения*, Москва, 《Экономика》, 1998, с. 167.

很少的。这种密切的联系也反映在现代区域一体化进程之中。就欧洲一体化而言，这是一个充满矛盾的过程，主要是经济统一和政治统一的过程。实际上，这一进程中的经济方面和政治方面也是不可分割的。经济一体化和政治一体化相互依赖、相互影响，前者促进了后者的发展，为它创造了客观基础，而后者同样反作用于前者。[①] 有的学者在论述欧洲政治合作问题时，特别提到"经济"和"政治"的界限正在日益变得模糊，而且政治目标往往要通过经济措施来加以实现。[②]

政治一体化对经济一体化的意义和重要性是非常明显的。政治内容是其他一切活动的实质和基础。在欧洲共同体创始者中有一个共识，这就是没有政治目标的推动及有效的政治一体化，有效的经济一体化是无法实现的。舒曼认为，没有最低限度的政治一体化，就不能有效地实现经济一体化。[③] 1972 年 10 月欧共体 9 国巴黎峰会也正式承认经济与外交政策的相互依赖关系。[④] 具体而言，政治一体化对经济一体化的进程与成就有着决定性的意义。只有推进政治一体化，欧盟成员国才能更好地把握经济全球化带来的机遇和挑战，尤其是处理好经济全球化带来的诸如国家与市场、国家民族经济与全球生产结构之间的矛盾、全球化与区域化的相互关系等各种问题及矛盾，巩固和促进欧洲经济一体化的成就。因此，欧洲经济一体化必须以欧盟成员国不断加强政治合作和提高政治一体化水平为基础。况且，欧洲经济一体化的实践也已表明，在欧洲一体化进程中的任何经济决议中都可看到政治因素的影响。[⑤] 在建立一个开放的高水平的欧洲单一市场方面，政治一体化同样显得重要而不可缺少。以货物、资本和人员自由流动为基础的欧洲大市场要求各成员国必须在农业、运输和竞争政策上取得某种程度的一致。而且，政治一体化有利于扩大欧洲一体化的规

---

① Альбрехт Харизиус., Вильгельм Эрзиль, *Западная Европа*：*политическая и военная интеграция*，Москва，《Юридическая литература》，1984，c. 30 – 31.

② Kjell A. Eliassen（ed.），Foreign and Security Policy in the European Union，London：Sage Publications，1998，p. 22.

③ Apax M.，*Европейский Союз*：*В едение политического объединения*，Москва，《Экономика》，1998，c. 407.

④ European Political Cooperation（EPC），Bonn：Press and Information Office of the Federal Government，fourth edition，1982，pp. 36 – 42.

⑤ Apax M.，*Европейский Союз*：*В едение политического объединения*，Москва，《Экономика》，1998，c. 380.

模，便于解决许多经济政策问题。① 从另一现实情况来看，1999 年 1 月，欧元成功发行，在国际货币体系中站稳了脚跟，并对美元形成了挑战，而这种经济合作、经济一体化发展的深层原因和动力也正在于追求欧洲的政治独立性，加强抗衡美国的力量。

20 世纪下半叶兴起的科技革命使得政治一体化也显得尤为重要。它要求西欧国家强化经济一体化进程，提高国家间经济融合水平。为适应这一要求，即适应战后科技革命引起的生产力和生产关系的变革，欧洲国家更需要推进政治合作与一体化，以便具备相应的政治上层建筑，建立新型的超国家机构来履行其职能。

政治一体化是主权观念重大改变的体现。成员国为增进其国家利益，在坚持和维护其主权条件下，改变了传统主权观念，自愿地让渡部分国家主权，这正是它们能够逐步走向联合、欧盟得以建立超国家权力机制的一个根本原因。与此同时，欧洲政治一体化本身的每一进展又在促进着成员国主权观念的深刻转变。而且，比起经济一体化来，政治一体化在更高的程度上影响着国家主权的让渡，促进着主权观念的转变。应该承认，政治一体化进程越深化，就越会涉及国家主权、国家利益等问题，其取得进展的难度就越大。但另一方面，政治一体化一旦真正取得进展，它又以比经济一体化更大的力量促使各成员国改变主权观念。从现实情况看，各成员国不断地越过传统观念的藩篱，将国家政治领域的部分权力让渡给超国家机制，如外交代表职位的设立，欧盟共同外交与安全政策的启动等。这些机制的建立过程实质上是各成员国主权观念显著改变和政治关系大为加强的过程，从而为经济一体化成果的巩固和发展提供了保证，为经济一体化进程的进一步深化创造了有利条件。德国前总理赫尔穆特·科尔指出："欧元只有在出现政治联合，即出现完成欧洲统一的政治联盟的情况下才能长期富有成效。"②

在当今世界，如没有相应的政治协调体系和超国家权力，地区经济一体化是无法有效发展的。③ 欧盟成员国们也越来越意识到，西欧在国际生活中能否

---

① John Van Oudenaren, Uniting Europe: European Integration and the Post-Cold War World, Lanham · Boulder · New York: Rowman & Littlefield Publishers, INC., 2000, p. 20.

② 赫尔穆特·科尔：《双速欧洲可能是有害的》，载《参考资料》2004 年 2 月 20 日。

③ Европа перемен, *Концепции и стратегии интеграционных процессов*, Под ред. Л. И. Глухарева, Москва,《Крафт》, 2006, с. 68.

谋取最大的经济政治利益，首先取决于欧共体在政治上能否作为"集体行动者"发挥作用，并且也取决于欧共体的政治能力，而这种能力的大小又是由各成员国的政治合作程度所决定的。政治一体化是深入推进经济一体化的强大保证，几十年来，欧共体/欧盟成员国领导人对此深信不疑，特别是认为没有政治一体化，没有必要的政治条件，欧盟经济成就的巩固和发展就会失去保证。他们在政治一体化问题上的有关争论只是出于对应当采取什么样的政治一体化模式的不同理解。

如同经济一体化进程不可能长期独立于政治一体化进程来发展一样，欧洲政治一体化进程也不可能独立于经济一体化进程来发展。政治一体化必须以经济一体化为客观基础，以其成就为发展动力。国家间的主导因素是经济因素。"在一般情况下，在区域经济一体化发展到一定程度时，政治一体化就会相应地得到发展。"① 进入 20 世纪 80 年代后，欧洲政治一体化的加强就有其经济上的原因。事实上，经济一体化的成就不仅促进了西欧经济的振兴和繁荣，大大提高了欧洲在世界经济中的地位，也推进了欧洲政治一体化进程的发展，并为其今后发展与成功创造了良好的前提和条件。经济与货币联盟迫使共同体朝着政治联盟的方向发展，只是这条道路的发展速度还无法估计。但是，经济与货币联盟为政治联盟确立了一切首要的前提，提供了强大的动力，同时也使政治联盟成为绝对必要。② 显而易见，"通过在这个（经济——作者注）领域合作所创造出来的'事实上的联合'（《欧洲煤钢共同体条约》"序言"用语）可以成为欧洲各民族进行更紧密的政治合作的第一步，即从功能上说，经济合作是在为实现政治目标而发挥作用。"③ 英国《金融时报》（2005 年 6 月 8 日）一文指出："如果要实现进一步政治一体化，那么它理应是在欧元区内部。因为它们是一批已经以最密切的方式把自己联系在一起的国家。"经济一体化对政治一体化的促进作用，使很多人从经济与货币联盟建立的事实中，看到了政治一体化和政治联盟实现的可能性。作为经济一体化发展前提条件之一的相互

---

① 薛君度、周荣耀：《面向 21 世纪的中欧关系》，中国社会科学出版社 2000 年版，第 34 页。

② Российская академия наук, Институт Европы, *Европа: вчера, сегодня, завтра*, Москва, 《Экономика》, 2002, с. 352、393.

③ ［德］贝亚特·科勒—科赫、托马斯·康策尔曼、米歇勒·克诺特：《欧洲一体化与欧盟治理》，顾俊礼等译，中国社会科学出版社 2004 年版，第 54 页。

信任，在取得经济一体化成就后必然进一步增强，这也为政治一体化的发展提供了必要条件。欧盟东扩是政治一体化的一部分，而在东扩问题上，欧洲经济一体化的作用也是很明显的。直到今天，欧洲经济一体化及其一切经济成就，不仅使欧盟在世界经济和贸易中具有优势影响，也极大地促进了它在世界上特别是中东欧地区的政治威望和影响的巨大增长，以致中东欧国家纷纷被吸引加入欧盟。[①]

可见，政治一体化实际上必须以经济一体化的成就为其基础和动力。在欧共体发展的先前阶段，政治一体化进程正是在经济一体化任务决定的程度上发展着的。而到现阶段，正如功能主义所主张的那样，明显发生了一体化从经济领域向政治领域"外溢"的现象，政治一体化已具有独立的意义，并被纳入欧盟的基本目标。[②] 在肯定欧洲经济一体化对欧洲政治建设的推动作用时，还要看到，欧洲经济一体化的发展水平也决定性地影响着政治一体化的发展水平及效果。俄罗斯前外长伊万诺夫指出，"经济一体化的水平越高，欧洲形成国际问题的集体立场、实施统一的对外政策的趋势就越强烈。"[③]

经济一体化虽是政治一体化的先驱和基础，但它本身并不能自然而然地导致政治一体化，其实，政治一体化的启动和发展要具备的条件很多，远不止于经济条件与基础。有学者认为，政治一体化有三组客观前提，除了经济基础之外，还有社会政治根源和国际政治因素。[④] 但即便如此，政治一体化进程的发展与成就，仍在相当程度上取决于经济一体化的发展与成就。

三、提升欧盟国际地位的必由之路

第二次世界大战战后，西欧国家虽在历史上第一次降到依赖美国的地位，

① Борко Ю. А., Буториная О. В., *Европейский Союз на пороге XXI века：выбор стратегии развития*，Москва，《Эдиториал УРСС》，2001，с. 26.

② Борко Ю. А., Буториная О. В., *Европейский Союз на пороге XXI века：выбор стратегии развития*，Москва，《Эдиториал УРСС》，2001，с. 447.

③ ［俄］伊·伊万诺夫：《俄罗斯新外交：对外政策十年》，陈凤翔等译，当代世界出版社 2002年版，第 35 页。

④ Кишилов Н. С.，*Западно европейская интеграция：политические аспекты*，Москва，《Наука》，1985，с. 16.

却从未放弃过重建它们在世界政治中中心地位的意图。欧盟条约的一个战略目标就是，力求建立欧洲在"国际舞台上的本身地位"，即恢复和加强欧洲在世界政治中的独立地位，成为多极世界中的一极。这也是欧洲政治一体化的主要目标之一。在此目标下，欧共体在冷战时期迈出了政治一体化的步伐，尤其是在 20 世纪 70 年代启动了政治合作机制，希望能在改造东西方之间关系上增强它的作用。随着欧共体从经济一体化走向政治合作，到 20 世纪 80 年代末，西欧本身确实应验了其 50 年代的预言，真正成为国际上介于美苏之间的第三大势力。[①]

冷战结束后，一方面，欧盟的国际政治地位相对提高，其成为世界一极的竞争意识大为加强，特别是法德等欧盟主要成员国对美国企图建立"单极世界"深感不安，已表现出极力推动多极化、在解决世界政治中的关键问题上发挥独立作用的抱负。经济上，即便欧盟现在不能与美国完全平起平坐，但它在经济总量、世界贸易中所占比重方面均超过美国和日本，其经济影响力显著增强。[②] 由此来看，"欧共体正在变成（欧洲）次大陆政治经济组织中最重要的结构性因素。"经济实力增强必然促使欧盟进一步追求与其国际经济地位相对称的政治影响。迄今为止，欧洲的政治家们仍坚持认为，"欧盟必须加强在全球承担义务，这不仅是道义上的责任，而且也符合我们自己的利益。"丹麦前首相拉斯姆森在受欧洲社会党委托而起草的关于全球化及相关对策的政策报告中指出，欧盟作为在国际上起作用的一员，首先需要加强它的体制和政治能力。它"在全球范围采取行动的政治能力正变得至关重要"。[③]

首先应该承认，欧盟具有国际行为能力，这是它在拥有权力方面非常接近于国家的原因之一。[④] 但是，政治一体化水平有限，又决定了欧盟的国际行为能力和国际影响力不强。现实情况是，西欧在很大程度上成功地恢复了在

---

① Gulnur Aybet, *A European Security Architecture after the Cold War*: *Questions of Legitimacy*, New York: Macmillan Press LTD, 2000, p. 19.

② 详见姚勤华：《欧洲联盟集体身份的建构（1951—1995）》，上海社会科学院出版社 2003 年版，第 241—242 页。

③ ［丹麦］保罗·尼若普·拉斯姆森：《欧洲与全球新秩序——缩小全球差距》，齐心译，当代世界出版社 2004 年版，第 8 页。

④ ［美］约瑟夫·威勒：《欧洲宪政》，程卫东等译，中国社会科学出版社 2004 年版，第 339 页。

发展中国家的经济政治阵地与影响，但欧洲的国际地位总体上没有达到欧盟成员国所期望的程度。它们还要依靠美国提供安全保护，欧洲的独立性还要受到美国的限制。这使得世界其他地区和国家更为看重的是其经济一体化的成就和国际经济地位，甚至不少人因此认为欧盟是经济上的巨人，政治上的侏儒。这种情况也使欧盟国家不能不认识到，长期以来政治一体化的滞后，不仅妨碍了经济一体化的发展，还对欧盟在国际上的地位产生了不利影响，尤其是不利于欧盟形成独立的外交地位，改造美欧不平等关系，建立平等的新型伙伴关系。

按照德国学者魏登特尔德（Weidenteld）的看法，联合的欧洲要具备"世界强国"的基础，必须具备如下 6 个条件：1. 超越其他国家的经济增长；2. 具有大量的人口、高水平的教育、超过其他国家应对新冲击的经济社会能力的密集基础设施；3. 军事发展在其他国家之上，大体无懈可击，并有高度的遏止能力；4. 具有能够调动资源来解决全球政治任务，以及建立同盟或发展与潜在伙伴的联系的有效政治体系；5. 在国家作为世界强国发挥作用的问题上达成政治一致；6. 有能力作为本地区领袖全面调解冲突和完成自己的任务。看来，欧盟现已具备前 3 个条件，而尚不具备后面的 3 个政治能力条件。[①]不用说，政治能力等条件也只能通过政治一体化来弥补。这也说明政治一体化对欧盟成为"世界强国"具有决定性意义。对于法、德、英这样的欧洲大国来讲，政治一体化还能给它们实现"合作霸权"提供更多的机会。

法、德政治家中有这样一种看法：欧盟如果不能实行共同外交与安全政策是不能成为世界强国的，正在变老的欧洲社会的未来命运和对它的利益的捍卫，直接取决于欧盟进一步一体化的意志。[②] 显然，这其中也包括政治一体化的意志。德国前总理施密特在 2002 年 4 月提出的一份题为《欧盟的未来演变》报告中指出，集中的、一贯奉行的欧洲共同外交与安全政策，既能平衡美国有时在全球事务中的影响，又能使欧洲作为一个值得合作的国际角色出现。他强调："除非欧洲团结起来被外界视作一股整体可信的力量，否则它就会小得难

---

① *Изменения в системе международных отношений*：*роль Европы*（*реферативный сборник*），Москва，1995，с. 62.

② Российская академия наук，Институт Европы，*Европа*：*вчера*，*сегодня*，*завтра*，Москва，《*Экономика*》，2002，с. 330.

以维护其自身的主权和追求自身利益。"美国前总统安全顾问布热津斯基在《大棋局》一书中也写道:"可以想象,在某个时候,一个真正联合和强大的欧盟可能会变成美国的一个全球性的政治对手。"① 反过来也可以说:"在欧盟共同外交与安全政策形成并实际运作以前,欧盟在国际事务中的作用将十分有限。"②

总之,政治一体化进程无论多么缓慢,无论怎样难以和经济一体化进程同步发展,欧盟都必须坚持不懈地推进这一进程。因为政治一体化是实现欧洲一体化所确定的竞争目标的最重要和最有效的手段之一,是欧洲增强其国际地位和作用的必由之路或必要条件。如果说欧盟现有的国家经济地位主要是由经济一体化的成就和经济与货币联盟的发展所决定的,那么,欧盟政治一体化的努力,特别是共同外交与安全政策的加强和形成,必将提高欧盟作为"全球角色"处理国际事件的行动能力,进一步提升欧盟在国际政治舞台上的作用和地位。冷战结束以来,欧盟大力推进政治一体化进程的一个主要目的也正在于此。

在现代科学思想、政治和社会舆论中,一体化进程越来越受到高度关注。这无疑是由欧洲一体化的"表率"作用、积极经验和在近 20 年中达到的全新水平所影响的结果。直至目前,虽然全球的区域一体化绝不止欧洲一家,但全球中只有欧洲一体化超出经济层面的意义,其政治一体化水平格外突出,而其他的区域一体化大多还停留在自由贸易区的建设上。因此,欧洲现在是世界上一体化程度最高、成就最卓著的区域实体,一直被认为一体化运动的"典范"。近几十年来,西欧通过其经济一体化成就所提供的欧洲一体化模式已在世界上产生了广泛深远的影响,显示出巨大的经济、政治和安全作用。从 1995 年起,在世界贸易组织(WTO)中被批准的地区贸易组织协定比关贸总协定(GATT)中存在的几乎半个世纪历史上的还要多(1948—1994 年,在 GATT 中被批准的地区贸易协定是 124 个,而 1995—2004 年,在 WTO 中被批准的地区贸易协定是 130 个),其原因首先在于欧盟取得了令人信服的成就。这些成就证明地区贸易自由化和全球贸易自由化有更大的吸引力,要缩小全球

---

① 〔美〕兹比格纽·布热津斯基:《大棋局——美国的首要地位及其地缘战略》,中国国际问题研究所译,上海人民出版社 1998 年版,第 98 页。

② 陈志强、关信平等:《欧洲联盟的政治与社会研究》,天津人民出版社 2002 年版,第 120 页。

化的负面影响，就必须发展地区一体化。① 根据西方学者的说法，1648 年以后的西欧国家属于"现代型国家"或"威斯特伐利亚型国家"，这是一种建立在主权、公民和边界不可侵犯等原则基础上的国家。而西欧国家正通过一体化逐渐摆脱这种简单的模式，使国家权力在地方机构至联盟机构乃至全欧机构、国际机构之间进行合理的分配。② 现在，尽管世界其他地区和欧洲的情况千差万别，但它们在一体化的道路上仍可借鉴欧洲一体化模式的许多经验，包括政治一体化的经验。例如，欧盟成员国在一体化组织内部建立权威性的决策能力、③ 通过妥协以达成政治协议、以渐进方式推进政治一体化等丰富经验，对其他地区的政治一体化可能都有重要的借鉴意义。④ 因此不难想象，如果"极具创意"的欧洲政治一体化能够成功地不断发展，向世界展现出一种着眼于欧洲长远发展的可行的政治构想，无疑会有助于全面扩大欧洲一体化在世界上的影响力，为世界其他地区一体化提供更加丰富的政治经验，从而促进欧盟国际地位的提高。

概言之，欧洲政治一体化对于欧盟国际地位的具体意义主要表现在如下三个方面：1. 有利于牵制美国单边主义，推进世界多极化，使欧洲能作为一个独立的政治角色和世界一极发挥强大作用；2. 促进欧盟处理国际事务的能力即国际行为能力的提高；3. 有利于全面扩大欧洲一体化模式对世界其他地区一体化的影响。所有这些意义决定了欧盟要排除种种困难，推进政治一体化，包括确立共同外交、安全和防务政策，加强司法与内务合作，制定欧盟宪法条约和里斯本条约，等等。而欧盟的此种举动也使得美国越来越担心欧盟成为它的一个全球竞争对手，因而企图将欧洲政治一体化进程置于自己的战略控制之下。

---

① Ревякин Е. , *Инерция интеграции как одна из особенностей ее динамики* , 《Мировая Экономика и Международные Отношения》, 2006 , №7 , с. 33.

② 参见 Buzan b, little R, *International Systems and World History*：*Remaking the Study of International relations*, Oxford, 2000, p. 32。

③ 这一点也是欧洲政治一体化的应有之意。详见 Liesbet Hooghe and Gary Marks, *Multi-level Governance and European Integration*, Lanham：Rowman & Littlefield Publishers, INC. , 2001, p. 165。

④ 德国学者曼弗雷德·彼得认为，欧洲一体化的经验建立在三大要素的基础之上：1. 克服一切矛盾，直到消除"历史旧怨"；2. 不断寻求照顾到一切成员国利益的解决办法；3. 建立一种允许成员国拒绝放弃自己部分主权的相对信任基础。Манфред Петер, *Россия и Европейский Союз*：Сценарий нового конфликта или начало многообещающего партнерства？, Москва, 《Полиграфия》, 2001, с. 195。

四、地区及国际安全的稳定器

从安全角度说，保持西欧地区的内部稳定比消除传统的外部威胁也许更为重要。历史上，西欧稳定局面的破坏，实际上往往是该地区国家之间的矛盾和冲突所引起的，而不是外部威胁导致的结果。20 世纪发生在欧洲的两次世界大战，主要是欧洲国家之间矛盾激化的结果。在欧洲一体化之前，欧洲国际关系体系是一种维护至高无上的国家自身利益和主权的民族国家相互关系体系，它是十分复杂的，无休止冲突使得这一体系早在 19 世纪就具有爆炸性。也就是说，正是在 19 世纪，欧洲实力最强大时，其内部矛盾已发展到十分激烈的程度，从而为日后的动荡准备了条件。上述情况构成了欧洲一体化的特殊背景，更决定了二战后西欧国家在对外政策、安全和防务方面的合作在欧洲一体化进程的范围内，在国际关系体系中占有特别的地位。[①] 目前，传统意义上的"西方国家"（主要指北约和欧盟成员国）是欧洲空间最稳定的部分。这一地带的内部发展未受到任何国家政治的挑战，而且，这一地带的国家拥有巨大的资源可以用来抵制可能存在的外部威胁。[②] 半个世纪以来的西欧稳定来之不易，这主要得益于欧洲一体化，包括政治一体化。正如拉斯姆森起草的关于全球化及相关对策的政策报告所指出的："旧欧洲是一个充满政治和军事冲突的欧洲。在过去的 50 年中，欧洲通过以规则为基础的经济和政治一体化，转变为一个民主、稳定和和平的地区。"[③]

现代国际社会的现实性还在于，西欧乃至整个欧洲安全是不可分割的，而且欧洲安全和国际安全也是不可分割的。作为国际安全的一个重要组成部分，西欧的稳定和安全意义早就超出了本地区范围。历史不止一次地证明，西欧内部一旦发生激烈冲突，不可避免地会危及整个欧洲乃至世界的稳定和安全。整

---

① Борко Ю. А. , Буториная О. В. , *Европейский Союз на пороге XXI века : выбор стратегии развития* , Москва, 《Эдиториал УРСС》, 2001 , с. 166.

② *Современные международные отношения и мировая политика* , Отв. ред. А. В. Торкунов. Москва, 《Просвещение》, 2004, с. 506 – 507.

③ ［丹麦］保罗·尼若普·拉斯姆森：《欧洲与全球新秩序——缩小全球差距》，齐心译，当代世界出版社 2004 年版，第 17 页。

个 20 世纪上半叶，内部不稳定成为西欧国家体系的最重要特征之一，它不仅导致两次世界大战的爆发，甚至对东西方之间冷战的形成也无不影响。冷战后，国际安全形势发生了很大的变化，但战略上非常重要的地区军事安全形势的发展，仍然继续具有全球性的意义，军事安全关系的区域化也因此显得格外重要。① 与此同时，欧盟国家也深刻认识到，如果全球安全形势受到严重破坏，也会对欧盟地区的稳定和发展产生很大的负面影响，因此，欧盟理应促进国际安全。2004 年 9 月，一个受欧盟外交与安全事务高级代表索拉纳的委托、由各国高官和学者组成的"欧洲安全能力研究小组"，完成并正式提交了《欧洲人类安全理念》报告。该报告指出，欧洲公民离不开全人类安全，争取对全人类安全作出贡献，是欧盟最现实的安全政策。索拉纳对报告表示赞赏，要求欧盟为全球安全作出更多贡献。② 而欧盟要做到这一点，就必须继续推进政治一体化，加强共同安全政策。丹麦前首相保罗·拉斯姆森在提到有必要加强政治一体化及其在安全方面的作用时说：欧盟"需要共同外交与安全政策，以增强其自主决策和行动能力，提高它在各个层面对和平与安全的贡献。"③ "欧洲一体化一直就是对安全问题的反应。"④ 从这个意义上说，欧洲一体化，包括政治一体化本身也是一种旨在维护地区及国际和平、稳定的安全政策。

然而，西欧国家和共同体早在战后头 10 年中就暴露出来一个重大弱点，即"西欧在国际体系中的军事政策和经济政策越来越不协调"。⑤ 直到今天，这一弱点也未得到根本克服，欧盟仍然缺乏足够的独立军事力量来维护地区安全。随着两极格局的终结，欧洲和世界的安全环境、目标和主体都发生了根本变化。在当前情况下，对于欧盟而言，要达到安全上的目的，至关重要的是必须坚持推进政治一体化，以克服上述弱点。而依俄罗斯前外长伊万诺夫之见，

---

① ［美］戴维·赫尔德：《全球大变革》，社会科学文献出版社 2001 年版，第 144 页。

② 详见梁晓华：《欧盟出台新战略》，载《光明日报》2004 年 9 月 27 日。

③ ［丹麦］保罗·尼若普·拉斯姆森：《欧洲与全球新秩序——缩小全球差距》，齐心译，当代世界出版社 2004 年版，第 27 页。

④ Bill McSweeney, *Security*, *Identity and Interests*：*A Sociology of International Relations*, Cambridge：Cambridge University Press, 1999, p. 6.

⑤ Barry Buzan, Morten Kelstrup, Pierre Lemaitre, Elzbieta Tromer, Ole Wxver, *The European Security Order Recast*：*Scenarios for the Post-Cold War Era*, London：Pinter Publishers, 1990, p. 139.

在欧盟内部，包括政治、军事等领域的新一体化结构建立的各种进程，"已在很大程度上影响整个大陆局势发展，并将在许多方面决定着 21 世纪的欧洲面貌"①。

特别要看到，欧盟国家现在还面临着可能严重影响欧洲稳定和安全的诸多问题，而要解决这些问题，至少需要优先做到：

第一，确保形成于冷战时期的西欧地区的思想意识、物质技术基础和机制结构能够并必须适应欧洲大陆的新形势，适应新的国际挑战和促进全球问题的解决。冷战后，欧洲面临的主要安全问题是日益增多的非传统安全问题，如国际恐怖主义、非法移民、环境污染等。欧洲的军事安全也未根本消除，巴尔干（东南欧）地区尤其是近 10 多年来成为欧洲最不稳定的国际政治地带。在科索沃战争后，在欧洲各国政府眼中，安全问题更是开始居于头等重要的地位。②

第二，在已不存在的作为西欧联合的最重要因素和一体化动力，即明显的外部敌人的情况下（冷战后俄罗斯对西欧的现实威胁大大下降），继续保持欧洲主要是西欧国家的政治团结、维护地区内部可以互相接受的势力均衡，防止统一后的德国带来欧洲形势的复杂化，也是一个关键的问题。

第三，在与外部世界的相互关系中，吸收欧盟新成员国，与外部（包括欧洲边界以外的）签约国发展日益重要的相互关系，对于欧盟国家具有越来越重要的意义。

第四，欧盟还需要应对经济全球化及其带来的消极影响，而这使它必须加强自己。③ 面对经济全球化背景下世界市场上的日趋激烈的竞争，欧盟只有不断增强其经济竞争能力，才能维护地区经济安全和繁荣。这也是它比较顺利地推进欧洲一体化的重要条件之一。

可以认为，上述问题中的任何一个问题如得不到解决，都可能导致整个欧洲稳定和安全局面的破坏，甚至危及国际安全，从而削弱欧洲在国际安全体系中的地位和作用。而欧盟要解决这些问题，从根本上说，就必须借助于欧洲政

---

① ［俄］伊·伊万诺夫：《俄罗斯新外交：对外政策十年》，陈凤翔等译，当代世界出版社 2002年版，第 88—89 页。

② ［美］戴维·卡莱欧：《欧洲的未来》，冯绍雷等译，上海人民出版社 2003 年版，第 346 页。

③ John Van Oudenaren, *Uniting Europe*: *European Integration and the Post-Cold War World*, Lanham: Rowman & Littlefield Publishers, INC. , 2000, p.18.

治一体化。政治一体化将加强欧盟成员国之间关系的紧密程度，推动共同外交与安全政策的真正形成，为扩大它们的政治、经济利益提供更有力的安全保障。进而言之，政治一体化能促使欧盟成员国在思想上和安全上形成更多的共识，促进欧盟现有安全机制和结构的改善以及各成员国之间的统一行动，解决欧盟当前面临的上述各种主要问题；同时便于实现欧洲内外部政治关系的进一步协调，加强物资技术基础、增强国际经济、政治竞争实力。

由此看来，欧洲政治一体化是欧洲和国际安全的强大保证，紧系世界和平及发展前景。用德国前领导人科尔的话来说，"欧洲的团结是一个生死问题，21 世纪里是和平还是战争将取决于它。"[①] 由于欧洲政治一体化对国际社会具有如此巨大的积极意义和作用，世界其他地区的许多国家都对它加以高度关注并期盼它取得成功。例如，俄罗斯对于欧洲一体化，包括共同外交与安全政策，公开表示了支持的立场，认为欧洲经济政治一体化有助于世界稳定。各国对欧洲政治一体化表示关注或支持，这在一个国家间相互依赖不断增强的全球化时代可说是十分自然的现象。

《马约》诞生以来，欧洲政治一体化道路上仍存着不少障碍，但欧盟成员国推进政治一体化的决心并没有发生动摇，事实上，政治一体化进程仍在向前发展。依笔者之见，欧洲政治一体化的这种强大生命力，正是由它本身在整个欧洲一体化和国际安全中的关键地位所决定的，即主要取决于它对欧洲统一和长远利益乃至国际社会的重要作用和意义。

这里必须强调的是，无论是在现在还是将来，考察欧盟和国际体系的关系总是很有必要的，这至少是因为，"单位与国际体系之间的关系是理解国家体系的决定性因素"。[②] 就欧盟对国际体系的作用而言，其主要基础自然在于经济方面，但可以肯定，随着政治一体化水平的提高，欧盟的统一和竞争实力会相应得到加强，它对国际体系的影响也会逐步增大。例如，西方学者认为，共同防务最终是"共同体发展世界空间的关键"。[③] 这意味着今后如果防务一体

---

①　Василенко И. А. , *Геополитика*，Москва，《*Логос*》，2003，с. 168.

②　[英] 巴里·布赞、理查德·利特尔：《世界历史中的国际体系——国际关系的再构建》，刘德斌主译，高等教育出版社 2004 年版，第 361 页。

③　Charlotte Bretherton and John Vogler, *The European Union as a Global Actor*, London：Routledge, 1999，p. 37.

化果真得到切实的推进，欧盟在世界上的地位和作用无疑将会显著提升。对于欧洲和世界来说，欧洲政治一体化所具有的上述作用和意义归结到一点，就是"欧洲一体化需变得更具政治性"。^① 事实上，欧洲一体化进程现已变得更加政治化了。展望未来，欧洲政治一体化事业将会不断向前发展，而不可能中止和倒退。

---

① European Communities, *Europe's challenges in a globalised world*（Global Jean Monnet Conference EC-SA-World Conference, Brussels, 23 and 24 November 2006）, Luxembourg: Office for Official Publications of the European Communities, 2007, p. 60.

主要参考书目

一、外文部分

1. Арах М. , *Европейский Союз , ведение политического объединения* , Москва, 《Экономика》, 1998.

2. Барановский В. Г. , *Европейское Сообщество в системе международных отношений* , Москва, 《Наука》, 1986.

3. Борко Ю. А. , *От европейской идеи к единой Европе* , Москва, 《Деловая литература》, 2003.

4. Борко Ю. А. , Буториная О. В. , *Европейский Союз на пороге XXI века : выбор стратегии развития* , Москва, 《Эдиториал УРСС》, 2001.

5. Европа перемен, *Концепции и стратегии интеграционных процессов* , Под ред. Л. И. Глухарева, Москва, 《Крафт》, 2006.

6. Кишилов Н. С. , *Западно европейская интеграция : политические аспекты*, Москва, 《Hayka》, 1985.

7. Княжинский В. Б. , *Западно европейская интеграция : проекты и реа льность* , Москва, 《Международные отношения》, 1986.

8. Российская академия наук, Институт Европы, *Европа : вчера , сегодня , завтра* , Москва, 《Экономика》, 2002.

9. Шемятенков В. Г. , *Европейская интеграция* , Москва, 《Международные отношения》, 2003.

10. Эрзиль В. , Харизиус А. , *Западная Европа : политическая и военная интеграция* , Москва, 《Юридическая литература》, 1984.

11. *Современные международные отношения и мировая политика* , Отв.

Ред. А. В. Торкунов. Москва, 《Просвещение》, 2004.

12. Aldis, Anne and Herd, Graeme P. (ed.), *Soft Security Threats and European Security*, London: Routledge, 2005.

13. Black, Cyril E., *Rebirth: A History of Europe since World War II*, Colorado: Westview Press, 1992.

14. Bossuat, Gérard, *L'Europe occidentale à l'heure américaine. Le Plan Marshall et l'Unité européenne* (1945 – 1952), Bruxelles Editions Complexe, 1992.

15. Bretherton, Charlotte and Vogler, John, *The European Union as a Global Actor*, London: Routledge, 1999.

16. Cini, Michelle, *The European Commission: Leadership, Organization and Culture in the EU Administration*, Manchester: Manchester University Press, 1996.

17. Cowles, Maria Green, Caporaso, James and Risse, Thomas, *Transforming Europe: Europeanization and Domestic Change*, Ithaca, New York: Cornell University Press, 2001.

18. Dell'Olio, Fiorella, *The Europeanization of Citizenship: Between the Ideology of Nationality, Immigration, and European Identity*, Burlington, VT: Ashgate, 2005.

19. Eliassen, Kjell A. (ed.), *Foreign and Security Policy in the European Union*, London: SAGE Publications, 1998.

20. Ellis, Evelyn, *EU Anti-Discrimination Law*, Oxford: Oxford University Press, 2005.

21. *European Political Cooperation (EPC)*, Press and Information Office of the Federal Government, fourth edition, Bonn, 1982.

22. Falkner, Gerda, *Complying with Europe: EU Harmonisation and Soft Law in the Member States*, Cambridge: Cambridge University Press, 2005.

23. Fukuda, Koji and Akiba, Hiroya, *European Governance After Nice*, Routledge Curzon, 2003.

24. Galloway, David, *The Treaty of Nice and beyond: Realities and Illusions of Power in the EU*, Sheffield: Sheffield Academic Press, 2001.

25. Gerbet, Pierre, *La Construction de l'Europe*, Paris: Imprimerie National, 1983.

26. Gillingham, John, *Coal, Steel. and the Rebirth of Europe*, 1945 – 1955, Cambridge: Cambridge University Press, 1991.

27. Ginsberg, Roy H. , *The European Union in International Politics*, Rowman & Littlefield Publishers, Inc. ,2001.

28. Greenwood, Sean, *Britain and European Cooperation Since* 1945, Oxford UK & Cambridge USA: Blackwell Publishers, 1992.

29. Grosser, Alfred, *Les Occidentaux. Les Pays d'Europe et les Etats-Unis depuis la guerre*, Paris: Fayard, 1978.

30. Guild, Elspeth, *The Legal Elements of European Identity: EU Citizenship and Migration Law*, The Hague: Kluwer Law International, 2004.

31. Hall, Derek and Danta, Darrick (ed.), *Europe Goes East: EU Enlargement, Diversity and Uncertainty*, London: The Stationery Office, 2000.

32. Heater, Derek, *The Idea of European Unity*, London: Leicester University Press, 1992.

33. Herslund, Michael and Samson, Ramona (ed.), *Unity in Diversity: Europe and the European Union: Enlargement and Constitutional Treaty*, Denmark: Copenhagen Business School Press, 2005.

34. Hill, Christopher, *The Actors in Europe's Foreign Policy*, New York: Routledge, 2000.

35. Hix, Simon, *The Political System of the European Union*, London: Macmillan, 1999.

36. Hofmann, Herwig C. H. and Türk, Alexander H. , *EU Administrative Governance*, Northampton, MA: Edward Elgar, 2006.

37. Ifestos, Panayiotis, *European Political Cooperation: Towards a Framework of Supranational Diplomacy?*, Aldershot: Avebury Press, 1987.

38. Kelstrup, Morten and Williams, Michael C. (ed.), *International Relations Theory and the Politics of European Integration: Power, Security, and Community*, London: Routledge, 2000.

39. Lasok, K. P. E. , Millett, Timothy, and Howard, Anneli, *Judicial Control in the EU: Procedures and Principles*, Richmond: Richmond Law & Tax, 2004.

40. Lipgens, Walter (ed.), *Sources for the History of European Integration*, 1945 – 1955. *A Guide to Archives in the Countries of the Community*, London, 1980.

41. Lipgens, Walter, *A History of European Integration*, Vol. 1, 1945 – 1947, Oxford University Press, 1982.

42. Lipgens, Walter (ed.), *Documents on the History of European Integraton*, 1939 – 1950, Vol. 3, Berlin · New York · Walter de Gruyter, 1988.

43. Manners, Lan, Whitman, Richard G., *The Foreign Policies of European Union Member States*, Manchester: Manchester University Press, 2000.

44. Medhurst, David, *A Brief and Practical Guide to EU Law*, Oxford: Blackwell Science, 2001.

45. Micklitz, Hans-W., *The Politics of Judicial Co-operation in the EU: Sunday Trading*, *Equal Treatment and Good Faith*, Cambridge: Cambridge University Press, 2005.

46. Monar, Jörg, and Wessels, Wolfgang, *The European Union after the Treaty of Amsterdam*, London: Continuum, 2001.

47. Monnet, Jean, *Mémoires*, Paris: Fayard, 1976.

48. Murville, Maurice Couve de, *Une Politique Etrangére*, 1958 – 1969, Paris, Plon, 1971.

49. Nelsen, Brent F. and Stubb, Alexander, *The European Union-Readings on the Theory and Practice of European Integration*, Colorado: Lynne Rienmer Publisher, Inc., 1994.

50. Nicill, Sir William and Salmon, Trevor C., *Understanding the European Union*, London: Longman, 2001.

51. Qudenaren, John Van, *Uniting Europe: European Integration and the Post-Cold War World*, Lanham: Rowman & Littlefield Publisher, Inc., 2000.

52. Raymond, Raymond (ed.), *Histoire des débuts de la Construction européenne* (*mars* 1948 – *mai* 1950), Paris, 1988.

53. Reglesberger, Elfriede, Tervarent, Philippe de Schoutheete de, and Wessels, Wolfgang, *Foreign Policy of European Union*, *from EPC to CFSP and beyond*, London: Lynne Rienne Publishers, 1997.

54. Rieker, Pernille, *Europeanization of National Security Identity*：*the EU and the Changing Security Identities of the Nordic States*，New York：Routledge，2006.

55. *Schendelen*，*Rinus Van*，*Machiavelli in Brussels*：*the Art of Lobbying the EU*，Amsterdam：Amsterdam University Press，2002.

56. Schimmelfennig, Frank and Sedelmeier, Ulrich, *The Europeanization of Central and Eastern Europe*，Ithaca, New York：Cornell University Press，2005.

57. Schmitt, H. A.，*The Path to European Union*：*From Marshall Plan to Common Market*，Baton Rouge：Louisiana State University Press，1962.

58. Schuman, Robert, *Pour l'Europe*，Paris，1963.

59. Smith, Michael E.，*European Foreign and Security Policy*，Cambridge：Cambridge University Press，2004.

60. Urwin, Derek W.，*The Community of Europe*：*A History of European Integration since* 1945，London：Longman，1991.

61. Wallace, Helen and W Wallace, illiam, *Policy-making in the European Union*, Oxford：Oxford University Press，2000.

62. White, Brian, *Understanding European Foreign Policy*，Palgrave，2001.

63. Willis, F. R.，*France，Germany and the New Europe* 1945－1963，California：Stanford University Press，1965.

64. Wilson, Kevin and Dussen, Jan van der（ed.），*The History of the Idea of Europe*，London：Routledge，1993.

二、中文部分

1. 中华人民共和国最高人民检察院外事局编：《中国与欧盟刑事司法制度比较研究》，中国检察出版社 2005 年版。

2. ［德］贝娅特·科勒-科赫、托马斯·康策尔曼、米歇勒·克诺特：《欧洲一体化与欧盟治理》，顾俊礼等译，中国社会科学出版社 2004 年版。

3. ［法］皮埃尔·热尔贝：《欧洲统一的历史与现实》，丁一凡等译，中国社会科学出版社 1989 年版。

4. 刘秀文、埃米尔·J. 科什纳：《欧洲联盟政策及政策过程研究》，法律出版社 2003 年版。

5. 朱明权：《欧盟共同外交和安全政策与欧美协调》，文汇出版社 2002 年版。

6. ［美］约瑟夫·威勒：《欧洲宪政》，程卫东等译，中国社会科学出版社 2004 年版。

7. 邵景春：《欧洲联盟的法律与制度》，人民法院出版社 1999 年版。

8. 陈乐民：《"欧洲观念"的历史哲学》，东方出版社 1988 年版。

9. 陈乐民：《战后西欧国际关系（1945—1984）》，中国社会科学出版社 1987 年版。

10. 陈玉刚：《国家与超国家——欧洲一体化理论比较研究》，上海人民出版社 2001 年版。

11. ［比］陈志敏、古斯塔夫·盖拉茨：《欧洲联盟对外政策一体化——不可能的使命?》，时事出版社 2003 年版。

12. ［意］玛丽娅·格拉齐娅·梅吉奥妮：《欧洲统一贤哲之梦——欧洲统一思想史》，陈宝顺、沈亦缘译，世界知识出版社 2004 年版。

13. 张海冰：《欧洲一体化制度研究》，上海社会科学院出版社 2005 年版。

14. 张锡昌、周剑卿：《战后法国外交史》，世界知识出版社 1993 年版。

15. 李世安、刘丽云等著：《欧洲一体化史》，河北人民出版社 2003 年版。

16. 李巍、王学玉编：《欧洲一体化理论与历史文献选读》，山东人民出版社 2001 年版。

17. 金安：《欧洲一体化的政治分析》，学林出版社 2004 年版。

18. 欧共体官方出版局：《欧洲联盟法典》（全三卷），苏明忠译，国际文化出版公司 2005 年版。

19. 欧共体官方出版局：《欧洲共同体条约集》，戴炳然译，复旦大学出版社 1993 年版。

20. 周琪、王国明主编：《战后西欧四大国外交（英、法、西德、意大利）1945 年—1980 年》，中国人民公安大学出版社 1992 年版。

21. 林甦、张茂明、罗天虹主编：《欧盟共同外交和安全政策与中国—欧盟关系》，法律出版社 2002 年版。

22. 赵怀普：《英国与欧洲一体化》，世界知识出版社 2004 年版。

23. 赵秉志编：《欧盟刑事司法协助研究暨相关文献中英文本》，中国人民公安大学出版社 2003 年版。

    24. 姚勤华：《欧洲联盟集体身份的建构（1951—1995）》，上海社会科学院出版社 2003 年版。

    25. ［丹］保罗·尼若普·拉斯姆森：《欧洲与全球新秩序——缩小全球差距》，齐心译，当代世界出版社 2004 年版。

    26. 曹卫东编：《欧洲为何需要一部宪法》，中国人民大学出版社 2004 年版。

    27. 黄明瑞：《欧洲政治合作之研究》，台湾商务印书馆 1987 年版。

    28. ［英］德里克·W. 厄尔温：《第二次世界大战后的西欧政治》，章定昭译，中国对外翻译出版公司 1985 年版。

    29. ［美］戴维·卡莱欧：《欧洲的未来》，冯绍雷等译，上海人民出版社 2003 年版。

参加本书写作的人员及分工情况

罗志刚：绪论、第三章和第六章，拟定写作大纲和通稿

严双伍：第二章，拟定写作大纲和通稿

刘传春：第一章

赵　嵘：第四章第一部分

冯存万：第四章第二、三、四部分

周　勇：第五章第一、三、五部分

喻　锋：第五章第二、四部分

"欧洲一体化进程中的政治建设——国家关系的新构建"系一国际合作研究项目。法国巴黎第三大学欧洲系主任丹尼尼埃尔·穆沙（Daniel Mouchard）教授和中南财经政法大学刘胜湘教授对本书写作框架及部分内容提出过若干值得重视的建议。